周易全书

竭宝峰 / 主编

一部古老的筮占之书，先秦儒家的重要经典

辽海出版社

何谓神明

孔传中带神字的双音词"神明",一共出现五次。这是个饶有意趣的概念,它大多用作名词,偶尔也用作形容词或动词。离开周易的语言环境,单看神明,它在上古时代是太阳的尊称,也是太阳神的别名。《汉书·郊祀志》说:"神明,日也。"就是指此而言。《礼记·郊特牲》郑玄注说:"天之神,日为尊,日为百神之王。"这都表明上古时代曾经有祀奉太阳神,尊之为"神明"的原始宗教。这种情况,国外也不少见。不过,易传当中的神明,却不是这个意思。因为周易的主体是《乾》(天)《坤》(地),并不是《离》(日)。《离》(日)是《乾》《坤》所生的中女,《乾》《坤》是《离》(日)的父母。而《乾》《坤》又是从太极孕生而来,唯有太极才是产生易体六十四卦的最高尊者。但太极也只是阴阳二气的合体,也不是天神。所以,《易》传中的神明概念,当另有所指。首先,《系辞》述说伏羲氏仰观俯察,始作八卦,"以通神明之德,以类万物之精"。对此,朱熹是这样解释的:"俯仰远近,所取不一,然不过以验阴阳消息两端而已。神明之德,如健顺动止之性;万物之情,如雷风山泽之象。"(《周易本义》)解得很好,照此说法,所谓神明之德,不外乎《乾》健、《坤》顺、《雷》动、《艮》止、《坎》陷、《离》丽、《巽》入、《兑》悦等八卦的八种性质,万物之情也不外乎是八卦所蕴含的种种性状。

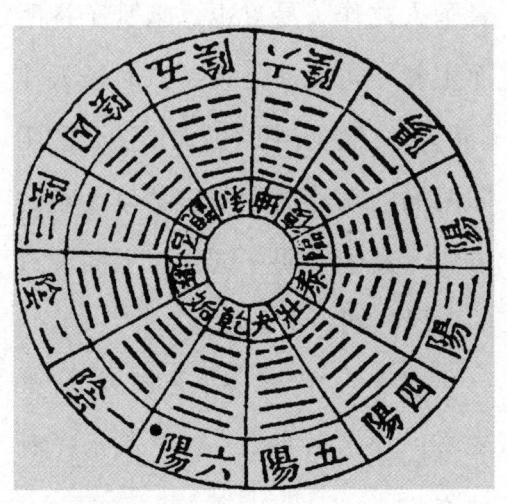

乾坤交变十二卦循环升降图,出自清·胡渭《易图明辨》

统而言之，神明是阴阳二气妙变的功能，八卦无非是彰明阴阳妙变的形象。关于这一点，清代易家李光地作了更深入的说明。他说："神者，妙万物而为言者也。神化虽难知，而其发于图象者，则至显矣。"照这个解释来看，"神明"的意思应该是，阴阳造化，玄妙难知，此之为"神"，而把这难知的玄妙用八卦的图像显示出来，则明白易解，这叫作"明"。换句话说，把难测的阴阳玄妙的变化（神），用易象显示出来（明），——整个意思统合为一个词，就叫作神明。他这个观点，也许来自《九家易》。《九家易》说："隐藏谓之神，著见谓之明。阴阳交通，乃谓之德。"李道平的疏语说："神者隐藏，阴之德也；明者著见，阳之德也；阴阳相交，则神明之德通矣。"（《周易疏纂集解》）这样深入的解说，使神明这一概念的内涵，昭然若揭。总之，抓住阴阳二气的相反相成，便可体会到"神明"的精髓。

其实，关于神明的内涵，《系辞》本身已经在下文从根本上做了说明。它说：

"《乾》《坤》，其易之门耶！《乾》，阳物也；《坤》，阴物也。阴阳合德而刚柔有体，以体天地之撰，以通神明之德。"

孔子把《乾》《坤》比喻为周易的门户。《乾》阳《坤》阴，阴阳相交，两情相得，或刚或柔，自成形质，借以表现天地的造化，融通阴阳隐显的德性。这样，从天地阴阳的造化来讲神明，便使人从根本上认清了它的实质。

所以，《说卦传》里所谓"昔者圣人之作《易》也，幽赞于神明而生蓍"也无非是说，古时圣人作《易》时，是暗中帮助天地造化的阴阳两面的功能而发明出蓍草占筮的方法，其中神明一词，与上面说过的意思相同，不必重复。

芳子：我记得，《系辞》里还有一个"神明"，似乎表示一种动作。

笔者：是的，就在下面这段

话里：

"（圣人）明于天之道，而察于民之故，是兴神物，以前民用。圣人以此斋戒，以神明其德夫！"

意思是，圣人通晓大自然的法则，同时察知人民的情况，于是开创玄妙的蓍占，借以引导人民使用。圣人为此进行修斋自戒，诚心诚意，以便充分发挥易占或阴或阳奥妙而显赫的功用。"以神明其德"的神明是动词，换成使动句法，就是"使之神而明"。使什么"神而明之"呢？这一点大体有两种解释。一种是说，圣人使自心神而明之。

陆绩说：

"圣人以蓍神知来，趋吉避凶，即以此洁齐其身……。惟其吉而后行，举不违失，其德富盛，见称神明，故曰神明其德也。"（《周易集解纂疏》）

朱熹也持此说，他说：

"圣人……斋戒以考其占，使其心神明不测，如鬼神之能知来也。"（《周易本义》）

《周易全解》的注释是：

"'神明其德'意思是说提高思想水平能达到最高的程度。"

《周易辨证》的译述是：

"应验如神地彰明自己的道德。"

但是，孔传并不用神明的概念来称颂人的修养，只是用它来显示天地造化、阴阳变化的奥妙功能，赞美周易的内容具有这样的功能。前边讲过的"以通神明之德"，"幽赞于神明而生蓍"等，都是这个意思。"神而明之"云云，也是指人对周易领悟与运用的水平，不是泛指人的德才修养的程度。至于把神明的神释为占筮的应验如神，那就明显地缩小了"神明"的内涵与外延，恐怕是大词小解吧。

另一种解释是把"神明其德"的对象视为周易，说使周易的功能发挥到神而且明的程度，叫作"神明其德"。德是性能的意思。正因为要使周易性能的发挥达到神明的程度，所以圣人才通过斋戒，洗心专诚，唯精唯一，以期顺利地达到目的，这也可备一说。

何谓神武而不杀

芳子：《系辞》里还有一句"古之聪明睿知，神武而不杀者夫！"这个"神武而不杀"，很难理解。我们日本人，一般总是认为，"武"便是要杀。

笔者：韩康伯认为，这个论断的意思是，"服万物而不以威刑"。单就这一句来讲，当然可以这样解释。但这句话的上文是说《易》占的"神以知来，知以藏往"的奇妙功能，和武呀杀呀之类毫无关系。陈梦雷在《周易浅述》中所说"盖指伏羲氏也。神足以开物，知足以成务，聪明睿知也。吉凶之断，神武之决也。与民同患，不杀之仁也。"云云，把"神武而不杀"硬和《易》占联系起来，实属牵强。我看这句话的解释，还是朱熹说的在理。就是说，是个比喻。意思是，如同荀子所说的"善《易》者不占"，孔子所说的"不占已矣"那样，真正悟得周易的数理义蕴，就不必借用什么器物和手段（不假于物），不必凭借揲蓍求卦的活动，便足以预知吉凶。好像聪明的王者不必杀人而足以使人悦服，犹如高明的将军，不必战斗而能制服敌人。这种"武"是奥妙莫测的武，加上修饰语，就叫作神武。精通易道的人不必占卦，就足以预测未来，是之为"神算"。你明白了吗？"神武而不杀"，就是这个意思。

芳子：噢，原来有这么深的涵义。想一想，孔传的周易，确实如虎生翼，锦上添花，较之原来的周易，更显得奇趣无穷，耐人寻味。

笔者：孔传的周易，是一份具有独创性的哲学瑰宝。我们可以从中学到很多东西。今天我们是漫谈其中的鬼神问题。因为边散步边漫谈，所以我说的话拉拉杂杂，粗枝大叶，没什么条理。你们向学心切的孩子们，倘若能够从这些漫谈中得到一些启发，成为进一步钻研的阶梯，我这个老头子也便感到心满意足了。那么，你今天听我讲了这么多阴阳怪气的"神"话，有什么感想、心得，谈谈好不好？

芳子：心得么，也许谈不到。感想倒是有一些。

首先，我好像完全明白了孔子思想中的鬼神是个什么情况。孔子对传统观念中的宗教性鬼神，是抱着敬而远之、祭如在、未能事人焉能事鬼的态度，不语怪、力、乱、神，把鬼神之类非现实的东西，挂起来，存而不论。

笔者：郑国哲人子产所说的"天道远，人道迩，非所及也"，也是这个意思。"存而不论"，不是抛开不管，只是存一存，慢慢再说。这是一种理性的态度。说起来，周易本身对六合之外就是持存而不论的态度。它是始于六合之内现实的天地（《乾》《坤》），不是始于虚无飘缈的六合之外的"仙界"。孔子在《系辞》里虽然说"《易》有太极，是生两仪，两仪生四象，四象生八卦"，把《易》的产生从天地（两仪）追向太极，但太极也没有离开六合之内。有人说它代表《乾》《坤》的合体，有人说它就是伏羲所画的第一笔阳象（—），等等。这一点，我写过《大易是否不言有无》的专论，你可以参阅。同时，孔子在《系辞》里反复强调《乾》《坤》两卦在周易中的创始作用，"《乾》《坤》其《易》之蕴邪！""《乾》《坤》其《易》之门邪！"这些话，表明孔子如实地认识到周易始于六合之内，对六合之外则持有存而不论的态度。虽然我们不好断定孔子这种思想来自周易，但至少在这一点上双方的观点一致是没有疑问的。

芳子：其次，我认识到，在周易来说，宇宙人间的主宰乃是阴阳之道，不是什么天神地祇。

所以，周易经文中既没有神字，也没有超自然意义的鬼字。但孔子却借用传统文化中神鬼二字，尤其是神字，按照周易的基本精神，阐发出阴阳莫测、屈伸变化、奥妙无穷之类的涵义，使神的概念披上哲理的外衣。所谓"阴阳不测之谓神""神也者妙万物而为言者也"云云，既是基于理性的哲学名言，也饱含诗味，读起来朗朗上口，仿佛孔子的圣者风范，跃然纸上。

第三：在孔子思想中，周易的内容是天人之道的反映，虽然渊奥难解，但不是不可知的。他所谓"知变化之道者，其知神之所为乎""知几其神乎"，大概是说，一个人如果掌握了周易的阴阳变化之道，他的思维能力就可以达到"神"的水平。

笔者：孔子在易传里谈神，当然是谈周易内涵的神。正如陈梦雷在《周易浅述》中所说，"圣人尽乎《易》，即合乎神。"确是这样。孔子彻底掌握了周易的奥妙，所以他的思维自然合乎"神"的要求。在他心目中，可以说《易》即是神。

芳子：最后还有一点感想，也可以勉强说是心得。那就是，在距今两千五百年前的上古时代，在传统的宗教神话还在弥漫成风的社会，孔子敢于顺应时代的变革，把天上的神从宝座上拉下来，使它为人所用，为民所用，使人们学《易》研《易》得以明神、入神、穷神、知化，从而利于修身、齐家、治国、平天下，这真是个伟大的业绩。

笔者：好，好极了。听你这番总结式的论述，我也很受启发。这真是"青出于蓝而胜于蓝"！

芳子：先生过奖了。哎呀，时间过得真快，不知不觉快到中午了。

笔者：这真是：

"秋山漫步话周易，不觉阳明近午天。"

芳子：多承教诲，受益匪浅，先生受累了，回宾馆去休息一下吧。午后我陪先生去登金顶，那时再继续聆听先生神而化之的讲解。

第十二篇 《易》立于交

自上古以来，关于《易》名的含义即有多种说法。简易、变易、不易之外，还有交易、日月、蜥蜴等解释，迄未统一。直到清末，仍有不同学说。据清末朱骏声《六十四卦经解·近时说〈易〉家》所述，"《雕菰楼易学五种》《周易遵述》大旨宗宋人，而兼汉人之象。取变易不取交易，以应比为主。《河上易注》本日月为易之义，专取爻位为《坎》《离》，而于周流之义则失。且因离交媾之义而视爻象为男女之事居多。叶佩荪以移易为宗旨，而不取变易。苏秉国以变易为宗旨，而不取爻位。连斗山兼取交易、移易、变易，而于不易之义则失。"

朱氏所述，未必能概括《易》学界，但仅从上述表列也可窥见，两千年来《易》名意义问题不但未趋于一致，反而呈现愈益纷纭的趋势。何以取变易而不取交易，取日月而舍其他，取移易而不取变易？何以取变易而不取爻位？何以兼取交易、变易、移易面舍弃不易，等等。各家必各有专论，这里不谈。这里单就周易的交义，漫叙一下学《易》致用的心得。

本来，从周易的形成、内容、机制和功能来说，《易》名的变易之义应该说是占有中心地位。所谓移易、交易等，在一个思想体系中，只是变易的下位概念，属于变易的范畴。但由于这些下位概念，除了具有变易的一般属性之外，还具有本身独特的属性，有自己单独的内涵，其实际作用也非同一般，故而也值得抽出来谈一谈。这里专就《易》之交义及其社会作用，稍加论述。

《易》生于交

让我们先从《易》体的形成谈起。

首先我们可以下个定论:《易》生于交。

众所周知,周易的基本框架是八卦,而八卦的基本因子则是阴(--)阳(—)两个标象。在卦中,前者叫阴爻,后者叫阳爻。八卦的每一卦都是由阴阳两象相交而成,这从爻字的结构也可看出。单独的丿,相交为乂,又相交而后成为爻字。这里暂且撇开字源训诂,单从字形的感觉上体会《易》名的交义之重要,亦可以思过半矣。

具体讲,八卦及六十四卦这一周易体系的形成,也无非是阴阳二爻相交而成八卦,八卦相交而成六十四卦。以现代语言来说,这就是阴阳两象的排列组合。而所谓排列组合,当然不是基本因子的机械排列,而是具有内在联系的有机构成,故而排列组合,实质上也是"交"的一种形式。

《系辞》说:"《易》有太极,是生两仪,两仪生四象,四象生八卦。"这段话表述周易产生的过程及其环节,已经表现出《易》体由阴阳相交而生的观点。但在先秦当时,只有文字的表述,这种观点的表现,尚不明显。迨到宋代,出现了先天六十四卦横图,以图表的具体形态,表画出这一关于易体形成的情形(见图6)。

图6鲜明地显示,太极生两仪(阴阳),两仪生四象(太阳、少阴、少阳、太阴),四象生八卦(《乾》《兑》《离》《震》《巽》《坎》《艮》《坤》)的过程与环节。八卦

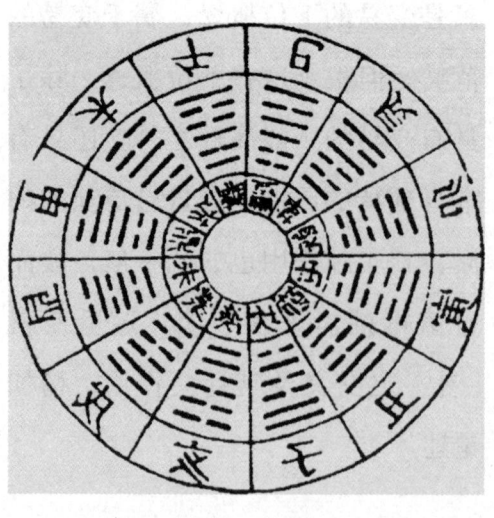

坎离交变十二卦循环升降图,出自清·胡谓《易图明辨》

的整个形成过程,即是太极、两仪、四象相交的过程。其中的第一个环节太极生两仪,字面上看只是一生二,或一分为二,并无交义;但反过来看,同时也是二生于一或二分自一,也可谓相交为一的二又反回二的原状。无交何来分?分来自交。其交义呈现于分中。换言之,等于说相交于太极中的阴阳两仪,从太极中分出。两仪相交,生出四象。然后四象再相交,即生出整个八卦。至八卦生于"交",六十四卦自然也生于"交"。上图表现得十分清楚,勿须赘述。

在《说卦》中,八卦的产生又有另一种说法。其言曰:

"《乾》,天也,故称乎父。《坤》,地也,故称乎母。《震》一索而得男,故谓之长男。《巽》一索而得女,故谓之长女。《坎》再索而得男,故谓之中男。《离》再索而得女,故谓之中女。《艮》三索而得男,故谓之少男。《巽》三索而得女,故谓之少女。"

这种观点,后来被称为文王八卦(所谓后天八卦)次序。它把八卦的产生,比作子女之生于父母。绘成图表,其形象如图所示。

《说卦》所说的"索"是什么意思呢?据《礼·曲礼》"大夫以索牛"注,索字是"求得而用之"的意思。"《震》一索而得男"的意思是,在《乾》父《坤》母相交的情况下,《震》子是《坤》母取用《乾》父初一的阳爻而后产生出来的。卦爻之数,自下而上,初一为长,所以《震》卦算作长男。其余五卦产生的情形,与此相同。这种观点未必符合八卦产生的实况,但以此观点述说八卦的产生,却较之"太极生两仪、两仪生四象、四象生八卦"的说法,更鲜明地表达出《易》体的形成源于阴阳相交的情况。它把交义作为周易生命的本质动力,阐述得明明白白。

关于八卦的成因,有几种说法。有人认为源于投掷卜具。占卜时人们把卜具抛于地面,视其正反,以定阴阳。抛掷三次,即成一卦。与所谓文王课的钱卜,方法类似。都是看正反的组合情况，成卦占卜。而卜具的正反组合，即是正反相交，三阳相交便成《乾》卦，三阴相交便成《坤》卦，如此等等，终成八卦。八卦之成因未必如此，这且暂置不论，总而言之，还是无交不成卦，不成卦即不成《易》，自不待言。

占成于交

八卦成于交，《易》体成于交，《易》之施于占卜亦成于交。《说卦》所谓"昔者圣人之作易也，幽赞于神明而生蓍，参天两地而倚数，观变于阴阳而立卦，发挥于刚柔而生爻……"，是指占卜法而言。大意是用神妙的蓍草卜算，把天地两相参杂而立数，即把一三五七九的天数和二四六八十的地数累计相加而立起大衍之数五十有五，再通过分二、挂一、揲四、归奇等手段而得出七、八、九、六。然后观察筮法运行结果的阴阳情况而成立一卦，用以占卜。其中所谓参天两地一语，众说纷纭，但不论采取哪种说法，都免不了蓍草的组合这一含义。亦即，四九根蓍草经过几次不同的交合，形成一卦。这一点，是不同学说的共同点。简言之，上古时代《易》之占卜，是以蓍草之相交而成卦的。可见，不仅《易》体生于交，《易》卜之卦也生于交。

成卦之后，进行具体的占解时，要四面八方考虑卦内的种种关系：前卦与本卦的关系、内卦与外卦的关系，六个爻本身及其相互间的种种关系（阴、阳、刚、柔、位、中、正、应、比、承，等等），以及本卦与变卦的关系。然后将这些关系，加以分析、综

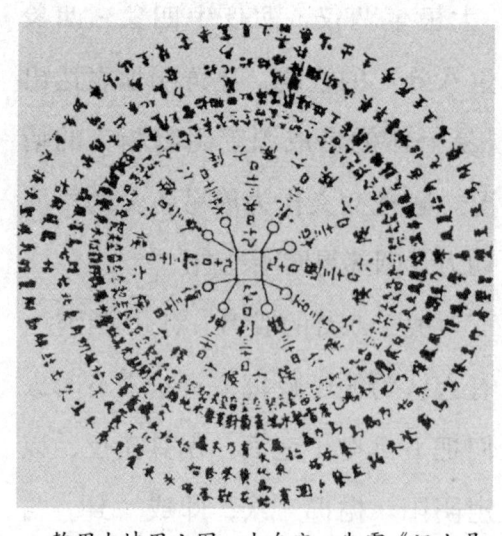

乾用九坤用六图，出自宋·朱震《汉上易经·卦图》

合，再结合其时空的具体因素，对占卜的吉凶悔吝，作出推断。所谓卦爻间的关系，也就是卦爻间相交的情况。据关系断卦，这是周易断卦的精髓，就这一点来说，可谓占成于爻。它与原始民族的简单观象法以及汉代扬雄的太玄，还有后代道观的各种抽签法，根本不同。这些东西都属于简单的直觉范畴，一卦的断语只有一个，是卜术中的下乘，而周易之卜筮则利用辩证思维的高级形式，据时空情况与卦爻关系占断，对同一卦会有不同的断语。两者不可同日而语。

这一方面，孔子有精辟的论述。他的体会是："《易》之为书也，原始要终，以为质也。六爻相杂，唯其时物也。其初难知，其上易知，本末也。初辞拟之，卒成之终。若夫杂物撰德，辩是与非，则非其中爻不备。噫！亦要存亡吉凶，则居可知矣。知者观其彖辞，则思过半矣。二与四同功而异位，其善不同。二多誉，四多惧，近也。柔之为道，不利远者。其要无咎，其用柔中也。三与五同功而异位。三多凶，五多功，贵贱之等也，其柔危，其刚胜邪？！"（《系辞下》九章）

这段话的具体意思是：周易这部书的原则是，对一卦乃至六十四卦，都要从头到尾进行全面探索。在一卦的实体中，六爻的阴阳刚柔及其动静地位和关系，互相交错混杂，表现出此一形势下事物的情况。在判断的过程中，初爻的内情很难了解，因为它只是事情的开端，最上一爻的情况容易明白，因为它已是事情的结局。初爻的爻辞依据概况拟定，一旦拟定，据此向前进展，其最终如何结尾，也便易于知晓。至于要想进一步把卦爻的阴阳、刚柔、动静以及中、正、应、比、承、乘等关系交揉混杂而弄清其性质，从而分辨其是与非，那就非得有二、三、四、五等中爻便不能期其完备。如此，则欲测知存亡吉凶，坐在家里即可办到。有智慧的人观看一卦的卦辞即可想见一大半。

六个爻的不同情况是：

二爻和四爻都是偶数，都是阴爻，功用相同。但所处的地位不同，其美善情况也不同。因为二爻距五爻远，四爻距五爻近。五爻是君位，四爻接近君位，在六十四卦中多表现为戒惧；二爻离君位远，在六十四卦中多表现为美誉。本来阴爻的柔性利近不利远（柔弱无力而又远离阳刚的支持，故不利），那么何以二爻离五爻远反而多有美誉呢？那是因为它是以柔性而居中（初爻与三爻之间）所以基本无咎。为什么呢？因为周易的重要原则是"中"，而"无咎"则是不偏不倚，无过无错，合乎中的大原则。所以二爻的柔性居内卦之中，是为无咎且多美誉。

三爻和五爻都是奇数，都是阳性，功用相同，但在卦中所处的地位不同。三爻爻辞大多表示凶险，五爻爻辞大多表示功绩。为什么呢？因为三爻处于下卦之颠、上卦之下（六十四卦之中惟有《谦》卦三爻劳谦，为吉），处于不上不下的关口。而同五对比来说，五是君位，三是臣位，风险颇大，故曰凶。五爻是君位，高踞一卦的主导地位，有独运之权而且处于四爻六爻的中间，占据中位，故而多功。这是由于贵贱的等级不同而致，但三多凶危是否一定由于阴柔之爻居之，五之多功是否由于阳刚之爻居之，以致如此呢？那也"不可为典要"，也有柔居阳位而吉祥，刚居阳位而凶危的。

对这段系辞中的同功而异位，明代易学大师来知德有独特的见解。他在《易经集注》中说："同功者，二与四互成一卦，三与五互成一卦，皆知存亡吉凶，其功同也。善不同者，二中而四不中，故不同也。"所谓互，又名交互，即：六爻卦由上下两个三爻卦组成，而其中的二、三、四叁爻和三、四、五叁爻又可另成两个三爻卦，二四之间、三五之间都具有这种构成互卦的功能，都能另显存亡吉凶之象。但所处地位不同，故曰同功而异位。从交互的关系来作分析，当然可备一说。但不管是从哪一种分析法来做解释，其道理都是一样的，即：都是从对卦中六爻的性质地位等相互交叉的关系，进行综合分析，而后判定其存亡吉凶。

由此看来，卜筮的断卦也必须运用"交"的观点和方法。仍受交义的支配。

经文中的交字

除了卦、爻、象蕴含交义之外，在文字上直接表达交字的有两种：一种是经文的交字，另一种是传文的交字。

经文的文字有如下卦。

（一）《火天大有》卦初九爻辞：

"无交害，匪咎，艰则无咎。"

（二）同卦六五爻辞：

"厥孚交如，威如，吉。"

（三）《泽雷随》卦初九爻辞：

"官有渝，贞吉，出门交有功。"

（四）《火泽睽》卦九四爻辞：

"睽孤，遇元夫，交孚，后无咎。"

下面探索一下上述"交"词的含义。

关于初九爻辞的"无交害"，自汉代以来易学界说法不一，莫衷一是。王弼认为，初九"以夫刚健为《大有》之始，不能履中，满而不溢；术斯以往，后害必至。其欲匪咎，艰则无咎也。"意思是说，初九以阳刚之性处一卦的始端，上面没有相应的阴爻（四爻亦为阳爻，与初爻相对而不相应），而又不处于中位，不能以中和之性以行谦退之道，与他爻无所交往，如此下去，必有祸患。如欲免于过咎，必以临艰慎畏的态度，对待一切。对此《读易会通》案语认为，王注断句，"是以无交为一句，害为一句。"亦即初九以阳刚之性处于卑下无应的阳刚之位，而又与人无交无往，是必有害。总之是强调无交有害并没法避害。同书案语又进一步引苏蒿坪语曰："六五为《大有》之主，初九以阳刚之德，居穷下，与五继远，故为无交而不免于害也。此乃时势使然，非己之咎，然亦必艰以处之，有以待时而行义，乃无咎也。"苏氏认为初九爻远离《大有》卦的主爻六五，不能与制权之主相应相交，难免受害。但这是时势使然，咎不在己。此际唯有谨慎小心，静待时机，可以免咎，与王注大体相似，都谓此爻辞含无交则有害之义。但其他多数注家，如朱熹、程颐、来知德等，都以为此句之意害虽在上面（指九四）但远离本身，无交则无害，与王注苏注的解说，意思相反。本文的看法是无交则有害的说法，较为合适。其实仔细想想，无交有害也罢，交有害也罢，都是以人际关系、物际关系和事际关系的"交"为中心而显示的正负两面的警诫，其区别不过是正面的交与负面的交而已。交的重要性于正负对比之中表现得更为鲜明。

《大有》卦的卦象是火在天上。为什么说火在天上而不说天在火之下呢？《易》卦的作者可谓煞费苦心，因为这同一卦象的两种说法，含义迥乎不同。火在天上，比如日在天上，高悬一团火，把宇宙人间照耀得明亮而温暖，于是万有勃然而兴，丰富多彩，此种生机勃勃、应有尽有的盛况，谓之"大有"。而这大有的形势是由谁为之主呢？那就是六五爻。它虽是阴性，却处于君位，虽是掌权的君主，却居中不偏，这表示它有权势，却以柔和之性待人接物，以谦虚的美德与卦中的五个阳爻相交接，虚己待人，以诚相接。所谓"厥孚交如"（厥，他的；如，语气词）意思是其真诚之情感动臣属，臣属也报以忠诚之心，彼此真诚相交，亲密相得，志同道合，形成大有作为的局面。但为什么又说"威如"呢？那是因为五爻虽秉性柔和，待人诚信，但毕竟是制权之主，处在阳刚之位，必有其威严的方面。否则，无法指挥一切。故而爻辞在强调上下以诚交接之处，又提出"威如"的口号。这正是孔子所谓"刚柔相济，政斯和矣"的思想。这也表现出，君主的"威如"必以"交如"为基础，才能真正巩固持久。所以孔子在象辞中这样解释说:"厥孚交如,信以发志也。威如之吉,易而无备也。"意思是,上下之间应以诚相见,以信相交,密切合作,相得益彰。九二诸爻受到六五爻诚信的感动,对六五爻报以忠信,乃发自内心,出于自愿,不是出于勉强。而六五爻的威如之吉,并不是出于对其余诸爻(臣下)的戒备、不信任,而是出于真诚之心,坦诚无私,自然而然树立起威信。这是王弼和孔颖达对原文的解释,很合乎爻辞及象辞本身的意思,顺理成章,令人首肯。关于这段象辞,王注和来注的阐释,虽都很恰当,但各有异趣。让我们先看看王弼是怎么解说的,他说:

"君尊而柔(指六五),处大以中,无私于物,上下应之,信以发志,故其孚交如也。夫不私于物,物亦公焉;不疑于物,物亦诚焉。既公且信,何难何备!不言而教行,何为而不威如!大有之主而不以此道,吉可得乎?"

王弼的解说,除了"不言而教"的道家思想成分犹当别论而外,其以"既公且信"来推论"何难何备",以阐释"威如"气势的形成,和孔颖达所说的"易而无备者,唯行简易,无所防备,物自畏之"的意思基本相通,但都未深入阐明。而来知德的注释则比较进了一步。他说:

"易而无备者,凡人君任贤图治,若机心深刻而过于防闲预备,则易生嫌隙,决不能与所任用之贤,厥孚交如矣。惟平易而不防备,则任贤勿贰,去邪勿疑,方可享无为之治矣。威如即恭己,易而无备即无为。若依旧注作戒解,则小象止当作威如则吉,不应曰威如之吉也。"(《易经集注》)

来氏以"恭己无为"来解释"厥孚交如威如",其观点源于孔子所谓"为政以德,譬为北辰,居其所而众星共之"(《论语·为政》)的儒家德政学说,而儒家学说基本上是源于周易,以孔解《易》应该说是自流溯源的正确道路。但程颐、朱熹等则说法相背。程传一面以上下相交解释孚信，另一面则说"若无威严，则易慢而无戒备"（《易传》）。朱传则谓"太柔，则人将易之，而无畏备之心"（《周易本义》）。将孚信与威严对立起来，与"厥孚威如"的爻义产生乖违，恐非周易爻辞的原义。《周易折中》同意孔颖达的说法，认为："盖言威如则疑于上下相防矣，故申之曰易而无备，明乎遏严扬善，顺理而行，非有所戒备也。"

总之，《大有》六五爻辞的"厥孚交如，威如吉"其本意正是强调在政治上道义相交的重要性及其理想的实效。

其次，我们探究一下当《泽雷随》卦初九爻辞"官有渝，贞吉，出门交有功"中"交"的含义。

《随》卦的内卦是《震》为雷，雷的本性是动，而动的情况随卦体而有所不同。《随》卦的内外卦都是阳爻在阴爻之下，与正常情况的阳上阴下相反，这是一种反常的动。初九为一卦之主，主即做主，亦即此处所说的"官"，渝是变动之意，官有渝的意思就是主持人发生变动，亦即主爻的阳爻反而变为随从阴爻行动，是一种反常的现象，所以说"官有渝"。作为支配者的官一变而成为被支配的随从，当然会有失落感而产生忧闷甚至激愤。但爻辞认为这样不对，它主张此际应坚持正确的态度，以豁达明朗的心情，随时处顺，并离开私家的狭小范围，积极地走出门去，到广阔的外界，与广大的人群交接往来，这样才会获得成功。汉代易学家郑康成把"出门交有功"解释为"是臣出君门，与四方贤人交，有成功之象也。"（孙星衍《周易集解》引郑康成语）他以君臣的政治活动来解释周易，是汉易的一种局限性，但把"出门交有功"解作走出狭门而广交于众，还是抓住了原文的精义。后代易家解释这句爻辞，有两种断句方法。一种是：王弼、郑康成、孔颖达等皆以"出门"为一句，"交有功"为下句，即上文所说

"出门去然后广交众人"之意。另一种是：宋人程颐、朱熹等以"出门交"为上句，以"有功"为下句。程曰："出门交，有功，人心所从，多所亲爱者也……出门，谓非私匿，交不以私，故其随当而有功。"(《易传》)朱熹说："……出门以交，不私其随，则有功也。"(《周易本义》)他们的意思是，当随时处顺之际，应随顺而交人，但不可限于私门，应走出门去，实行"出门交"，而不是私缩于"家内交"，这样出门广交，与群众亲近，才会有助于建功立业。这和《同人》卦初九爻辞"出门同人，又谁咎也"，意思相近。在象传里，孔子对此爻是这样解释的：

"官有渝，从正吉也。出门交有功，不失也。"

在解说中，孔子强调了贞字。官有渝之时，应坚持正道，出门交而有功，也由于不失正道。无论上下之交，平辈之交，私人之交或广泛之交，周易都强调坚持贞正的态度。孔子的体会，可谓深合原义。这里为后世提出了人际之交的三个原则：随顺、广交、贞正。唯其贞正，始能诚信。故而"有孚"，也便成为人际之交的第四个原则。

六十四卦之中唯有《睽》卦表达异中有同、求同存异的观点。九四爻所谓"睽孤"，是处在睽离的局势中。九四爻为阳爻，与初九不相应，上下又全为阴爻所包围，陷于孤立，故称睽孤。但初九阳刚之性，毕竟是大丈夫（元夫），九四爻以同性与之诚信相交，互相援助，则虽有危险（厉），却无灾难。故而孔子在象传中阐释说："交孚无咎，志行也。"意思是陷于睽孤之中的九四爻得与初爻以诚信相交，以致免于灾难。就是说，在互相信任互相援助的情况下，九四免于孤立的心愿得以实现。这句爻辞和孔传，着重强调孚信相交具有脱出孤立免于灾害的积极作用。这正是人际交往第四个原则的进一步运用。

象传是孔子对全卦大意的解释。

他认为《屯》卦是表示天（乾）地（坤）相交之始，刚柔二气郁结不通，从而产生险难。上卦为水，为险；下卦为雷，为动。卦象表明，此际之宇宙是在险难中动荡不已。虽然如此，但在此种创始的局势下，万物新生，欣欣向荣，其前进之势，坚定不移，亨通无阻。此际刚柔愈深入相交，雷雨愈加激烈，以致宇宙间充满激雷暴雨，这是大自然草创万物时的冥昧状态。处于这种时期，人们应拥立君主，建立秩序。又必须忧勤兢畏，不遑宁处。

这是孔子耽读周易，钻研《屯》卦时得到的启发与收获。《屯》卦原来的卦辞只说是"元亨利贞。勿用有攸往，利建候"，并未明说天地始交之义。从继《乾》《坤》两卦之后的屯难之象，引出刚柔始交之义，乃是孔子的心得。当然，这个以交义为主的心得，完全符合易蕴与事理，可谓做到了历史与逻辑的统一。

传文中的交字

经文本文之外，传文也有几处交字。为一目了然计，列举于下：

（一）《水雷屯》卦彖传：

"《屯》，刚柔始交而难生，动乎险中，大亨贞。雷雨之动满盈，天造草昧，宜建候而不宁。"

（二）《地天泰》卦彖传：

"《泰》，小往大来，吉亨，则是天地交而万物通也；上下交而其志同也。"

象辞：

"天地交，《泰》。后以财成天地之道，辅相天地之宜，以左右民。"

（三）《天地否》卦彖传：

"否之匪人，不利君子贞，大往小来，则是天地不交而万物不通也，上下不交而天下无邦也。"

（四）《风火家人》卦：

九五爻辞："王假有家，勿恤，吉。"

九五爻象传："王假有家，交相爱也。"

（五）《雷泽归妹》卦象传："天地不交而万物不兴。"

在六十四卦中有一最具特色的卦，那就是《地天泰》卦。它和爻辞象传之局部的爻义不同，它是周易体系典型地表现爻义的一卦。

周易从《乾》《坤》两卦开始，经过一正一反的五个颠倒，到《泰》卦则是第十一卦。其间各卦的内在联系形成了一个社会发展的链条。简言之，即："《屯》作君，《蒙》作师，《需》以养民，《讼》以刑政，《师》武《比》文，《小畜》富，《履》礼，而《泰》运成矣。"（朱骏声《六十四卦经解》）

这段话极其扼要地展示出，周易从《乾》《坤》开始产生万物以后，人类社会正常发展的步骤与要点，当然也是各该卦的主旨与主要局势。以今天的话来说，就是（《乾》《坤》造物以来）《屯》的主旨是在蒙昧中拥立君长，建立秩序。《蒙》的主旨是施行教育，启发蒙昧。《需》的主旨是满足民需，供养民生。接下来则是《讼》卦，人群构成有组织的集体，就必然发生各种各样的矛盾和违法现象，法治的刑讼就成为必要。但矛盾太大或集团对立，利害不能和平解决，只好用武。这便是下一卦《师》卦出现的必然性。但单凭武力也不能治国，必辅之以文，所以下面接以《比》卦。生产、教育、文武、刑政具备，行之有效，自然出现小康局面，此之谓《小畜》。富有之后，要注重典章制度和各种礼节，这便是《履》的主旨。这样，周易便依据上古时代的政治经验和政治理想，把到此为止的社会发展算作第一阶段。这个第一阶段的成果和形象是什么样呢？周易便以一个《泰》字点出了它的神情。朱骏声又加上一个"运"字表明它是一步步形势发展的必然结果，是气运达到的高峰。"泰运"二字实在画龙点睛，十分恰当、生动。

《泰》卦在卦体与卦象上特色明显。从周易的体系来看，始于

《乾》《坤》，经过五个反复，《乾》《坤》又聚到一起。不过前次是《乾》《坤》对立，此次是《乾》下《坤》上。这个发展的小循环的结果，其最大特色是《乾》《坤》相交，出现了天翻地覆的景象。这个阴阳之交，不是卦内爻间的局部之交，而是六十四卦发展链条上的体系之交。六十四卦始于《乾》《坤》之交，上经终于水（《坎》）火（《离》）之交；下经始于《咸》《恒》的男女之交，终于末尾的《既济》《未济》的水火之交。《泰》卦的阴阳之交，便是体系展开的阶段之交。交义重大，从一个侧面表现出周易的本质。

本来，"天尊地卑，乾坤定矣"（《系辞》），这是常性，但忽然地上去而天下来，《乾》《坤》逆转。貌似奇特，实际上是合情合理的平凡现象，看看周易《泰》卦的卦辞、象传，便可一目了然。

《泰》卦卦辞："泰，小往大来，吉亨。"

周易以阳为大，以阴为小，以自内往外为往，自外往内为来。意思是说，阴气（小）由内（下）往外（上）去，阳气（大）由外（上）往内（下）来，从而形成阴上阳下的景象，好似地上天下的局面。阳气原在上而下沉，阴气原在下而上升，于是二气相交，互相融合，上下畅通，生机勃勃。这既是宇宙生发万物的功能所自，也是人世万事顺遂的机能所自。天气不下，地气不上，二气疏隔，则不能形成云雨，万物必枯旱而死。人间亦如此，一个社会中，上意不能下达，下情不能上通，上下梗阻，则万事无成，必乱无疑。所以，《泰》卦卦辞说阳下阴上的景象是吉祥而亨通。孔子在象传中发挥此意，说卦辞的意思是"……天地交而万物通也，上下交而其志同也"。前句指大自然，后句指社会，都是申述"交"的重要性。"风调雨顺，国泰民安"这句俗语，简明扼要地表现出象传的这个思想。

以周易六十四卦所展示的六十四个政治局面或社会场景比较来看，

在作《易》者的心目中，《泰》卦是体现出自己政治理想的局势：上下一心，融合无间，万事顺遂，畅通无阻，大概犹如传说中尧舜时代那样的所谓"极治"的局面。可见周易的交义，在《泰》卦中已达到最高峰。

但依据物极必反的法则，《易》作者认为继《泰》之后而来的，必是相反的局面，即《天地否》的局面。否意是否塞不通，与泰意正相反。卦辞所谓"大（阳）往（上）小（阴）来（下）"，形成天在上而地在下的结构，意味着阳气向上，阴气向下，二气背反，互相脱节。如此，正是象传所谓"小往大来，则天地不交，而万物不通也。上下不交，而天下无邦也。"（天下阻塞，不成其为国家）这一卦又从反面表明了自然界与社会界阴阳交融的极端重要性。

这一点，在往后的卦里仍反复有所强调。

《咸》卦讲，男女间阴阳相感相爱是人世形成的基础，重点谈感应，未直说交字。但相感是精神相交，是相交的一种形式，是人们实际相交的前提和基础。象传所说"二气感应以相与"，正是此意。象传又说"天地感而万物化生"，这个意思和《泰》卦的"天地交而万物通也"，意思是一脉相通的，是表达同样情况的两个侧面，也可说是从相感的道理上强调了相交的重要意义。

从为政治国的角度强调交的功用的，莫过于《风火家人》卦。此卦以齐家为中心，蕴含修身齐家治国平天下的道理。第五爻爻辞为"王假有家，勿恤，吉。"九五是至尊之位，作为一国之尊长，怎样以齐家为基础，从而收平天下之效？据王夫之的意见，爻辞中的假字，依陆绩训"大"为是。如此，则王假有家，即王者扩大自己的家，以天下为家，把齐家之道推广于全国。这种作风，当然受到欢迎而卓有成效，所以说，无须忧虑，前途吉祥。至于达到这一目的之手段，孔子在象辞中解释说:"交相爱也。"亦即王者以亲亲的办法使家人感情融洽,再将近此道推广到天下,使全国人都互相敬爱,同心同德,从而建立威信,以达到齐家治国平天下的理想。换句话说,就是周易作者主张治家治国都不仅要从严,还要以"交相爱"来调节人际关系。

周易中讲男女嫁娶的卦有《咸》、《恒》、《渐》、《归妹》四卦。其中的《归妹》讲少女自嫁长男。女从男而不待婚娶,违背当时的礼制,这是一方面。但另一方面,男女之配合,又是人世的正途,不可或缺。所以孔子在象传中又赞叹说:

"《归妹》,天地之大义也。天地不交而万物不兴。《归妹》,人之终始也。"

孔子认为《归妹》所表现的景象与思想,是天地间正确的大道。为什么呢?道理在于,如果天地不相交而相隔阂,则万物何得生长?同样道理,男女不相交,人类如何生殖繁衍?在《序卦》中他把这个思想表达得更为充分,他说:

"有天地然后有万物,有万物然后有男女,有男女然后有夫妇,有夫妇然后有父子,有父子然后有君臣,然后有上下,有上下然后礼义有所错。"

这段话的中心思想就是强调男女之交——夫妇之道是政治体制与社会秩序的根本。如无男女之结为夫妇,则根本没有什么父子君臣(政权、家庭),更谈不到什么礼义道德(意识形态)了。所以,虽然在有关嫁娶之义的《咸》、《恒》《渐》《归妹》四卦中,虽然《归妹》由于是女悦男动,不合礼法,就全卦而论,爻位皆不正,总体为凶而无利,但孔子从中看出交义在社会发展中的根本作用,从而大加赞颂。与婚姻相关的另外三卦,也都含有同样的意义。《咸》卦之感,是交相感应之义,男女交感,而后结为夫妇,而后生育后代,而后有社会,有人伦。正由于交感为人间之始，所以大《易》六十四卦的下半部三十四卦，即以《咸》卦一马当先。其意义的重要性，从六十四卦以《乾》《坤》之阴阳相交而产生万物为开端处，充分显现出来。因而孔子在象传中一面解释说："咸，感也。……二气感应以相与。止而说，男下女，是以亨，利贞，取女吉也。"一面感叹说："天地感而万物化生，圣人感人心而天下和平。观其所感，而天地万物之情可见矣。"孔子研究《咸》卦，将其中男女交感而构成家庭的意义推广开来，及于社会和自然界，把自然界的万物化生和人类社会的和平安康，都归因于物心的交感交融，亦即阴阳二气的相互交感。于此足见，在孔子心目中，周易的交义实占有根本地位，是周易的精髓。

在周易六十四卦中，《乾》《坤》之后继以《屯》《蒙》。《屯》是《乾》《坤》二卦始交而产生的首卦，即序卦所谓《屯》者物之始生也"。万物始生时的混沌、艰难、动荡、惊险的状态，就是《屯》卦的特点。孔子在象传中形容为："刚柔始交而难生，动乎险中，大亨贞。雷雨之动满盈，天造草昧，宜建候而不宁。"但是本来《屯》是个多难的可怕局面，为什么卦辞却说"《屯》，元亨利贞"呢？孔子又说它是"大亨贞"呢？这里面有许多道理。主要的理由正如汉代易学家虞翻所说："刚柔（指《乾》《坤》）交，震，故元亨，之初得正，故利贞矣。"意思是说，《屯》卦表现出阴阳相交而震动的情况，这是万物始生而前途无量的大好形势（元亨），它一开始就走上正路，所以说应该坚持正常地发展下去。后来晋代易学家王弼又补充解释说："刚柔始交，是以《屯》也。不交则《否》，故《屯》乃大亨也，大亨则无险，故利贞。"他进一步说明刚柔始交的屯难状态，是大为亨通之路。若不交，则社会否塞不通。大为通达，便非险途。故而宜于固守此路，坚持走下去。经过这样解释，屯难之为通途的原因也就昭然若揭了。

《易》体首尾的交义

周易交义最显著的表现是在六十四卦的首尾。其首是《乾》《坤》两卦，相交而生六十二卦（可谓象征相交而生万物）。若不相交，则《乾》《坤》止息，《易》亦无生（万物无从生起）。其尾为《既济》《未济》两卦，《既济》表示事物之完成，《未济》表示事物之尚未完成。为什么这样说呢？因为《既济》卦之六爻阴阳皆当位相应，亦即相交。不但六爻相交，而且上下卦亦相交：上水下沉，下火上炎，上下交流，相反相成。这种状态，象征矛盾的解决，事情的终结，譬如渡河，业已渡过，故名为《既济》。相反，《未济》卦则是六爻阴阳皆不当位，火在水上，水在火下，火性上炎，水性下沉，彼此乖离，不相交接，不相为用。譬如渡河，尚未渡过，故名《未济》。从周易体系的开头与结尾四卦情况来看，也可以看出交义是贯穿全体的精髓与灵魂。

综上所述，可以断言：无交无《易》。因为无交则无变，无变自然无《易》。清人李道平对《系辞》所谓"《乾》《坤》，其易之蕴邪？！《乾》《坤》成列，而易立乎其中矣。《乾》《坤》毁，则无以见《易》"的论断作注疏说："阴阳交，则《易》立，若《乾》《坤》体毁，则阴阳不交，故无以见《易》也"（《系辞上》十二章）。把交义断为《易》体成立的基础，抓住要害，完全正确。

互体见交义

除上述之外，周易还有所谓"交互"之说。其内容为：一个六爻卦由上下两个三爻卦组成。如《观》卦由《巽》为风和《坤》为地组成，《坤》为下卦，《巽》为上卦，故全名为《风地观》，这是一种结构分析法。此外，还有另一种结构分析法。即：把《观》卦的二、三、四视为一卦（《艮》卦），

三、四、五视为另一卦（《坤》卦），乃形成《山地剥》卦。于是，一个六爻卦就形成了四个三爻卦，亦即《风地观》卦包含着《山地剥》卦，简称《观》卦包《剥》卦。这种结构分析法的专称是所谓"交互"卦，三、四、五爻相交，谓之交，二、三、四爻相交，谓之互。当然，实质上这不过是六爻内诸爻相交的特定称呼而已。

交互卦另一名称谓之互体。这种体例，在先秦时代的卜筮中也出现过，但作为取象解卦的重要方法，则是汉代易学家对周易内蕴的一种发挥。一些汉儒认为，在周代孔子以前古人已开始用互体占卦。在《左传》《国语》二十多个筮例当中有三例即是这样。最常用的例证为《左庄二十二年》陈侯使周太史占筮，筮得《观之否》卦。周太史解曰："是谓观国之光，利用宾于王。《坤》，土也；《巽》，风也；《乾》，天也。风为天于土上，山也。"汉儒把这段话解释为，《否》卦下《坤》为土，上《乾》为天，二、三、四爻形成《艮为山》，三、四、五爻形成《巽为风》。恰好是一个六爻卦包含两个交互卦，是互体早已存在的例证。

交互法未必是周易固有的解卦法，但周易内蕴的交义，自然而必然地会在占筮活动和易学研究中发扬发展起来。为此，后代所谓交互体遂逐渐越出六爻的中间四爻，而把五爻、上爻直到初爻亦构成另一卦，再把初爻、二爻、三爻又构成另一卦，如此层层交互，谓之"约象"。总之，从根源来看，统是周易本身内在的交义的进一步表露。

周易之易是否只应解作交易之易，那倒也不见得。但即使周易之易应作变易解，也不排除作交义解。因为无交焉能有变？"一阴一阳之为道"，说的就是阴阳之交既是宇宙的规律也是周易的法则。

文明的交义

周易作为一部天人合一的哲理书，它的意义当然不限于哲理内部。对政治、社会和人生各方面都有根本性的指导作用。

在思考周易交义的过程中，不免联想到闭关自守、故步自封的落后性和互相交流、改革开放的进步性。英国历史学家罗伯特·路威的《文明与野蛮》一书，非常鲜明、尖锐地以史实证明了这一点。它说："地理只吩咐，如此如此的事情是不能有的，如彼如彼的事情是可以有的，他可不规定哪些事情是非有不可的。要懂得如此者何以如此，如彼者何以如彼，我们必得拿历史来补充地理。此话怎讲？让我们再回到加拿大阿塔巴斯康人去。北方部落应该住暖和房子的住不着，却让南边部落去住。这是什么道理？答语很简单。南方的部落遇见些外族，他们住的是结实房子，就模仿过来了。北方的同胞没'交'上那些阔朋友，便只能继续在漫天风雪中躲在破烂帐幕里发抖。"

很清楚，南方部落冬天享福，缘于"交"上了好朋友。北方同胞所以在冬天受罪，是因为闭关自守，与世无"交"。

这本书又举例说："有人举日本来作地理势力的绝妙好例，可是没有比这更无意识的话了。日本的山川，日本的气候，并没有在一八六七年来它一个突变呀。然而日本的政治家扔掉了向来的闭关政策，扔掉就是扔掉了。于是日本人就跟我们的文明接触了，要些什么就搬些什么过去。再说，也不用等到一八六七年呀，前个一千多年日本不已经大批的输入中国文明了吗？日本文化发展中的重要关键是和两个外族的关系——不是日本的地理，是日本的历史。"（吕叔湘译）

哲学证明"交"的重要性，历史也证明"交"的重要性，在探讨周易的易字时，不能只取变义而忽略交义。

第十三篇 "大人"屑谈

孔子对周易的活学活用

文献记载，孔子晚年酷爱读《易》，下的功夫很大，致于韦编三绝（这里"三"恐是"多"之意）。显然，这不是仅止于学而知之，而是融会贯通，探赜索隐，略其占筮形式，着重钻研《易》理，揭发并发扬其内在的哲学本性。终于继三圣（伏羲，文王，周公）之后，使周易成为一部光辉的哲学（包括道德哲学、政治哲学、人生哲学）著作。

但自古以来，学术界就有一种看法，认为孔子曾经删诗书，定礼乐，作春秋。而在六经之中，只对周易，未敢改动一字。似乎孔子对高深的周易，只是被动地学习，而未能以超越的积极态度来对待，实际上当然并非如此。先不说孔子通过赞《易》进行哲学化，仅就应用问题来说，孔子对周易的占筮亦持保留态度。只说自己多学几年周易可以"无大过"，却未说可以预测祸福。《论语》记载，他曾引用周易《恒》卦的爻辞，赞扬守恒精神，并说过"不占而已矣"这样的话，和战国末季儒学大师荀子所说的"善为易者不占"（《荀子·大略篇》），意思相通。就是说，精通周易是通其义理，用之于人事。至于其占筮，则知之而已，无须深入。荀子是号召"制天而用之"（《荀子·天论》）的唯物哲人，不屑"鬼谋"（卜筮之术）是理所当然。他的先师孔子，向来"不语怪、力、乱、神"（《论语·述而》)，对周易取其义理而"不占"，亦无足怪。

这样，孔子以不事占筮的态度对待占筮书，等于从占筮书中去掉占筮之用，只取其奥义，发挥哲理以进德修业。这应该说是对周易的改造与提高。在某种意义上说，这也可以说是孔子对周易的删节。

这篇读《易》的感想文，不可能全面论述孔子如何将周易哲学化。不过，单提一个大问题来证实一下孔子在这方面的表现，却很有必要。

对周易原来是什么性质的书，《易》学界是有歧见的。有的说纯是占筮书，有的说不完全是，有的甚至说，其实质内容根本不是。究竟如何，姑置不论。单说主张周易为占筮书的，宋代的朱熹之外，明代来知德也持此说，他在《易经集注》《乾》卦的注解中讲了何谓《象辞》，说："《乾》，卦名，元亨利贞者，文王所系之辞，以断一卦吉凶，所谓《象辞》也。"

然后，讲此《象》辞的性质：

"……文王言筮得此卦者，大亨而宜于正固，此则圣人作易，开物成务，冒天下之道，教人以反身修省之切要也。……此文王占卜所系之辞，不可即指为四德。至孔子《文言》纯以义理论，方指为四德也。盖占卜不论天子，不论庶人，皆利于贞。若即以为四德，失文王说教之意矣。"

话讲得十分明显。亦即：《乾》卦《象》辞之元亨利贞，不是并列的四个词，而是两个句子。元亨是说《乾》卦的大通之德性，属于天道。利贞是说占者占得此卦时，以守持正固的思想为有利，属于人道。来氏认为这是文王原来给《乾》卦缀上的《象》辞的本义。至于把《象》辞视为四个并列的形容词，名之为"四德"（亦即四性），乃是后来孔子纯以义理看待周易，才把它说成四德，不合乎文王《象》辞的原意。来氏并以占辞的教诫对任何人都是平等的为理由，对他所尊敬的孔子进行了不客气地驳斥。他的本意就在于，孔子不应对周易仅取义理而忽视占术，以致改变了周易作者的原意。换句话来说，就是孔子不该对周易进行违反本义的改造。

来氏把周易视为占筮书，是因袭朱熹之说，看错了它的本性，这是另一问题，容后再谈。但从这段话里却可窥见，孔子学《易》的态度是不仅边学边体会边深入，而且在充分把握《易》义之后，又能进一步做到融合己意读《易》解《易》。略其鬼谋，扬其人谋，终于使它成为中国上古时代哲学的高峰。

顺便说一下，四德之说并非创自孔子。孔子生前13年（鲁襄公九年），穆姜已将"元亨利贞"解为四德。孔子只是采用旧说加以发扬而已。来知德说来自朱熹，并未将来龙去脉交代明白。

如上所述，孔子是边学《易》，边释《易》，边发展《易》。这里有两个方面：一方面发掘其内蕴，一方面以己意阐释之，齐头并进。所产生的哲学成果，既是《易》义又是己义，细看《易》传便可了然，定型的周易实质上已成为从占筮胞衣脱胎而出的儒家的哲学著作。

顺便辩解一下：李镜池先生认为，"既然是'引申发挥'，则原来没有的思想又何尝不可以'引申发挥'呢？引申发挥的只能是引申发挥者的思想，不能说就是原来的事物已经含有的。"（《周易探源》）

李先生这种观点，是一种外因论，以生物为喻，动植物不可能互相转化，因为彼此并无对方的"基因"。就学派来说，佛学可以派生许多支脉，但总体离不开释伽教义。《易》学也如此，尽管研究者多达数千家，但谁也不能逸出六十四卦的架构和阴阳之道。原因就在于，孔子所说的"易之为书也，广大悉备"（《系辞下》十章），其中有其道理，始可引申，始可立说。孔传

对周易的发展正是如此。它不是以周易的"碎片"为建立周易哲学的材料，而是把周易吞下去消化掉，与自己的血液融合，而后产生出"孔易"这个哲学胎儿。因此，想要真正了解孔子翼赞周易的文辞，就必须从弄清孔子如何"以孔解《易》"并从《易》释《易》处着手探索，才能弄清真相。

大人是何等人物

下面仅就《乾》卦《文言》中的一段话，由此角度试作探讨。

在《乾》卦《文言》中，孔子在解释九五爻"飞龙在天，利见大人"时，对所谓"大人"作了如下说明：

"夫大人者，与天地合其德，与日月合其明，与四时合其序，与鬼神合其吉凶，先天而天弗违，后天而奉天时。天且弗违，而况于人乎！况于鬼神乎！"。

这段话，就字面译成今语，可以是这样的：

"（九五爻）所谓大人，其德行

与天地相一致；其圣明与日月相一致；其行动如四时一样有节有序。其把握吉凶得失的本领，与阴阳万变的妙用相一致。先于天而动，天也不逆；后于天而动，也能顺应天的变化。"

从基本精神来看，这段对《乾》卦九五爻"大人"概念的阐释，其主要思想其实来自周易。孔子一定是在熟读周易，融会贯通之后，才结合自己的见解，作了这样的"以易解易"，故而言简意丰，既符合周易的义蕴，又有所发挥。

下面，仅就这一点谈谈读《易》心得。

这句话是孔子对所谓大人的定义。从语气和内涵来看，大人是孔子心目中至高无上的理想人物，得到孔子倾心尽情地颂扬。那么，大人也者，究竟是什么样的社会存在呢？

大人一词，在大约作于殷末周初的易经文辞中以及春秋末季的《左传》、《论语》中，多次出现。无疑，它是那个时代较为常用的词语。文王演《易》时，把它用为繇辞，以后又由周公把它用为爻辞。孔子学《易》时特别作了颂扬式的界定。

让我们先看看周易卦爻辞中的大人，看看它在周易思想中具有什么涵义，占有什么地位。

统计一下，在周易中大人一词共出现十三次。其中单独出现十一次，与小人相对出现一次，与君子相继出现一次。单独出现的可以《乾》卦和《讼》卦为代表。《乾》卦九二爻辞是"见龙在田，利见大人"。九五爻辞是"飞龙在天，利见大人"。两个大人所处爻位不同，释义也有不同。但从某一角度分析，可以解作（一）大德之人，有龙德之人，即圣人，虽不在君临天下的尊位，但具有极为崇高的道德修养。（二）既有大德又有尊位，甚至是君临天下的大人物。前者是在野的大人，如大舜未得志之时。后者是在其位的大人，如尧舜禹汤文武周公等人。不仅有德而无位者可称大人，甚至在困境中的大德之人也可称大人。《困》卦卦辞曰："亨，贞大人吉，无咎。"处于《困》境，有德者能持正自处，即可吉而无咎。如程颐所说，"大人处困，乐天安命，乃不失其吉也"（《易传》），可见大人的基准在德而不在位。如果无德，则地位再高，也不算大人。如殷纣王，权势最大而道德最低，只能算作"独夫"（孟子语），绝不在大人之列。

有些学者认为，在周易中必须是有大德的圣贤人物，始可称为大人。如：《周易集解纂疏》引孟喜曰："大人者，圣人德备也，"引乾凿度曰：大人者，圣明德备也"。王安石在《大人论》中也曾重复此说，认为"称其事业以大人，则……德之为圣，可知也。"都把大人视为具有至德的圣人。强调"德"在大人称号中的重要性，是合乎大人本义的说法。但另一方面，周易所说的大人虽必有德，却并不完全指道高德尊的圣贤或君主，官员之有德者也可称大人。如《讼》卦卦辞之"利见大人"，则是指断案正公的官员，亦即"能以其刚明中正决所讼"（程颐《易传》）的当权人物。后代所称颂的包文正公，在周易中即可称之为大人。

另外，在周易中大人与小人对举论定，只有《否》卦六二爻辞："包承，小人吉，大人否，亨。"意思是六二以阴柔之质，包容承受上峰（九五）的意志而博取欢心，是小人阿谀之道，在小人来说，是吉事，而在大人，则洁身自好，守其否境，是为光明大道。此对举的论定，鲜明地表现出大人这一概念是以道德为灵魂的。总结一下，可以论定：

有大德的人物可称为大人，不论在位与否，也不论地位高低。在周易中，它是伦理概念也是政治概念，而主要是伦理概念。这一点，和当时的流行名称"君子"颇相类似。君子一词有时仅指统治者，不论其道德如何，如诗经中的"彼君子兮，不素餐兮"（《伐檀》），是老百姓讥刺统治者，说他们"不白吃饭"。但周易中的十九个君子，却全指道德高尚的好人，也和大人的情况一样，不论其在位与否。另外，在周易中大人与君子相继并举的例子只有一个，那就是《革》卦的九五爻辞"大人虎变"和上六爻辞"君子豹变"，两者前后相继出现，也是一种对比，虎的威武胜于豹，虎毛脱变的文彩胜于豹。这一比喻显示，大人的德行超过君子的德行，两者在道德修养的等级上有所不同，所谓"君子小于大人"（孙星衍《周易集解》引陆绩曰），大约即是此意。孔子曾说："君子而不仁者有矣夫！"（《论语·宪问》）何晏引孔注说："虽曰君子犹未能备"，可见君子次于大人，可为旁证。但同时孙星衍本人又有异说，他认为："《易》者圣人效天法地之书。人与天地参，则《易》与天地准，通天地人之谓儒，天大地大人亦大，故《易》称大人，亦称君子。《尔雅》释诂：君，大也。君子即大人。大人者，合乎天地日月四时鬼神，先奉时而后不违，则自天祐之，吉无不利。"（同上）他把君子视为大人的别名，把二者混为一谈，既有背经义，也与自己著作中上述《革》卦的注释矛盾。这只能说是孙氏学《易》注《易》尚未精到之误。说到这里，涉及一个有关的问题，需要一并说清楚。有的学者单从阶级结构来分析周易的人物概念，认为"大人、君子是支配阶级，小人、弄人是被支配阶级"（郭沫若《中国古代社会研究》）。这种抽掉伦理意义，单作阶级分析的看法，并不能全面揭示这些概念的内涵。这一点在周易的爻辞和思想中表现得十分清楚，无须赘述。至于今日江湖占书或庙里神签中常见的"利见大人"字样，已全指富贵人物，那并非周易本义的延续与发展。如曰来自周易，那也只不过是周易占筮形式恶性影响的后果而已。

总之，大人的神圣性或崇高地位，原无待孔子的赞颂与说明。周易本身原来就表现得非常明显。《乾》卦以龙德喻大人，以飞龙在天喻大人之高升，其隐含的重要性，已达到至高无上的地步，当然非君子可比。由此足见，孔子在此只是从《易》卦中掘发出《易》义，加以推衍，从而作出了关于大人的定义。孔子删《诗》《书》，定《礼》《乐》，成《春秋》，赞周易，整理、继承和发扬传统文化，功绩卓著，但他却说自己是"述而不作"，不免过谦之嫌。因为继承、整理、发挥，也是"作"之一种。这一点从他为周易作传——从他发挥周易的涵义为大人作解中，也可以窥见一点消息。

何谓天地之德
如何与天地合德

大人的本质特性是与天地合其德，周易如此表示，孔子即如斯论定。《乾》《坤》二卦代表天地，这是伏羲画卦时如此取象，文王、周公亦仿此缀辞。这恐怕不仅周易，即《连山》、《归藏》二书，其《乾》《坤》之象义，亦无二致。孔子所说的与天地合其德，实质上就是与周易的《乾》《坤》二卦合其德，合可训同，或训应。训同，谓大人与天地同德，似乎过分；训应，谓大人与天地之德相应，分寸比较合适。

这里，若要全解此句的真意，首先必须弄清什么叫"德"。德字，古作直，是直的分化字。德的本源在于道，道为德之母体，老子曰"道生之，德畜之"（《道德经》五十一章），韩非曰"德者道之动（《韩非子·解老》）"，孔子曰"志于道，据于德"（《论语·述而》）等等，都说明德是道的具体表现。道即规律，一个人得了道，掌握了规律，按此想事行事，即谓一个人有德，个体如此，国家也如此。所谓德政，实即合乎道、合乎法则的政治，反之则是不合乎道、不合乎法则的政治。所谓有德者，就是思想和行为都合乎规律的人。天地之德，就是按规律运行的天地的性质与功能。所谓大人之德与天地之德相合，就是说，大人的品性与行为与天地的性质与功能相一致。

那么，周易所示的天地之德是

什么样的呢？这一问题，要先从天地说起。这里所说的天地，并非具有人格的天神地祇，如殷商以前的普遍观念那样。但另一方面，它也不是指单纯的自然的天地本体，它所指的乃是大自然的天地的本质属性，亦即周易中的《乾》《坤》之德。《乾》为天之德；《坤》为地之德。从文字构成来看，《乾》之"卓"旁象声，"乞"旁象意，意为草木初生，引申为万物始生之义；坤字右旁申象声，左旁土象意，意为土地，引申为大地万物之义。是为大自然的天与地之性质、功能，亦即此处所说的天地之德。

说到这里，又碰到一个问题，即：《文言》此句是解释《乾》卦九五爻时出现的。那么所谓大人与天地合其德的天地，是仅指《乾》卦中的天（九五爻）地（九二爻）呢，还是泛指以《乾》《坤》为"易之门""易之蕴"的天地？对此，有不同的看法，如荀爽认为，"与天合德，谓居五也；与地合德，谓居二也。"（孙星衍《周易集解》）

意思是，此句所指仅为《乾》卦爻辞中的大人，九二之"见龙在田，利见大人"，是大人居二位，与地合德。九五爻之"飞龙在天，利见大人"，是大人居五位，与天合德。这种解释，就是把《文言》所谓大人仅限于《乾》卦，这显然是片面观点。理由很简单，倘若从这个观点出发进一步推论，那么下文的"与日月合其明，与四时合其序，与鬼神合其吉凶"云云，却又远远超出《乾》卦的范围。前后脱节，无法理顺。《周易正义》引庄氏所说"谓覆载也"，以及《周易集解》案语所谓"抚育无私，同天地之覆载也"，虽然讲得并不完善，但意指一般的天与地，亦即周易整个体系中的天与地，应该说，这是正确的看法。

但所谓天地之德，究竟指何而言，自来说法不一。除"抚育无私"的覆载之说外，程颐的"合者，合乎道也。天地者，道也"（《易传》）之说，是传统的标准观点。朱熹虽讲了"人与天地鬼神，本无二理，特蔽于有我之私，是以梏于形体，而不能相通"(《周易本义》)，欲以理字贯通大人与天地之合，但接下来又讲"大人无私，以道为体"，仍将天地之德归结为道，并无新意。张载的说法是"浩然无间，则天地合德"(《横渠易说》)，以气之融一为说，亦语焉不详。说得较为具体的是王夫之。他的《周易外传》中有这样一段话："夫《易》，天人之合用也。天成乎天，地成乎地，人成乎人，不相易者也。天之所以天，地之所以地，人之所以人，不相离者也。易之则无体，离之则无用。用此以为体，体此以为用，所以然者，彻乎天地与人，惟此而已矣。故《易》显其用焉。"大意是说，周易之功能在于天地人合一而用，强调人与天地合德为周易之精髓。关于德是什么，他在下文提出《乾》以纯奇而"居天下之至易"，《坤》以纯偶尔"行天下之至简"，"天秉《乾》德，自然其纯以健知矣；地含《坤》理，自然其纯以顺能矣。"以易、简、顺来点明《乾》《坤》之德，即天地之德。以《系辞》的观点来阐释天人合用说，实际是以孔解《易》，以孔解孔。虽非直接诠释大人与天地合其德之句，但其内容却与此息息相关，只是说法稍为具体一些。来知德以独抒所见见长，但于此仍袭旧说。他所谓"大人所具之德，皆天理之公，无一毫人欲之私。若有一毫人欲之私，即不合矣"(《易经集注》)，仍是程朱理学观点的复述，并无创见，而且与孔子《文言》的原意并不一致。从《论语》来看也罢，从《易》传来看也罢，孔子的思想绝不否定人欲。若以无间、无我、无欲来解释人天合一，颇有禅味，显然是佛学成分渗入了儒学。还有陈梦雷之说，也可资参考，他说："九五之为大人，大以道也，天地者。道之原。大人无私，以道为体，则合乎天地易简之德矣。"(《周易浅说》) 这是以孔子易简之说来解释天地之德，而又以程朱道学观点来解释易简之德，是孔学与宋学的杂烩。如此等等，说法分歧。但有个共同点：都说得简陋、笼统，语焉不详。不仅关于天地之德的解说如此，关于"与日月合其明，与四时合其序，与鬼神合其吉凶，先天而天弗违，后天而奉天时"等的解说，也都是一个调子。

下面举几个通行的权威注释，以见一斑。

（一）上述《周易集解》引庄氏曰与天地合其德者"谓覆载也"，与日月合其明者"谓照临也"，与四时合其序者，"若赏以春夏，刑以秋冬之类也"，与鬼神合其吉凶者，"若福善祸淫也"，先天而天弗违者，"若在天时之先行事，天乃在后，不违，是天合大人也。"后天而奉天时者，"若在天时之后行事，能奉顺上天，是大人合天也。"

这种注释支离破碎，意思不能贯通，又不圆到，其中有的说法还牵强附会，令人难以苟同。说天地之德为覆与载，不但不全，而且只触及天地功能的一部分，未揭示天地的本质。说日月之明为照临，也太简单，如何"合明"，并未言及。

而以福善祸淫之报应观点解释与鬼神合其吉凶，又流于怪异，不具说服力。至于先天而天弗违，后天而奉天时的注释，则仅是字面的译述，说了等于没说。而其最大缺陷，则是未能以周易思想来做解释，即未能做到以《易》解《易》，当然也不完全符合孔传的思想。

但号称"发明三圣之旨，通贯万化之蕴"，作为学易必读的《周易正义》，也引用上述庄氏之说，不加修补，不能不令人感到失望。

（二）程颐的解说：

"大人与天地日月四时鬼神合者，合乎道也。天地者道也，鬼神者造化之迹也。圣人先于天而天同之，后于天而能顺于天者，合于道而已。合于道，则人与鬼神岂能违也？"（《易传》）

在此处，程氏从总体上单以一个道字作解，深得要领，可谓要言不繁。但"天地者道也"的道，应是规律之意，单以合乎规律来解释这段话，未免过简，虽然以"造化之迹"解释鬼神，说得很恰当，但其他方面，只是笼统带过，仍未能讲清原意。

（三）朱熹的解说：

"人与天地鬼神，本无二理，特蔽于有我之私，是以梏于形体，而不能相通。大人无私，以道为体，曾何彼此先后之可言哉！先天不违，谓意之所为默与道契；后天奉天，谓知理如是奉而行之。"（《周易本义》）

朱氏在《本义》中说理又说道，实际仍在说道，与程说仿佛。但说鬼神与人本无二理，不如程颐"造化之迹"之说，具体、深刻。至于合德、合明、合序、合吉凶等，均未言及。对先天后天，也是以道、理一笔带过，只是原文的浅释，而非内涵的发明。

（四）来知德的解说：

"合德以下，总言大人所具之德，皆天理之公，而无一毫人欲之私，若少有一毫人欲之私，即不合矣。天地者造化之主，日月者造化之精，四时者造化之功，鬼神者造化之灵。

"覆载无私之谓德，照临无私之谓明，生生不息之谓序，祸福无私之谓吉凶。"

"合序者，如赏以春夏，罚以秋冬之类也。合吉凶者，福善祸淫也。先天不违，如礼虽先王所未有，以义起之，凡制耒耜作书契之类，虽天之所未为，而吾意之所为，默与道契，天亦不能违乎我，是天合大人也。奉天时者，奉天理也。后天奉天时，谓如天叙有典，而我惇之，天秩有礼，而我庸之之类。虽天之所已为，我知理之如是，奉而行之，而我亦不能违乎天，是大人合天也，盖以理为主，天即我，我即天，故无后先彼此之可言矣。……《乾》之九五以刚健中正之德，与此大人相合，所以宜利见之，以其同德相应也。"（《易经集注》）

来氏此解，显然是继承《正义》、《本义》的旧说而略作浅释，颇似理学《易》说的延长。但其中提到《乾》九五以刚健中正之德，与大人同德相应，能以《易》德释人德，应视为合德的正面解释。唯把大人仅限于《乾》九五，未能广及全《易》、泛及人类，却与《文言》之孔意不全相应。

（五）再看看陈梦雷的《周易浅述》：

"九五之为大人，大以道也。天地者，道之原，大人无私，以道为体，则合于天地易简之德矣。天地之有象，而照临者为日月，循序而运行者为四时，屈伸往来生成万物者为鬼神，名虽殊，道则一也。大人既与天地合德，故其明目达聪，合乎日月之照临；刑赏惨舒，合乎四时之代禅。遏扬彰瘅，合乎鬼神之福善祸淫。先天弗违，如先王未有之礼可以义起，盖虽天之所未有，而吾意默与道契，虽天不能违也。后天奉时，如天秩天序天理所有，吾奉而行之耳。盖人与天地鬼神本无二理，特蔽于有我之私而不能相通，大人与道为一，即与天为一，原无彼此先后之可言，其曰先天后天者，亦极言或先或后皆与天合也。"

在上述名家的解说中，陈氏的阐述比较具体，能将原文的概念略加展开。但总体看来，仍然是旧说的延续。除所谓蔽于有我之私云云带有禅味外，大人与道与天为一而无先后之可言云云，既非周易之含义，也乖离孔子《文言》之思想。虽然其中提到天地易简之德，触及要害，但全面看来，仍未抓住孔子思想和周易内涵的统一和融合，未能以此为中心展开解说，所以如此解说，仍不能令人满意。

孔《易》与周《易》的合德

为此，想要彻底全面了解《文言》此话的真义，必须首先把握孔传与《易》义的"合德"。

在孔子思想中，周易是至高无上的圣典，他以"《易》其至矣乎"的赞叹词句进行颂扬，认为《易》之所以如此高尚，原因在于"《易》与天地准"，亦即效法天地人而作，故能"弥纶天地之道"，亦即"冒天下之道"，把天地间的一切道理和法则完全包络在内，其内涵"广大悉备，有天道焉，有人道焉，有地道焉"，故而能"以体天地之撰，以通神明之德""开物成务""以通天下之志，以定天下之业，以断天下之疑""崇德广业""穷神知化"（以上《系辞》）。总之，周易之借天道以明人事的内容，和孔子效法天地的天人合一思想，是完全一致的，不谋而合的。因此，能与天地合德以开物成务，是周易理想中的大人，当然也是孔子理想中的圣人，尧、舜、禹、汤、文、武、周公，便是孔子所崇拜的与天地合德的伟大人物。

那么，所谓与天合其德的"德"，依《易》义与孔义来说，其全部面貌（性质、功能）的具体情况到底是怎样的呢？

前面说过，天地之德即乾坤之德，在实物谓之天地，在《易》中谓之《乾》《坤》。就形体说，谓之天地；就性质说，谓之《乾》《坤》。欲知《乾》《坤》之德，须先知《乾》《坤》之状。《乾》之状为三个阳爻，《坤》之状为三个阴爻。三阳重而为六，成为《乾》卦；三阴重而为六，成为《坤》卦。《乾》《坤》两卦的结构显示，《乾》是纯阳之体，《坤》是纯阴之体，孔子所谓《乾》，阳物也，《坤》，阴物也"，当指此而言。

先说《乾》卦。《乾》取象于天，象征天的阳性，纯阳之性。纯阳之性的特点是什么呢？是"刚"，是刚强有力。不仅刚强有力，而且运动不息。这就叫作"健"，健是天的本性。天之运行，强而有力，不疲不倦，永无休止。故而取象于天的《乾》，也便以健为本质属性。同时，如前所述，乾字的构成表示事物的伊始。始生之物，潜力最强，如一粒草种，表面虽弱，但具有纯阳的内在活力，即便深厚的土壤，甚至沉重的石隙，也能穿透而出，其力量何止千百万斤。故而"《乾》知大始"之"始"，亦充分具有健意。总而言之，纯阳之体、刚强不息、生物之始这三点，筑成了天的《乾》性，亦即健性。

这是天的本性，亦即天德之主。

《乾》卦的《彖》辞是元亨利贞，这是文王所缀，是对一卦大义的断语，其含义历来有歧释。一种解释，最早见于《左传·襄公九年》。鲁成公之母穆姜因谋叛而被废。当时她曾占筮以问吉凶，遇《随》卦辞元亨利贞。她的解释是："元，体之长也；亨，嘉之会也；利，义之和也；贞，事之干也。"这种解释，恐非深居王宫骄奢淫逸的穆姜所能作出，大约来自巫史的传统说法，或流行于上层社会的说法。穆姜之说为四德说，其出现早于孔子生前十三年之久，孔子赞《易》时当然早已知道它。孔子在《文言》中的解说与此类似却不尽同。《文言》曰："元者善之长也，亨者嘉之会也，利者义之和也，贞者事之干也。"除把"元者体之长也"的体字改成善字之外，其他和穆姜之话完全一样。显然，这是孔子作《文言》时引用穆姜的四德说而略加改造的结果。但是，虽文辞略有改变，解释的话却和穆姜相同，都是所谓"体仁足以长人，嘉会足以和礼，利物足以和义，贞固足以干事。"本来穆姜对元亨利贞的解释，已很精当、深刻，再经孔子一润色，以"善"代"体"，其哲理性与伦理性又提高了一个层次，使《易》理发扬的广度与深度大为提高。但有些《易》家却持歧见，如朱熹就认为元亨利贞并非四德，而是筮辞"元亨，利贞"。即占得此卦者，其运"大通而利于守持正固，原是文王以占筮教人之辞。"这种说法突出了占筮性而贬低了义理，殊不可取。"元"何以处于体之最高位，即善之最高位？这须从"元"的本始义蕴领会。"始"为生之始，其精粹其活力其前途，一片光明，宇宙最美最善者无逾于此。"天地之德，浑涵于此。于时为春，于人为仁"（陈梦雷《周易浅述》）亦即《释名·形体》所谓"天以生物为元，人以生物为仁"。宇宙间之真善美，皆由此开端。故曰善之长。"亨者嘉之会"的意思是，善之始发，蓬勃不已，通向四方，一切皆为之畅达融合，所谓"乾元者，始而亨者也"，大概就是这个意思。此之为亨。嘉为美，众美由此融合，形成美之冠，则为"嘉之会"。"于时为夏，于人为礼"。夏季万物畅茂，众美合聚，而礼须交接会通，人物盛聚，所谓礼仪三百，威仪三千，繁文缛礼，气象万千，故曰"嘉之会"。"利者义之和也"，是说《乾》天始生，畅通无阻，众美合聚，"阴阳相合，各得其宜"（荀爽语）成果和合，有利于世，"于时为秋，于人为义"。义者宜也，合理为宜，诸事皆宜，即义之和，亦即利之和。故曰"义者利之和也"。"贞者事之干也"的贞，一作正，贞训正，干训树干，坚守贞正，为办事的骨干，"于人为智"。秋收冬藏，冬日须确保收成，坚实无误，以待来年之需。人智亦如收成，必善于守藏，以利今后之用。如此，元亨利贞，即始、通、宜、正，一气生发，沛然莫能御之，是由于天之德一以贯之。这天之德是什么？就是一个健字。所以，《乾》者健也，是对《乾》卦元亨利贞四德最扼要的断语。分开讲，谓之元亨利贞，统而言之，谓之健。即：天以其乾元之性发而致亨利，归于一贞，是健德的功能。《乾》卦卦象爻象象辞如此表现，孔子的体会也完全相符。他赞叹："大哉，《乾》元，万物资始，乃统天。"

意思是：《乾》元为万物始生之基，宇宙一切皆靠它而生。它是天的本质，能指挥天的运行。

《乾》元何以具有如此强大的威力？孔子答曰："天行健"（《大象》）。意为天的运行，刚强不息，"大哉《乾》乎，刚健中正，纯粹精也。"（《文言》）（六爻纯阳，是阳之精。阳为刚，刚则不屈，健则力作不息，一三五爻居阳位，为正。二与五爻分别居初、三与四、六之间，为中，是为刚健中正。）

"夫《乾》，天下之至健也。"

（《系辞下》）

（《乾》为天下最刚强有力而孜孜不息的品质）

从上述《乾》性的解释可以看出，孔子认为天德的根本是《乾》，《乾》即是健，天之所以能为万物之始，生生不已，运行不忒，亨利贞干，端在于健德。

天地相对而统一，《乾》《坤》亦相对而统一。《乾》卦皆奇爻，通体纯阳；《坤》卦皆偶爻，通体纯阴。《乾》象天，《坤》象地。坤字由土（土地）与申（伸展）构成，为大地之象征。地之德（即纯阴之德），是什么呢？文王的《彖》辞已有明示。《乾》卦《彖》辞为元亨利贞，《坤》卦《彖》辞亦有这四字，但插入"牝马"。如依程传，这是由于"四德同而贞体则异。"意为元亨利贞之四德，天地（《乾》《坤》）同具，区别在贞之性质不同。"《乾》以刚固为贞，《坤》则以柔顺为贞。"柔顺之性取象于牝马，牝马之行止须依于牡马，听从牡马指挥，有健行不息之性，故而比喻为"牝马之贞"。

《坤》卦卦辞有两种解法，第一种是自王弼始分为两句，元亨为上句，利牝马之贞为下句。朱熹亦如此断句，他认为《易》为占筮之书，占者筮得《坤》卦，其运气为元亨（大通），但须坚守牝马般柔顺从阳，健行不渝，方才有利。另一种是看作一句，元、亨、利、牝马之贞为几个并列谓语，类似《乾》卦，仍为四德，这是程颐的说法，来知德斥之为"泥于四德，所以将利字作句"（《易经集注》）。其实，《乾》《坤》如天地一般，互相对立又互相依存，《乾》《坤》合作始成四德。《系辞》所谓"《乾》《坤》其易之蕴邪？《乾》《坤》成列，而《易》立乎其中矣。"《易》立于《乾》《坤》之列中，《乾》《坤》合作，为六十四卦之始。《易》不单始于《乾》，亦不单始于《坤》，而始于《乾》《坤》两卦之一体。这样，从根本看来，《乾》德不能孤立，四德之于《乾》《坤》，自分处观之，《乾》健而

《坤》顺，《乾》阳而《坤》阴；而自合处观之，则健顺统一，始成《乾》《坤》之四德。从"乾道成男，坤道成女；乾知大始，坤作成物"（《系辞上》首章）等处来思索，自然会领悟《乾》《坤》四德是合中有分，分中有合，虽有不同而浑然一体。由此观之，侧重筮法的朱、来之说，既不合于《易》蕴，自亦不合于孔子思想。故此无妨说，《乾》《坤》合体而四德始备，而万物资始资生，而万象亨通，而万事宜合，而贞正固持。《乾》之能如此在于健，《坤》之能如此在于顺。《说卦》传所谓"《坤》者顺也"，是抓住了《坤》的本质特性。《乾》统天而行，《坤》顺天而行，《乾》健而不息，《坤》顺而不息，如此而造成生生不已、千变万化的花花世界。

对《坤》之特性，孔子在《大象》传中作如是说："地势《坤》，君子以厚德载物。"

不说地势顺而说地势《坤》，为什么？朱熹认为是用字偶有不同，不必穿凿（转引自《周易浅述》）。实则坤字即顺字，古文作巛，而巛即顺之假借。故而"地势坤"，实即"地势顺"。

但这里出现了问题：地之形势本是参差不齐，何以言顺？孙星衍《周易集解》引宋衷的解答是："地有上下九等之差，故以形势言其性也。"意为不言地形而言地势者，是由于地形之不齐不可言顺，而以地势言之则可，因为地势可用来表明地性之故。《周易正义》则认为，"地势方直是不顺也，其势承天，是其顺也。"把地势顺解作具有承顺天运之势，实乃片面之词。因为地不仅顺承天运，亦顺应物宜，地势之顺乃地对外之天性，不因对象而异。问题的症结在于，势字不仅作形势解，亦作力之奋发解，如风势雨势。此处之地势可释为地之性能。地势顺即地之性能为顺，这样解释，较为合适。

从地势《坤》中，孔子体会出的道理是"厚德载物"。这个体会如同从天行健中引出的自强不息的道理，同样符合天地之德，极为深刻。很明显，大地具有敦厚之性与载物之能。以厚性承载万物，是地之功能，而此功能当然来自顺德。如违戾不驯，则不能顺天生物，也不能载物成物。唯以顺德，大地才能做到"不习无不利"，发挥其"元亨利牝马之贞"的作用。《文言》说："《坤》道其顺乎！"可谓一语中的。对《乾》卦，孔子赞叹说："大哉乾元，万物资始，乃统天。"对《坤》卦则赞叹说："至哉坤元，万物资生，乃顺承天。"一则资始，万物凭以始生；一则资生，万物凭以生成；一则统天，以健德统领天体；一则顺天所施，以顺德厚载万物。

为什么对《乾》元称大，而对《坤》元称至？程传说，这是由于"资生之道，可谓大矣。《乾》既称大，故《坤》称至。至义差缓，不若大之盛也。"他认为至义稍逊于大义，自资生之道视之，《乾》称大而《坤》称至，合乎分寸。而王引之则训"至"为"大"，认为《坤》与《乾》有并大之义"，不必如《正义》以来宋世说《易》之"强为分别"（《经义述闻》），虽可备一说，但稍嫌粗略。细绎文义，"大"与"至"此处义应有别。"大"言天体广大无疆，无所不包，"至"训极，言大地顺天生物，厚德载物，其功能无所不尽。"大"是就资始统领空间而言，"至"则是就顺随资生的功能而言。总而言之，是谓《乾》《坤》之德广大而极尽之意。健顺之外，《乾》《坤》还以其阳阴之质而体现为刚柔，刚柔也是《乾》《坤》之德。孔子曰：

"大哉《乾》乎，刚健中正，纯粹精也。"（《文言》）

"《坤》至柔而动也刚。"（《文言》）

"《乾》《坤》其易之门邪！《乾》阳物也，《坤》阴物也，阴阳合德而刚柔有体……。"（《系辞下》六章）

《杂卦》说："《乾》刚《坤》柔。"无论《杂卦》是否为孔子所作，这一论断则完全符合孔意与

《易》义。全经《彖》传言及刚柔之卦凡五一，《象》传言及刚柔者凡十六爻，可见刚柔之为用，在《乾》《坤》的德性中亦占有重要位置。

或曰：阳刚阴柔，阴阳刚柔本为一体，分而言之，何也？这一点，《说卦》已给予解答，答曰："立天之道曰阴与阳，立地之道曰柔与刚。"天道变化谓之阴阳，近于造化而言。地道运作谓之刚柔，近于物性而言。或者也可说，侧重于本质谓之阴阳，侧重于功能谓之刚柔。

所以，《乾》卦纯阳，亦可谓纯刚，《坤》卦纯阴，亦可谓纯柔。刚柔与阴阳一样，同是《乾》《坤》天地之德性。而《乾》《坤》天地创生万物，则万物亦莫不有阴阳之质与刚柔之性，即：健顺二德虽源于《乾》《坤》，但万物（包括人）既资生于《乾》《坤》，则亦莫不有健顺二性。故而人或物之与天地合其德，自有其演绎的必然性。

天地合德与《乾》《坤》合德

从《乾》《坤》运行的功效方面来看，易与简也分别是《乾》《坤》的个性。《系辞上》说："《乾》知大始，《坤》作成物；《乾》以易知，《坤》以简能；易则易知，简则易从；易知则有亲，易从则有功；有亲则可久，有功则可大；可久则贤人之德，可大则贤人之业，易简而天之下之理得矣。天下之理得，而成位乎其中矣。"（四章）

知训主，大即太。《乾》知大始是说乾主持至极至大的创始。《坤》作成物，是说《坤》顺《乾》而作成万物。《乾》以易知，是说《乾》以平易主持创始，以健德而动，主持始物，自然而然，顺理成章，毫不勉强造作。不见其有为而实际上无所不为，平平易易，并无繁难之处。孔子所谓"天何言哉，四时成焉，百物生焉"（《论语·阳货》），就是《乾》以易知的一个注解。《坤》以简能，意为《坤》之性为顺而静，承《乾》之施而作成万物，并不自作主张，"不习无不利"，简简单单，并不复杂。以简约显其功能，是《坤》的个性。易则易知，简则易从以下，讲人法《乾》《坤》之德和天地之道的功效。《乾》的个性既如此平易，则人所容易明白（此处"知"是知晓之意）。《坤》之个性既如此简单，则人所易于遵从。容易明白便获得人们的亲近，容易遵从，便会显出其功效；获得众人亲近，自可恒久不已；显出功效，则可发扬光大。恒久不已之理，便成为贤人的自在之德，发扬光大之德，便成为贤人的功业。人若抓住易简二字，便掌握了天下的根本规律；掌握了天下的根本规律（亦即掌握了《易》理），便可在天地之间确立适中的地位。"至此则体道之极功，圣人之能事，可以与天地参矣"（《周易本义》）。约言之，就是《乾》性易，《坤》性简，易简为天地之理，人得易简之理，与天地合德，天地人并而为叁，从而形成圣人的

地位，同时也才成为通晓周易的人物。

《乾》《坤》的易简之性，也是由《乾》《坤》的健顺之根性所决定的。《乾》健而动，自然地主于始物而无繁难，是为易。《坤》顺而静，受《乾》阳之气而具成物的功能，简单而不复杂，是为简。一言以蔽之，健则易，顺则简。也可以说，易简是健顺所派生的德性。

总起来说，以上所述，要点在纯阳之《乾》与纯阴之《坤》，其根性是健与顺，由健顺而生刚柔，而生易简。

但关于天地《乾》《坤》之德的问题，到此是否已告终结？细思之，尚未说清。亦即进一步观之，《乾》《坤》合德的关系、相反相成的关系，还有待说明。

一阴一阳之谓道，道之内涵为阴阳互根，阴阳互变，纯阳之《乾》必以纯阴为根，纯阴之《坤》也必以纯阳为根，相反相成。可谓阳兮阴之所倚，阴兮阳之所伏，老子所谓"万物负阴而抱阳"，应是

此意。是以周易之始，并非始于《乾》卦而是始于乾坤二卦（殷易《归藏》则始自《坤》《乾》，而非始自《坤》卦）。故而《乾》之根性"健"中，自然内含《坤》之根性"顺"；《坤》之根性"顺"中，自然内含《乾》之根性"健"。如此，则运行之际，《乾》则行健而有时或顺，《坤》则行顺而有时或健。《文言》说"《乾》元用九（善于用九）乃见天则"，表明《乾》之健有重刚之时，应节之而保持刚柔适中，是天之法则。就《乾》卦说，《乾》性虽健，亦必与时偕行，潜、见、惕、跃、飞，各随其时不能一健了之。最要紧的是避免过亢，勿以刚健之性，一意猛进，以免物极必反，遭到"有悔"的惩罚。"有悔，非德也。"故而《乾》卦"初曰德之隐，二曰正中，三四曰进德，五曰天德，独上不言德。"（陈梦雷《周易浅述》）因为上为亢极，"知进而不知退，知存而不知亡"（《文言》），无德可言。即此可见，《乾》虽纯阳而含阴质，

《乾》虽刚健而含柔性，是谓阳中之阴。见其健而不见其柔，等于见其阳而不见其阴，同是片面观点。《坤》的情况，与此相同，阴中含阳，是谓阴中之阳，顺中含健，也是与时偕行，"不可为典要"。所以《文言》说："《坤》至柔而动也刚。"意即《坤》性虽极为柔顺，承《乾》行事，但其生成之力，如牝马随牡马奔行，势不可挡，孜孜不息，是为顺中之健，柔中之刚，从根本上说，正是阴中之阳的表现。

关于《乾》《坤》之间这种既对立又统一的关系，孔子是这样论述的：

"夫《乾》，天下之至健也，德行恒易以知险。夫《坤》，天下之至顺也，德行恒简以知阻。"（《系辞下》十三章）

这段话，由于文字的解释有所不同，意思也有差异。一般都训知为知晓，意即《乾》为天下之至健，其德行永恒平易，学者可以从中知道艰险。《坤》为天下之至顺，其德行永恒简约，学者可从中

知道阻难。这样解释，须将全句的主词"乾"，在句中换为"学者"（意中省略），甚不自然。拙见以为这段话的主词《乾》与《坤》，理应一贯到底，则文气充沛自然。暗换主词，总嫌别扭。关键在知字。实则知字多义，亦可训见、现，如《左僖二十八年》："晋侯闻之而喜可知也。"《吕氏春秋·自知篇》："文侯不悦，知于颜色"等，即是。知为现意，则此段话两复合句都不必暗换主词，可以解作："《乾》为天下之至健，其德行经常平易而有时现出艰险，《坤》为天下之至顺，其德行经常简约而有时现出阻难。"这样解释，文气充沛，文意通顺，较知训晓为优。总之，《乾》性虽恒常健而易，但不是没有艰险，如《乾》三爻即重刚而有险，上九即过亢而有悔。《坤》性虽恒常顺而简，但不是没有阻难，如《坤》初之履霜坚冰至，六四之"括囊"避害，上六之疑于阳必战，就是明证。

综上所述，深入思之，即可知"与天地合其德"的天地之德（《乾》《坤》之德），究为何物。分言之，天之德为健、刚、易，以健为主，时或有险。地之德为顺、柔、简，以顺为主，时或有阻。合言之，正如王夫之所说"天秉《乾》德，自然其纯以健知矣。地含《坤》理，自然其纯以顺能矣"（《周易外传》），天地之德无非健、顺二字。人处天地之间，与天地参，法天法地，进德修业。法天之健德，以"自强不息"；法地之顺德，以"厚德载物"。能如此，则会逐渐造成与天地合其德的根基。理想的大人，是在这方面已达到人天合一的崇高境界。君子进德修业，也应以此为奋斗目标。恐怕不止大人、君子，即小人、平民也应沿此道路立身行事。这既是周易的内蕴，也是孔子的思想。孔子以《易》解《易》，以孔解《易》，的确做到了孔《易》合一，浑然一体。

从古迄今，在中华两千多年的历史上，孔子从周易中发掘出来的这一与天地合其德的思想——以向上的精神自强不息，以广阔的胸怀宽厚容物，应该说，早已成为民族传统思想的精华与骨干，由历代的大人、君子以及平民继承下来，并发扬光大。反过来，凡与此相反的思想行为，当然是中华文化长河中的污物与糟粕，应被抛弃，自不待言。

何谓"与日月合其明"

周易六十四卦体系的结构是三十二对卦的联结，分为上下两经。上经三十卦，下经三十四卦。上经始于《乾》《坤》，终于《坎》《离》；下经始于《咸》《恒》，终于《既济》《未济》。所谓"与天地合其德，与日月合其明，与四时合其序，与鬼神合其吉凶"云云，虽然表面上是对《乾》卦九五爻大人的精神境界及其德行所作的说明，实际上这一说明的涵义，早已蕴藏、贯通于全《易》体系之中。上经之始于《乾》《坤》，是说卦，也是说万物。始于《乾》《坤》即始于天地，万物莫不如此。《乾》《坤》之德亦即天地之德，所以"与天地合其德"，也就是与《乾》《坤》合其德。《乾》《坤》为《易》之门、《易》之蕴，六十四卦象生于斯，涵义亦生于斯。由此可见，从内涵来看，周易可谓始自天地之德，前面所述都是关于这方面的内容。上经的结尾是《坎》《离》，《坎》为水、亦为月，《离》为火，亦为日，《说卦》早有交代。如此，则上经之终，亦可谓终于日月。换言之，也可以说周易上经始于天地之德，终于日月之明（《淮南子·天文训》"月，天之使也，积阴之寒气，大者为水，水气之精者为月。"）当然，这是就结构的安排而言，实质上天地日月之明德，是贯通于全经的机体。为此，关于"与日月合其明"的含义，首先应该从周易本身来探赜索隐。

关于这一问题，汉易的解释可见于《周易集解纂疏》。其中引荀爽之说："《坤》五之《乾》二成《离》，《离》为日，《乾》二之《坤》五为《坎》，《坎》为水。"讲了《乾》《坤》爻变形成《坎》

《离》的情景。这种卦变说，和大人"与日月合其明"的问题，毫无关联，离开义理单讲象数，文不对题。其中案语引庄氏谓"照临也"，又说："言大人威恩广被，无远弗屈，若日月照临于四方也。"意为大人之治理天下，其恩德与威严无远不被，如同日月的光辉，居高临下，照亮人间。这是单从政治的侧面来作解释，大体上与周易本义及孔传《文言》之义接近，但语焉不详，深广程度有所不同。孔颖达的《周易正义》仍采用庄氏说法，没有补充。张载所谓"照无偏系，则日月合明"，来知德所谓"照临无私"，也都是旧说的沿用，并无新解。

欲彻底了解此句的含义，还得首先对《文言》作者的本意，进行探索。

《系辞上》十章有这样一段论述："……法象莫大乎天地，变通莫大乎四时，悬象著明莫大乎日月。"在这里，孔子所谈的是关于人法自然的问题。他认为，在效法和取象上最大的对象，莫过于天地；在变化会通上最大的东西，莫过于四季；在高悬形象、显示光明上最大的东西，莫过于日月。换句话说，在孔子思想中，在人法自然以立人事方面，天地、四时和日月，占有最大最明显的根本地位。所谓悬象著明，当然具有居高临下，普照人间，给人以温暖和光明，惠及万物而无偏私等含义。上述庄氏等易家的解说，当是由此演绎而来。

在论及周易的优越性和《乾》《坤》的始基功能时，孔子曾这样赞叹说：

"广大配天地，变通配四时，阴阳之义配日月，易简之善配至德。"（《系辞上》六章）

译成今语就是：

以《乾》《坤》为始基的周易大而且广，与天地相似；往来变化，运动不已，与四季相似；一阴一阳，一夜一昼，与日月相似；平易简约中庸贞正，与圣人的最高德行相似。

这段话的中心思想是，天地之大、四时之变和日月之明，是周易所反映的对象。既是宇宙之真理，又是圣人的至德。

这段话所说的日月，已经不仅指其光明，不仅指上述庄氏所说的"照临"，而涉及天体运动的阴阳问题。日为阳，月为阴，日为昼，月为夜，日月之光就是在这种一阴一阳的交叠更替中居高临下，普照人间的。这样看来，孔子在《系辞》中所谈到的日月，其内容早已超出后代的解说。这里，不禁令人感到这些后代的儒家弟子，对孔子的易传似乎理解得尚未透彻。

《系辞下》还说过：

"日往则月来，月往则日来。日月相推而明生焉。"（五章）

这是孔子讲解《咸》卦九四爻辞"憧憧往来，朋从尔思"时所说的一段话当中的一部分。他讲"天下殊涂同归，一致百虑"的定理时，举出日月四时为例，说明大自然在不停的变异中，体现一定不移的真理。日月不停地往来推移，互相交替，昼夜轮回，从而生出人间的光明。换句话说，他认为日月之明，是在昼而夜、夜而昼这样的阴阳交替中生出的，这和上举"阴阳之义配日月"，是一个意思。

《系辞下》里还有一段话涉及日月之明：

"天地之道，贞观者也；日月之道，贞明者也；天下之动，贞夫一者也。"（一章）

关于贞字，韩康伯说："贞者正也，一也。"并引老子的话"王侯得一以为天下贞"来论证"万变虽殊，可以执一御也。"他认为，"天地之道贞观者也"的意思是："明夫天地万物莫不保其贞而全其用也。"这个解释并不恰当，但训贞为正为一，还是对的。训贞为常，也不错——保其正而一贯不移，即是常。故贞字可解为常保其正。孙星衍《周易集解》引陆绩曰："言天地正，可以观瞻为道也。"讲得好，可视为正解。来知德循此解释说："观者，垂象以示人也，道者天地日月之正理。"可以说，符合《系辞》

的本义。具体说，天地保持正常的"大观"形象，垂示人间，使圣人得以仿效，所谓"效天法地"，取得德行之本而造福于天下。正如《系辞下》另一处所说"包（伏）羲氏之王天下也，仰则观象于天，俯则观法于地。""黄帝尧舜垂衣裳而天下治，盖取诸《乾》《坤》。"（二章）《说卦》所谓"《离》也者明也，万物皆相见，南方之卦也，圣人南面而听天下，向明而治，盖取诸此也"等等，意思在于说明天地、日月等大自然，以其正常的面貌垂象示人，人间万事万物亦循正常之理而运行。人间的圣人效法天之象与德而创为《易》卦，又吸取《易》卦之象与理，而治理天下。效法日月之明，是其中一大端。帝王南面而治，向明而治，是取诸《离》卦，而《离》卦则来自于效法天日之明。

从上述可得出一个信息，即《文言》所谓"与日月合其明"，其意义绝不止"照临与阴阳之义"而已，那只是自然的客观的景象与功能。圣人、大人效法日月之明、效法其照临及阴阳之变的景象与功能，用之于治国平天下。甚至面南而坐，也是从效法天日之明而来。[1]

依据这一点进一步观察，可以见到，在周易体系中法天之"明"，实为重要概念。

《坎》《离》与日月

探讨"与日月合其明"问题，必然涉及《坎》《离》二卦的象征。据《说卦》所记，《坎》《离》象征水火，也象征月日。从义理上说，《离》为火，又为日，日为火之司，其关联自然成理。但《坎》为水，又为月，月与水的关系却不易理解。虞翻注释《坎》卦卦辞所谓"……水行往来，朝宗于海，不失其时，如月行天。"以设譬联结水月关系，实为牵强。《淮南子·天文训》所说"月，天之使也，积阴之寒气，

---

[1] 上古帝王之治取之于《易》卦，显然属于臆想。但那是另一问题，此处只探讨《系辞》中天人合一的观念。

大者为水，水气之精为月"，这样论理而推，较前说为优，但《易》中并无此象，当属离经衍义，也难令人首肯。对此唯有从象数上寻觅，始可找到答案。陈梦雷的解说，就合乎经义。他说："六十四卦以《乾》《坤》为首，而《坎》《离》居其中。盖《坎》《离》二卦，天地之心也，造化之本也。天一生水而二生火，《坎》藏天之阳中，受明为月。《离》丽地之阴中，含明为日。《坎》为水而司寒，《离》为火而司暑。《坎》为月而司夜，《离》为日而司昼。故先天之图，《乾》南《坤》北，后天则《离》南而《坎》北。《坎》《离》为《乾》《坤》之继体。"（《周易浅述》）这样从《乾》《坤》相交而生《坎》《离》，从《坎》《离》的天阳多少而生水火，从《坎》《离》内伏阴阳之别而分日月，再以《坎》《离》之司寒司暑，论及其为夜为昼，最终据以论证先后天图中《乾》《坤》《坎》《离》位置的相对变动，层层深入，条条成理，既可自圆其说，又不乖离周易象数之义。虽是承袭汉宋《易》家之说，但作为问题的答案，却比较允当。

但另一方面，周易六十四卦大小《象》及卦辞爻辞中表现日明之处，却多于月明之处。爻辞虽有"月几望"三处：《小畜》上九《归妹》六五以及《中孚》六四，但都是强调阴须顺阳，并未涉及日月之明与照临之义。

在六十四卦经文中并无直接讲说日月之明之处。但《易》象中却有，《离》卦就是。《彖》传则从《易》象中发掘此义加以引申，并结合人事发挥议论。《坎》《离》为伴侣，但《坎》卦《彖》传却只谈水谈险及处险之道，而未涉及日月之明。何以如此？也许在孔子看来，从"习坎"之水象中引出险义自然合理，而引出月明则过于穿凿吧。《离》卦的《彖》传是：

"《离》，丽也。日月丽乎天，百谷草木丽乎土。重明以丽乎正，乃化成天下。柔丽乎中正，故亨"。

对这段话，王弼的注释是，"丽

犹著也，各得其著之宜。"简明扼要，十分恰当。古文离字为多义词，有分合二义，此处释为丽，丽即附著之义。《离》卦的卦象是上下二卦皆为《离》，一阴附著于二阳之间，象征火，火为明，两火相继，即两明相继，是为重明。重明象征高挂于天上的日月，白天日明，夜里月明，二明相继，以重明照临人间。同时，百谷草木则附著于土地而生长，万物亦皆有所附著，而各得其宜。但《离》卦卦象启示人们，不但明以继明，而且阴附于阳，阴顺乎阳。二爻为阴，其位中而且正，五爻亦得中。虽阴居阳位为不正，但《易》道中贵于正，无中不正。正因为"柔（阴爻）丽乎中正"——柔顺而居于中正之位，故而亨通。所谓重明，是说日与月在中正的正常运行中照临四方，万物赖以生长发育，天下得以文明。上下皆明，故曰重明。

《离》卦一面反映日月重明的天道，一面又反映出圣人自天道悟出的"继明"治世的人道。

《象》辞所谓"明两作，大人以继明照于四方"，即是这样。大意是：从两明相继而来的卦象中，君临天下的圣人悟出，治世之道为日月相继，明而继之以明，以明明之德惠及人间，前后皆明，是为继明。

细看《离》卦卦象与《彖》《象》辞，可以看出，所谓"夫大人者与日月合其明"的涵义，大体如此。《礼记·大学》所说"在明明德""明明德于天下"等，大约来源于此。

附带说一下，《周易大传新注》认为"有德无位为大人，即大德大才之人"，恐是误解。不但于全经中许多大人之义不合（详见前文），仅就《离》卦《彖》传来看，也很清楚，有德无位的贤者（如颜渊），自无由照临四方而化成天下。必须有其位而丽乎中正者，始可言此。另外，该书又袭用来知德说，以为"《离》卦卦体，上《离》下《离》，《离》为日，是太阳今天升起，明天又升起，继续不断，永远如此。"把重明看作重日，而不取《离》为火、为明之义，且置"日月丽乎天"及"继明照四方"之明文于不顾，恐有失孔传原意。孔传原意很清楚，自然是《乾》九五大人与"日月合其德"的观念的延长。解《离》卦时应与《乾》卦前后照应，否则易陷于一偏。

日月高悬太空，照亮人间，其象犹如悬卦于天间，宇宙万有，俱在其光辉照临之下，繁荣生长。吉凶善恶，也无所隐匿。此种形象，在周易中构成《火天大有》卦。象辞说："火在天上，大有，君子以遏恶扬善，顺天休命。"孔子由此卦象中悟出，君子应如火在天上，生育万物，洞见善恶，并止恶扬善，扶阳抑阴，从而顺应上天的美命。司马光说得好："火在天上，明之至也。至则善恶无所遗矣。善则举之，恶则抑之，上之职也。明而能健，庆赏刑威得其当，然后能并有四方，所以顺天休命也。"（《温公易说》）

天上之明，无过于日月，日月之明，犹如火在天上。从《大有》卦的象义可以体会到，"与日月合其明"者，其意义不仅如上述阳阴交替，照临人间，生育化成万物，以明德治国，惠及众庶，而且善恶分明，赏罚得当，能以"明而能健"的德性，治理天下。

"明而能健"的德性多表现于赏罚。在周易《大象》中，论及断狱之卦凡四：《火雷噬嗑》《山火贲》《雷火丰》和《火山旅》，每一卦的卦体中都含有火。何以如此？显然火之态为明，光明耀眼是火的特征。断狱的基本条件是"明"，即看清案情的原貌，在"明"的基础上断案，才能断得正确，否则不明不白必成为冤假错案。故而《象》传以火喻明，以明为断狱之必的体会很有道理。治国之道不仅断狱如此，其他是非赏罚等莫不如此，如能做到明如日月与日月合其明，则国泰民安的功业，自可期其必成。

"与四时合其序"的涵义

《系辞上》说:"法象莫大乎天地,变通莫大乎四时。"(十一章)孔子认为,"尊法天卑法地","与日月合其明"之后,继而效法的便应是天地日月运行而生出的四季。在天上地下,趋时而变(《系辞》"变通者趣时者也")的事物中最大的乃是一年四季的变化。人向大自然学习,必须"广大配天地,变通配四时"(《系辞上》六章)。如天地之广大,如四时之变通。变通的内涵是,阳变而通乎阴,阴变而通乎阳,老阳老阴变化往来,轮转不已,酿成"寒往则暑来,暑往则寒来,寒暑相推而岁成焉"(《系辞下》五章)。亦即天地日月之阴阳变化,造成春夏秋冬四季的有秩有序的互变互通。《乾》《坤》所秉的元亨利贞四德,即与人间的春夏秋冬四季相应。春之元始,配仁;夏之嘉会,配礼;秋之利物,配义;冬之贞固,配智。学者从四季中学习仁、礼、义、智,从而进德修业。同时因应四时之变,春种夏耘,秋收冬藏,有秩有序,不失其时,以增进农业生产,更是众庶、君子,尤其是在位的大人,必须重视策划的生计大道。故此,"与四时合其序",不仅在精神修养的进益上十分重要,尤其在物质生产的指导上具有极大的价值。但这还只是就狭义而言,如扩大眼界,就其广义而言,则所谓"与四时合其序"者,还有更深邃的内涵。这方面,周易本身和孔传都有具体而明显的表达。孙星衍《周易集解》引庄氏认为"若赏以春夏,刑以秋冬之类也",《周易正义》亦袭用此说。此说以刑赏之合乎时节解释在位的大人"与四时合其序",有一定的历史依据,但内容贫乏,又未抓住要点。实际上,四时之序的问题,孔传已讲得十分清楚。天地日月之运行,能够形成四时的秩序,就《易》蕴来看,有两个必要条件。一是节、一是革。前者见于《节》卦,后者见于《革》卦。

《节》卦《象》辞说:"天地节

而四时成，节以制度，不伤财，不害民。"

节字本义是"竹约"(《说文》)，竹子分为一段一段，是为节，衍义为有限而止之意。事物分段落，就是分节。在天地运行中，气候形成段落，即形成季节，于是春夏秋冬四季得以形成。《周易正义》解释说："天地以气序为节，使寒暑往来，各以其序，则四时之功成也。王者以制度为节，使用之有道，役之有时，则不伤财，不害民也。"把孔传大意讲得很明白。

进一步思考一下便会明白，天地之气候倘无节制，冬寒当止不止，夏热当至不至，生存环境无节奏无秩序，则人间万事万物何得生、长、收、藏？所以，天地运行必须有节，有节而后才能有排列次序，形成循环不已的生长链条，这才是正常的天地运行之道。大人的进德修业，也必须仿此而行。建立各项制度，以节制各项工作，造成正常的工作秩序，如同四季之运行有序一样，

始可利国利民。节，是四时之序形成的首要条件，也是与四时合其序的首要条件。

四时之序形成的第二个必要条件是革。只有节制而无革新，便不会生出新段落，无新段落，当然就不会形成运行的前后次序。就气候来说，春革成夏，夏革成秋，秋革成冬，冬革成春，春、夏、秋、冬，有节有革，自然形成正常合理的秩序。就这个意义来说，无革也便无节，无序。因此，《革》卦说："天地革而四时成。"表明天地形成四季，必经变革。变革是万物新陈代谢、生生不已的普遍法则，无变革也便无推陈出新；新旧不交替，也便不能形成新秩序。所以孔子赞叹说："革之时大矣哉！"天道如此，人道何尝不然。孔子由此悟出，"汤武革命，顺乎天而应乎人。"季节的革新是自然界生存发展的必然规律，为政者应该效仿这一规律，致力于人间的变革。政权的变革属于"与四时合其序"的顺天应人的必然规律。

由上述可见，大人"与四时合其序"的内涵，绝不只是传统《易》学所说的治国的局部手段"赏罚的季节"之类，更重要的在于，治国平天下的大政方针，必须要有革新、有节度、有秩序，合乎人道，如同四季之轮变有序，合乎天道一样，这才是"与四时合其序"这一命题的本质意义。

何谓鬼神　如何与鬼神合其吉凶

关于"与鬼神合其吉凶"这一命题，其本质含义如何，须先以说者的思想为探索的起点。《论语》记载，孔子不谈怪、力、乱、神，重人事而罕言"性与天道"，是入世的伦理大师。对"六合之外"的所谓鬼神之事，抱着存而不论的态度，"知之为知之，不知为不知"。基于此，可知《文言》所说的鬼神，绝非超现实的主宰。这一点《易》家旧解亦多认同。主要有下列几种解释：孙星衍《周易集解》引荀爽曰："神为天，鬼为地也。"以天地为解，亦即以阴阳为解，并非殷人传下来的仿人的神鬼观念。同书引虞翻之注大意相同。虞曰："谓《乾》神合吉，《坤》鬼合凶。"这一解说，是"与天地合其德"这一根本观念的推衍，《乾》神吉《坤》鬼凶。大人既然能与《乾》《坤》合德，自然就能与鬼神合吉凶。此解虽有象数意味，并未讲出吉凶含义，但仍是以阴阳之变讲鬼神，而非以俗念讲鬼神。

其次是福善祸淫说。同书引庄氏曰："若福善祸淫也。"其案语曰："祸淫福善，叶鬼神之吉凶。"《周易正义》亦持此说。来知德解释说："祸福无私之谓吉凶……合吉凶者福善祸淫也。"（《易经集注》）此说之意，颇类似俗所谓善有善报，恶有恶报，善报为福，恶报为祸，皆自作自受，长久而自然形成者。《坤·象》所谓"积善之家必有余庆，积不善之家必有余殃。"庆为福，殃为祸，系天地自然的法则，非私意所可转移。但这和汉代以后传入中国的佛教思想的因果报应论，却迥乎不同。面对此种人间动态，执政的大人应持什么态度？陈梦雷解得好，他说"与鬼神合其吉凶"的意思是："遏扬彰瘅，合乎鬼神之富善祸淫。"亦即《尚书·毕命》所说"彰善瘅恶"之意。大人如能做到赏善罚恶，使善归于吉，恶归于凶，而无私心，就符合天阳地阴，天神地鬼的运行规律，顺天应人，无往而不利。此之谓"与鬼神合其吉凶"。

再次是造化说，程颐持之。程说："天地者道也，鬼神者造化之迹也。"古词"造化"的意思是创造化育，自然成物。《淮南子·精神训》："伟哉，造化者！"注曰："谓天也。"同书《本经》："与造化者相雌雄。"注曰："天地也。"同书《览冥》："怀万物而友造化。"注曰："阴阳也。"其注释将造化解作天地阴阳创造并化育万物。如此，则程传之意大约是，鬼神乃是天地造化万物而运作的"影子"。与荀、虞之说基本相同而稍显具体。其实，无非是《系辞》所谓《乾》始《坤》成，阴阳变化，生育万物的玄妙功能，谓之鬼神。有善有恶谓之吉凶，不过是这一学说的变相表达而已。总之，此说认为大人者，能做到顺应造化之迹所显现的吉凶，从而修德进业，平治天下；绝不以私欲另造吉凶祸福而违背自然。张载所说的"酬酢不倚则鬼神合其吉凶"，意思也大同小异（韩康伯说："酬酢，犹应对也。"）。

最后是来知德的兼并观点，来氏一面说"天地者造化之主，日月者造化之精，四时者造化之功，鬼神者造化之灵"，以造化说作解；另一方面又说"复载无私之谓德，照临无私之谓明，生息无私之谓序，祸福无私之谓吉凶……合吉凶者福善祸淫也"（《易经集注》），又以祸福说作解，并两说为一。并无新意。

另外，还有"气"说。吴澄在《易纂言》中说："日月、四时、鬼神皆天地之气所为，气之有象而照临者为日月，气之循序而运行者为四时，气之往来屈伸而生成万物者为鬼神，名虽殊，其实一也。"

他以气和气的屈伸往来解释鬼神，这是把《系辞》的屈伸往来说与后代的气为宇宙本质说结合而做出的注释，与《易》义和孔说大体接近，如将气解为阴阳，则与《系辞》完全一致。

最后还有陈梦雷的浅释，值得一提。他说："天地者，道之原。大人无私，以道为体，则合于《易》简之德矣。天地之有象，而照临者为日月，循序而运行者为四时，屈伸往来生成万物者为鬼神，名虽殊，道则一也。"（《周易浅述》）显然，他是采用程氏的道说，去其造化说，而以孔子的屈伸往来说代之，作为自己的浅释。实际上，深入想想，上述天地、阴阳、造化、气、道等说法，本质上无非是孔子所说的一阴一阳之谓道，名虽殊，其实一也。也可以说，诸说都是以孔说为基础而衍生出来的。

为此，回过头来还须探索一下《系辞》对此问题的原始观点。

周易本文无神字，有二鬼字（《既济》九三"高宗伐鬼方"及《睽》上九"载鬼一车"）前为地名，后为外貌的形容，俱与哲理无关。《系辞》中神字三十三个，鬼字一个，神鬼连用二处。弄清鬼神连用之处，就可了解在孔子思想中《易》传的鬼神是指何而言。《系辞上》说："精气为物，游魂为变，是故知鬼神之情状。"（四章）

对此，古人咸以哲理加以解释。如孙星衍《周易集解》引郑康成说："游魂谓之鬼，物终所归；精气谓之神，物生所信（伸）也。……其状与春夏生物，秋冬终物相似。"以伸释神，以归释鬼；是伸归（屈）说。韩康伯则扣紧原文解释说：

"精气烟煴，聚而成物。聚极则散，而游魂为变也。游魂，言其游散也。尽聚散之理，则能知变化之道。"他以精气之聚散解释神鬼，聚则为物为神，散而游则为鬼；这是聚散说。孔颖达《周易正义》对此阐释说：

"精气为物者,谓阴阳精灵之气,氤氲积聚而为万物也。游魂为变者,物既积聚,极则分散,将散之时,浮游精魂,去离物形,而为改变,则生变为死,成变为败。……但极聚散之理,则知鬼神之情状也,言圣人以《易》之理而能然也。"把原文涵义讲得明明白白。

程颐《伊川杂录》也谈到这一问题:

"问:《易》言鬼神情状,果有情状否?曰:有之。又问:既有情状,必有鬼神矣。曰:《易》谈鬼神,便是造化也。"程氏认为,鬼神即天地造化之迹,上文已详,不再赘述。郭雍《家传易说》则曰:

"鬼神之情状虽极幽隐,不过于人物聚散而已。"也袭用精气聚散说讲神鬼。

张载《横渠易说》于此有细解,他说:

"精气为物,游魂为变:精气者自无而有,游魂者自有而无。自无而有,神之状也;自有而无,鬼之状也。大意不越有无而已。物虽是实,本自虚来,故谓之神。变是用虚,本缘实得,故谓之鬼。"以从无到有,从有到无的道家之有无说来作解,实质上与上引聚散生死之论,并无二致。

来知德《易经集注》的解释是:

"阴精阳气,聚而成物,则自无而向于有,乃阴之变阳,神之伸也。魂游魄降,散而为变,则自有而向于无,乃阳之变阴,鬼之归也。"

他继承聚散有无说,又加上阴阳伸归二义用以解释鬼神之情状。

陈梦雷《周易浅释》说:

"神者伸也。……鬼者归也,亦渐归于渐灭而已。""人生谓之神,死谓之鬼。"以伸归生死释神鬼,也是重复旧说。神字又音申,原可表示伸长之义,死字有归义。人死为归,而"人所归为鬼"(《说文》),"人死曰鬼"(《礼记·祭法》),"众生必死,死必归土,此之为鬼"(《礼记·祭义》)。以伸、归释神鬼,也属古义。

除"鬼神之情状"有如上诸种

解说外。单就神字来讲，《系辞》还另有涵义，最著名的命题是"阴阳不测之谓神"。

对此，韩康伯的注解深得要领，他说：

"神也者，变化之极，妙万物而为言，不可以形诘者也。……不知其所以然，而况之神矣。"

这是说，事物的千变万化，莫可测知为神，神是形容词，不知其变化之故，故以神字形容之。犹如成语"料事如神"之神一样，并无超现实的神秘性。

这样综合看来，《系辞》所谓鬼神者，既有精气聚散、伸归、生死、造化之迹等义，又有变化莫测之义，用陈梦雷的话来说，无非是"阴阳二气聚而为神……散而为鬼，离合聚散往来于天地间……阴阳变化而不可穷诘"，谓之鬼神，他这番话，是把《系辞》的精气聚散说和变化莫测说综合到一起的论述，大体符合孔传的本义。此外，《系辞上》当中还有一处鬼神连用的话即："此所以成变化而行鬼神也。"是讲述筮数起卦的妙用，也是莫测高深之意，与人格化的鬼神无关，《系辞下》中所谓"鬼谋"（十二章），是指谋于占筮，也含有幽深难明之意，也非世俗所说的鬼。

孔传的鬼神之义，大致如此。

然则，大人"与鬼神合其德"又是怎么一回事呢？这一点，细读《系辞》，也会从中找到答案。《系辞上》说："一阴一阳之谓道"，"阴阳不测之谓神。"（五章）

意为阴阳之相反相成是宇宙的普遍法则，而阴阳的微妙变化令人莫测，是为神。（神鬼一体，神为阳为主，鬼为阴为辅，都是变幻莫测之义。）

在人之中，有所谓圣人，能力超众，可以把握阴阳变化的规律，是为大人。孔子认为这种"知变化之道者，其知神之所为乎"（《系辞上》九章）!？意为了解神之所为，就是了解阴阳变化的趋势，使不测之神成为可知之几微。所以，《系辞上》又说：

"神以知来，智以藏往。"（十一章）虽指《易》筮之妙用而言，实亦可用指人事。把过去的经验教训铸为智慧，深知变化趋势，从而测知未来，这也就是"精义入神，以致用也"（《系辞下》五章）的意思。孔子认为，"穷神知化，德之盛也"（《系辞下》五章）。亦即能尽知事物变化的法则，是为德的高峰，当然便可"与鬼神合其吉凶"。至于何谓"吉凶"，在《易》理来说，不过是"言乎其失得也"（《系辞上》三章），得为吉，失为凶。而导致吉凶的法则是"吉凶以情迁"（《系辞下》十二章），意为"吉凶无定，唯人所动，情顺乘理以之，吉；情逆违道以蹈，凶"（韩康伯注）。就是说，顺乎情合乎理的行为趋于吉，逆乎情违于道的行为导致凶。或吉或凶，或得或失，关键在于合理或不合理。既然居于德之高峰的大人能穷神知化，当然其行为便合情合理。而合情合理，自可趋吉避凶。

总起来说，在孔子的理想中，德高位尊的大人，能做到穷神知化，顺天应人，从而在治世修业上，合情合理，福善祸淫，趋吉避凶。这就是"夫大人者与鬼神合其吉凶"的全部含义。

类似的大人物，在历史上不乏其例。

汤武革命，顺乎天而应乎人，合情合理，似有神助，结果为吉。

武王伐纣，进军孟津，以时机未熟，暂时退兵，以观动静。"知进退存亡而不失其正"（《文言》），终获胜利。这是知变化之道，以退为进，故而结果大吉。

孔明知阴阳变化之道，未出茅庐而预知天下强弱必演变为三分，真有神鬼不测之机智，故而如愿以偿。

仅从以上几例，即可看清，为政者倘能深谙阴阳变化之理，顺天应人，"与鬼神合其吉凶"，则必胜无疑。

先天后天，运用自如

剩下的问题就是"先天而天不违，后天而奉无时"了

在注释前句时，孙星衍《周易集解》引崔憬曰："行人事合天心也。"又引庄氏曰："若在天时之先行事，天乃在后。不违，是天合大人也。"注释后句时，引崔憬曰："布政圣政也。"又引庄氏曰："若在天时之后行事，能奉顺上天，是大人合天也。"

其中的"行人事合天心也"，恰中要害，可谓一语道破天机。不仅适用于解释先天后天问题，《文言》这一全段也离不开这一中心。

但这里存在两个疑问：一是开宗明义处说的是与天地合其德，结尾却只说天而不说地。二是所谓先天后天的天，是指何而言。关于前一疑问，可以这样回答：天地即《乾》《坤》，天为主而地顺之，以天代表天地，并无不可。开头说大人与天地合其德，是要全面表达天健地顺等德性，不宜以天为代表。后面的天，当然是天地的代表、首脑，实际已包含顺天而行的地在内，语气上更简洁有力。至于先天后天的所谓天，并不是殷代统治宇宙的天帝之意，也不是周初人们思想中"天命靡常"的带有人格意味的天。就整个周易《易》传来看，"天"字凡197个，是出现频率最多的概念，意义可分为五种：以《说卦

亚圣孟子像，图选自明·吕维祺编《圣贤像赞》。孟子与孔子同为著名儒家思想家。孟子（包括孔子）极重视"时"的思想，孟子说孔子是"圣之时者也"。这与《周易》中的"时"的意思大致相同，都是强调随机应变，立身行事不可死守规律，在变通中求得中道

传》所称《乾》为天，以天为《乾》的取象素材；（二）以天为《尚书·尧典》所说"钦若昊天"（以太阳为主体之大天），如《乾》卦九五爻之"飞龙在天"，《系辞》之"尊效天"，《文言传》之"天玄而地黄"，等等；（三）指与人相对的自然社会与历史的大势，如《大有》卦《象》传之"顺天休命"，《无妄》卦《象》传之"天命不佑"，《萃》卦《象》传之"顺天命也"等等；（四）指一卦之上爻，如《大有》卦上九"自天佑之"，《大畜》上九："何天之衢"，《明夷》上六"初登于天"《中孚》上九"翰音登于天"，等等；（五）指一种肉刑，如《睽》卦六三"其人天且劓"，天是割鼻之肉刑。所有天字，都不表示天神。孔子在《系辞上》五章里有一段话，使我们对天及天佑这类哲理意义的天字，能正确理解。

"《易》曰：自天佑之，吉无不利。子曰：佑者助也，天之所助者顺也。人之所助者信也。履信思乎顺，又以尚贤也。是以自天佑之，吉无不利。"

这段话虽是对《大有》上九爻辞的解释，但爻辞是表达人事的，解释也离不开人事。所以顺字阐明天人合一的道理，正是上述"行人事合天心"的表述。天的概念表达得最鲜明是《革》卦的《象》传"顺乎天而应乎人"，革命之顺天应人的天，当然不是指天帝天神，而是指与人相应的客观力量，具体说，也就是俨然存在的大自然、社会与历史潮流汇合成的合乎规律的不可抗拒的积极的客观大势，顺者昌，逆者亡。它与神秘的超现实的带有感情和幻想作用的主宰，毫无共同之处。这就是"先天而天弗违，后天而奉天时"中的天字意义。

先天，是在天之前，即在客观形势的发展尚未到来之前。此时，预见形势到来之朕兆而采取行动，推动形势的发展，这就叫作先天而行事。反过来的"后天"，是在天之后，即客观形势已经到来，适应形势（奉天时）而推动形势前进，这叫作后天而行事。先天行事而符合天势，所以天势与己身努力并不违拗，谓之"先天而天弗违"。客观形势业已到来，自己承应形势，顺势行动，与天势的发展，正相适应，谓之"后天而奉天时。"

这里出现一个问题：奉天时的时字应作何解。《周易全解》释之为"时势"，似不妥当，因为先后天的天字，已经具有时势之义，无须赘以时字。天时应是两个词，即天之时，而不是一个词。把它视为"天时、地利、人和"之天时，就这段话的全文来看，显然与原意不融洽。至于《周易译注》，则把天解作"天象"，把"先天"解作"……自然界尚未出现变化时，豫先采取必要的措施"，把"后天"解作"……自然界出现变化之后，及时采取适当的措施"。又把天时视为一个词，说它是"指大自然的阴晴寒暑等变化规律"。这样以自然界的气象变化和人所采取的事先事后的措施，来解释这里的天人关系，显然大大缩小了天字的意义，歪曲了时字的含义。

如上所述，这里的天实际是指天道，即指按规律运行的客观形势而言。那么，奉天时的时字在此处是什么意思呢？想弄清这一点，还得取之于周易。"时"为《易》蕴之重要概念，孔子（包括孟子）极重视"时"的思想，《易》传中出现57次。《系辞下》云："变通者趣时者也"（首章），意思是随机应变。王弼说："卦者时也，爻者适时之变者也"（《周易略例》），是说卦是表现一种情境，爻则随情境之变而变。《艮》卦《彖》辞说得明白："时止则止，时行则行，动静不失其时，其道光明。"就是说，时机适于止则止，适于行则行，或动或静合乎时宜，则《艮》止之道是光明的。孟子认为孔子是"圣之时者也"，意思相同。都是说，立身行事不可死守旧规，要随时应变，在变通中求得中道。用今天的话来说，"时"就是具体情况，辩证法所谓一切以时间、地点、条件为转移，可以说成以"时"为转移。俗语说："看情况办事。"就是依"时"办事之意。为此，"时"字可以解作时机、时宜。所以，后天而奉天时这句话，应该解作：客观大势形成之后再采取行动，其行动也是顺应客观大势的时宜，恰到好处。

举例来说，前者如燧人氏发明钻木取火，是客观上前所未有的。发明出现之后，与客观需要完全一致，这岂非"先天而天弗违"？凡人类正常的发明创造，出现之后为举世所欢迎的，都属于这一类。在政治方面，例如孔明未出茅庐而测定天下三分，先于客观形势而拟定的大政方针，实行之后，正符合客观形势的发展而不违背，也正是"先天而天弗违"。

"后天而奉天时"的事例，也比比皆是。殷纣暴政，天怒人怨，形成火山将要爆发的客观形势。武王忍无可忍，奋起抗争，虽是为形势所迫，也正是大势所趋，他因应并顺从形势发展，在孟津又暂时以退为进，把握时机，终于取得胜利。又如袁世凯复辟称帝，蔡锷等志士发动讨袁，虽后于形势的到来，但因为本质上顺应历史潮流发展的时宜，符合天心人愿，故而一举获胜。

结束语

对文言中关于大人的定义这一段，作了如上探索之后，首先感到的是，《易》学史上一些传统的权威性解释，都不能令人满意。王弼《易》注，对此一字不提，不在话下。荀爽、虞翻、庄氏等人的小注，或偏于象数，或言之过简，管中窥豹，只见一斑。大名鼎鼎的程注，也只以一个道字，解释大人的人天合一，结论正确，但未免过于笼统。朱熹把道字换成理字，也语焉不详。总之，历代易家均未能对孔子这段话作出具体详尽的解释，都未能阐发其奥义。尤其令人遗憾的是，未能就《文言》乃是孔子学《易》的心得与体会这一点，未能就孔子以《易》解《易》，乃至以《易》发

《易》，进而达到以孔解《易》的哲学高度这一要点，进行论述。有鉴于此，笔者试从《易》学体系的高度和孔《易》思想融合的深处，作了如上一些阐释。

同时，笔者由此联想到孔子所创始的儒家思想的来源。孔子自称"述而不作"，可能是"信而好古"《论语·述而》的表示，也可能对述、作的字义另有他解。但实际上，删《诗》，《书》，定《礼》，《乐》，作《春秋》，乃至赞《易》等活动，虽有旧章为基础，但在体系上文辞上内容上均有创新，蔚然成家，成为先秦时代的显学，这种采花酿蜜的精神与本领，令人仰止。举例言之，仁孝的思想源于尚书；兴观群怨、温柔敦厚的思想，源于诗经；无为而治（《论语·卫灵公》）的思想源于老聃；礼的思想源于周礼。等等。而孔子思想中的主体成分，即其哲学部分——宇宙观、社会观、人生观等核心部分以及中庸的思想方法等，则无疑是由周易脱胎而来。本文所述的法天效地思想，与日月合其明，与鬼神合其吉凶，与四时合其序，先天后天与天合拍的思想，亦即天人合一的思想，就是孔子学《易》之后写《乾》卦心得《文言》时，从周易中获得的思想升华。

关于孔子思想与周易的关系，容后再谈，本文到此结束。最后，还想再提个问题：孔子理想中的所谓大人，其典范究竟是什么模样？是什么样的人物？

《易经今译》作了如下的解释："……《庄子》在《逍遥游》篇中，描述藐姑射山的仙人，乘云驾驭飞龙，遨游在四海以外，就能使天下万物和谐，五谷丰收。这一仙人的形象，也与'大人'相似。"

如此将孔子理想中的大人与庄子理想中的仙人相比，认为近似，这难免泾渭不清、风马牛相混之嫌。道理很简单，孔子属于儒家，其天人合一的思想是入世的，是讲天道以明人事的入世主义。而庄子则属于道家，其天人合一的思想是出世的，是疾人事而向天道的浪漫主义。大人是圣明的人物，仙人则是超凡的构思，两者的性质根本不同。至于孔子理想中的大人，具体面貌如何，笔者认为，可以从孔子思想的专集《论语》中找到答案，《论语》泰伯篇说："子曰：大哉，尧之为君也！巍巍乎，唯天为大！唯尧则之。荡荡乎，民无能名焉！巍巍乎，其有成功也！焕乎，其有文章！"这段话是对理想的先王帝尧至德的极度赞颂。大意可归纳为十六个字：帝尧法天，功德无量，万民争颂，文明显赫。其中的决定性思想，是"唯天为大，唯尧则之"。则者法也，唯有帝尧法天而治，才能获得如此成果。法天就是效法天之德，就是与天地合其德。唯其能与天地合其德，做到天人合一，先天后天，运用自如，故能成就伟大事业。基于此，可以说《易》传《文言》中所称颂的大人，其思想源于周易的《乾》卦；而孔子则联系史上的圣明帝王加以定义与称颂，构成他理想中的大人形象。

第十四篇 《易》卦的功能及《易》与蓍的关系

吉凶者得失之谓也

如同"观物说"那样，孔子在"太极说"的末尾，也谈到八卦的功能，即"八卦生吉凶，吉凶生大业"（《系辞上》十一章）。

在孔子的认识中，周易的所谓吉凶，与其他占卜不同。其他占卜的吉凶只限于占辞的狭义范围，周易的吉凶则以占辞面目而讲义理。在孔子看来，只要事物滋生，分出门类，利害便不同，难免产生纠葛，出现得失，得失就是吉凶。《系辞》伊始所说的"方以类聚，物以群分。吉凶生矣"，即含有这层意义。这是得失的事理，是八卦所谓吉凶的现实基础。八卦所谓吉凶，是指阴阳二象相反相成而产生的得失。所谓"刚（阳）柔（阴）杂居而吉凶可见……。爱恶相攻而吉凶生"（《系辞》十二章），"刚柔相推而生变化……吉凶者失得之象也"（《系辞上》二章），等等，即指此而言。虞翻的解说是："阳生则吉，阴生则凶。"李道平疏谓："'阳生则吉'者，阳主息，故吉也。'阴生则凶'者，阴主消，故凶也。"（《周易集解纂疏》）便是以阴阳二象的本性与变化所产生的得失，对自然和人事做出的诠释。当然，这种得失是自然与人事的得失在卦象中的反映。依照这一视角来看，"八卦定吉凶"这句话，便可解为阴阳二象经四象而构成八卦（含六十四卦）之后，其卦爻象和变化就产生了反映万物间利弊得失的性能。这和上述"观物取象说"所谓八卦"通神明之德""类万物之情"，意思相通，但内涵有所扩展，触及人间的利害关系。尤其是下文的"吉凶生大业"，更进一步表示，人们一旦从卦爻象的变化中体会到阴阳之道所显示的吉凶之理，以为立身行事的指南，趋吉避凶，变通尽利，那便会成就光辉富有的伟大事业。这是从阴阳变化之道的客观作用这一层面，对《易》象八卦的功能所做的解释。

定吉凶与见吉凶

无须赘言，周易的确具有这样的功能，孔子在《系辞上》中曾就此反复加以强调。如说："夫《易》，开物成物，冒天下之道"（十一章），"圣人所以崇德而广业也"（七章），等等，不一而足。但是另一方面，"八卦定吉凶，吉凶生大业"这一论断的内涵，似乎不止于此，还有另一层面的意义。从辞以达意的角度察看，这个论断如只表现上述八卦的客观功能，则应说成"八卦见吉凶"，而不应该说成"八卦定吉凶"，"定"或"见"，一字之差，谬之千里。"见"只表示客观作用，"定"则表示本身的能力。换言之，"定"有方法论的意味，"见"只有表现论的意味。孔子终身谨于事而慎于言，从不随意用辞。此处不用"见"而用"定"，必有道理。看看下文，便见分晓。

"……法象莫大乎天地，变通莫

大乎四时,悬象著明为天下利,莫大乎日月,崇高莫大乎富贵,备物致用,立成器以为天下利,莫大乎圣人,探赜索隐,钩深致远,以定天下之吉凶,成天下之亹亹者,莫大乎蓍龟。"(十一章)

这段话的内容很重要,译成今语如下:

能够效法的形象,最大的莫过于天地。变化而通达的事物,最大的莫过于四季。形象高悬而光明显著的,莫过于日月。人间崇高的事业,最大的莫过于帝王的富贵。备置实物供民使用,创制器具,便于天下人利用,功能最大的,莫过于在位的圣人。能从事物的幽微之处探索深藏的事理,钩取深远的几微,从而判定天下万端的吉凶,促使天下人奋勉前进,最好的莫过于蓍龟。

据此下文来看上文,"八卦定吉凶"之意便昭然若揭。所谓定,是判定之意。也就是说,八卦(周易)具有依据本身阴阳变化的象数义理来预先判定事物前程的功能。但是,用什么方法求取卦情与爻变,据以判定吉凶呢?那就是蓍占的方法(易占用蓍不用龟。文末所谓蓍龟,只是为了垫音的行文需要),亦即《系辞上》九章所详细介绍的用蓍草求卦的方法。不经蓍草(或其他算具)的运算,便得不出具体的某卦,而不通过某卦的具体卦情,测问的吉凶便无法判定。不仅《易》占如此,任何占卜也都得如此。换言之,必须经过数→卦→测三个步骤,才能判定来事的吉凶。《系辞上》二一章所说的"蓍之德圆而神(运算时,蓍草变化无方,如圆球旋转莫测)。卦之德方以知(求出的卦,形体固定而蕴涵智理)。六爻之义,易以贡(一卦六爻,以刚柔变化告知所测的来事)"这三句话,清楚地表明了"八卦定吉凶"的具体过程。宋儒杨万里所说"以蓍之神,得卦之知(智),故六爻之义可推,吉凶之告可献矣。"即指此而言。

由上述情况来看,可知所谓八卦定吉凶并不是见吉凶。"见吉凶"可能表示客观作用,"定吉凶"则无疑是说八卦经占筮而判定来事的吉凶。但由此也可见，由阴阳二象推衍生成的八卦，一方面是表现宇宙的本质和规律的图形（通神明之德），和表现天下各类事物情态的缩影，具有这样的客观性能，这可谓"见吉凶"。另一方面，它又具有用于占卜的形式和功能，与揲蓍的方法结合后，又可据以预测来事，这可谓"定吉凶"。前者是表现必然性义理的哲学功能，后者则是以揲蓍的偶然性求取义理的必然性，从而测定吉凶的占卜功能。换言之，也可以说由阴阳、四象衍化而组成的《易》象，内蕴双重功能：表现事理和用以测事。八卦乃至六十四卦由阴阳、四象衍化而组成后，在尚未与占筮结合以前，它只表现出前一功能。只有当它与筮法结合以后，才表现出占筮功能。这一点，从上引孔子那段话里，可以清楚地看出。孔子生活于春秋时代，距离周易成书的年代，总比宋代的朱熹等要近的多，并且他讲话慎重而有分寸，所以他对阴阳八卦的形成和性质的论述，无论如何总比后代人可靠性大，可以作为探讨问题的主要依据。

蓍生《易》，还是《易》生蓍

依据孔子上述言论来看，显然阴阳二象并非来源于占卜的兆象，阴阳二象组成的八卦最初也不是用于占筮。虽然它含有用于占卜的可能性，但如不遇到筮法开发的条件，就不能由可能变成现实。但是，有的学者却持相反的看法，认为后世所说的"先有卦而后有蓍的说法"

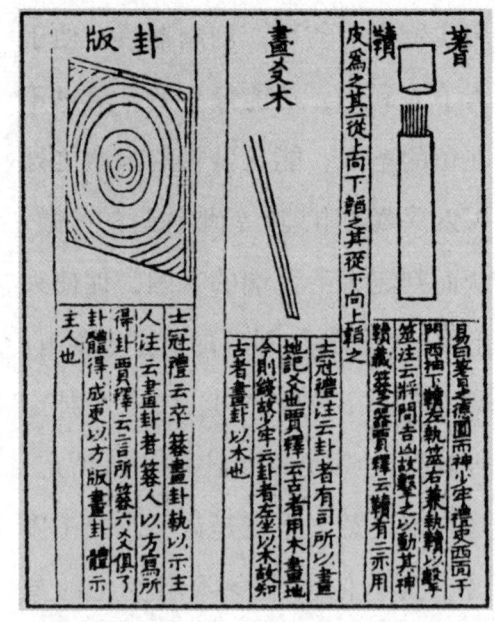

《筮具三图》，介绍了古代卜筮的工具。图出自聂崇义集注的《新定三礼图》

是不对的，根据是孔子《说卦》传的首章：

"昔者圣人之作《易》也，幽赞于神明而生蓍，参天两地而奇数，观变于阴阳而立卦，发挥于刚柔而生爻。"

这些学者把这一章的内容解为，圣人首先创立用蓍草占卜的筮法，然后依照筮法，观察蓍草运算或阴或阳的结果，而一爻一爻地画出了八卦。并且，依此断定蓍草的占法发明在前，八卦的形成在后，筮占的奇（天数）偶（地数）成为卦的阳（乾）阴（坤），蓍占的奇数偶数成为《易》卦的结果，记录下来便形成卦乃至八卦。

但这个解说，不可避免地要碰到几个疑难问题。如避开这些疑难问题，这个解说便不能成立。

（一）孔子在《系辞》里多次反复强调《易》的阴阳八卦之源，是效天法地。他认为古圣仰观俯察，观物取象，"极深而研几"，立象尽意，经过两仪、四象的衍化过程，才以《乾》《坤》两卦为底蕴而逐渐演成八卦，乃至六十四卦。这既合乎事物发展的道理，也合乎思维发展的规律。孔子从未表示阴阳八卦源于占筮，只有朱熹、高亨等才持有这种观点。正因为这样，朱熹才主张经传有别，认为"到孔子，方始说从义理"，占筮才是《易》的本义。

（二）虽然上古人对"数"怀有神秘感，认为占筮所得奇偶是表示天地之数，但那毕竟只是量的概念，只反映万物量的侧面一点，和反映万物本质规律，涵盖宇宙一切的哲学范畴根本不同。奇偶概念如何上升而质变为阴阳范畴，难以解答。

（三）"昔者圣人之作《易》也"这句话，意思模糊。昔者指何时？圣人指谁？都未说清楚。如指伏羲，《系辞》中已经明说，此处不必含糊。可见未必指远古的伏羲，也许是指近古的文王。以孔子的慎言文风来说，可能它对蓍占何时产生，何时进入《易》境，也不了解，正如他对周易的作者是谁并不了解一样，只好模糊了之。尤其是这句话中的"作易也"三字，意思固然重要，但表达上仍是一片烟云。"作"的意思是创作。最初伏羲画阴阳二象，可谓之画或是作。

上述三个难题，都使蓍法生《易》之说难以作答，难以成立。下面再看看另一种解说。

对《说卦》传首章的另一种解说，从东晋《易》家干宝的言论中即可发现。干氏的注释认为，首章是表明圣人"始为天下生用蓍之法"（《周易集解纂疏》引语），是讲述蓍法创立和用以求卦的过程。但他的注释还不大清楚、具体。讲得最清楚而具体的是宋代哲人程大昌。他在《易原》中论述"设卦占卦之别"说："夫子之说卦也，曰：'圣人之作《易》也，幽赞于神明而生蓍，观变于阴阳而立卦，发挥于刚柔而生爻。'以若语而细抽其序，则蓍在卦前，变出蓍后，有类乎蓍能生《易》矣。故后人因用蓍策，而傅会以为四象也。特不悟策之有数，盖其受之于《易》耳，而非能与《易》立则者也。夫子说《易》，而蓍先于卦者，正为扣蓍得卦者言之，非其追言伏羲作《易》之始也。"

这段话的大意是：若从首章的文字来看次序，蓍法的创立在前，卦变的出现在蓍法之后，似乎蓍法能生出《易》卦，以致后人把蓍法四营附会为两仪生四象的四象。这是因为不懂得蓍策的有数是从《易》卦吸收过来的，并不是蓍法能为《易》卦提供创立的准则。孔子讲《易》，把蓍法放在立卦之前，乃是对用蓍求卦的人说的，并不是追述伏羲始作《易》卦的情况。

清代学者陈梦雷的解说更干脆，他以结论式的语气说："伏羲非因有蓍而后画卦也，盖因生蓍而用之以求卦也。"（《周易浅述》）

作《易》与生蓍是否出自伏羲之手，是否出自一人之手。蓍法是否因《易》而生，是另外的问题，姑置不论。总而言之，上述两种相反的解法中，显然后一种蓍草求卦说，较为中肯，似应视为正解。因为，倘若孔子《说卦》传首章讲卦生于蓍，那么他在别处讲"观物取象""效天法地"以及太极生八卦等说，都不能成立，整个《系辞》乃至十翼的主体思想都站不住脚。这两种相反的解说，或此是而彼非，或彼是而此非，二者必居其一。当然，观物说和太极说是代表孔子对《易》源的真实观点。

由此可见，《说卦》传首章的内容是告诉人们，八卦是八卦，蓍法是蓍法。八卦与蓍法结合，才能求出测事的卦，不经蓍数的引导，就无法进入《易》象，求出相应的卦，就无法"定吉凶，生大业"。筮法是《易》卦显示占测功能的必要条件。文中所说的"参天两地而倚数，观变于阴阳而立卦，发挥于刚柔而生爻"，就是概述蓍法立卦的具体进程。亦即运用蓍草经过奇偶、观变，依据蓍数表现出的刚柔而生爻。再依据爻卦的阴阳，从六十四卦中求出某一卦象。首章前四句的内容，就是这样。至于演化为四象、八卦的图像，也可谓之画或作。不过，问题在于"作《易》也"指什么时候，是画卦"之前"、"之际"，还是"之后"？《易经今译》把"作《易》也"译为"制作易经的意图"，当然不妥，但可见这三个字的意思非常含糊，不容易看清楚。但从下文"幽赞于神明而生蓍"（深入探求天地阴阳造化的奥妙而创建了用蓍草占筮的方法）看来，"作《易》也"大约是表示伏羲作成八卦之后，又发现了神奇的蓍草，并据此发明了《易》占的方法。也可能是指别的圣人创造了筮法，而由伏羲用于《易》占。前文说过，世界上任何占卜，都在占经之外另有占法。占经是本体，占法是导体，本体不能导入占卜，得由占法导入。故此，圣人作了《易》卦，只是建立了占卜的依据，要想占事知来，还必须另有导入的筮法。从事物产生的顺序来看，一定是先有作为依据的本体，然后再导入开门入室的方法，不管这方法的来源如何，先后顺序必然如此。这个顺序绝不能颠倒，不能先有导入的方法，后有依据的本体。尤其是本体产生于方法之类的观点更是于理不合，说不通的。

占非《易》的本质功能

《说卦》传首章末两句是"和顺于道德而理于义，穷理尽性以至于命"。意思是《易》卦能够配合、顺应天人之际的道德法则，理顺人间的正义，穷尽事理，探尽物性，以至通晓大自然赋予的命运。这是对《易》卦创作宗旨及其功能的极度赞颂，较之《系辞》所说的通神明之德，类万物之情和定吉凶、生大业等功能，更深远更巨大。但揆诸事理，《易》要想发挥如此巨大而深远的功用，单凭蕴理的卦象是不够的。因为高度抽象的卦象，其腹中深处的奥义，除圣者之外，难以为一般人所了解。所以必须缀以文辞（卦名、卦辞、爻辞），使一般人看得懂，才能达到定吉凶，生大业，顺道德，理仁义，穷理尽性以至天命的高度功效。孔子所谓"系辞焉而明吉凶"（《系辞上》二章）"辨吉凶者存乎辞"（同上第三章）等等，就含有这个意思。但《易》卦仅有象和辞还不够，还只是"方以知"（一个具有方正形体而内涵智慧的静止的卦体），还需要一个"圆而神"的蓍法（圆变莫测的揲蓍法），以导入《易》体而求

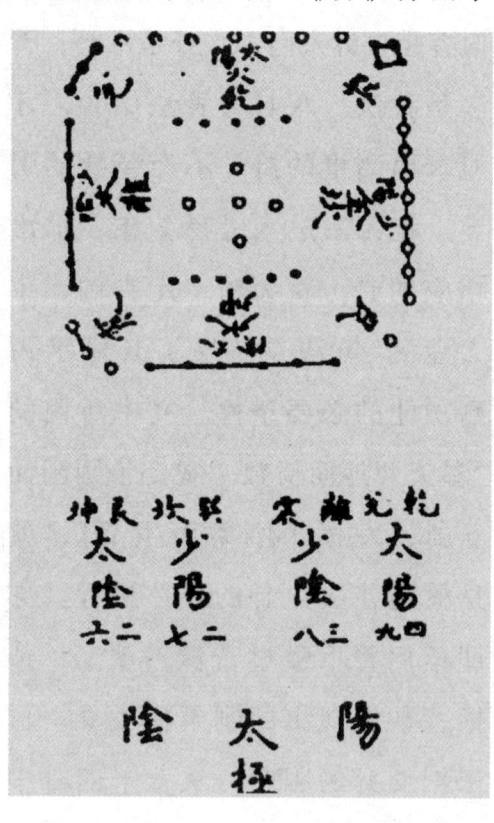

伏羲以河图作易图，选自宋·胡方平《易学启蒙通释》

出具体的卦，才能抓住这个卦的卦象、卦序、卦辞、爻辞及其变化，再依据道德义理和占辞，结合事态进行分析，才能作出吉凶悔吝等占断，以预测来事而趋吉避凶。只有这样，《易》才能起到"以通天下之志，以定天下之业，以断天下之疑"（《系辞上》十一章）的作用。当然，周易并没有这么大的作用，但不管怎样，孔子对周易作用的想法，从《易》传的文字来看，是这样的。故此，可以说，《说卦》传首章内容应为两部分：头一部分是讲《易》与筮法的结合，筮法求卦的过程。第二部分是讲《易》象有了文辞和筮法之后，能发挥出如何巨大的功能。

《说卦》传第二章接着从《易》理上对卦象的结构意义及其发展作了说明。它说：

"昔者圣人之作《易》也，将以顺性命之理。是以立天之道曰阴与阳，立地之道曰柔与刚，立人之道曰仁与义。兼三才而两之，故《易》六画而成卦。分阴分阳，迭用柔刚，故《易》六位而成章。"

孔子认为，当初圣人作《易》的原则是，依顺天命（大自然造化的必然形势）与物性（包括人性）的法则。所以每卦三画，自上而下象征天道、人道、地道。天道为阴阳之气，地道为刚柔之质，人道为仁义之德，是为三才。而三才俱是两两相对，于是把三画卦增加一倍，形成了六画卦。六画卦的六个爻，或为阴柔，或为阳刚，流动变换，"上下无常"。《易》的卦体，就是这样由原来的三画三位进一步变成了六画六位（初、三、五爻为阳位，二、四、六爻为阴位），形成现有的章法。（王弼所谓初、上无位，是解卦法，不是指卦的章法）

以上所述，便是孔子所叙述的周易阴阳八卦的作用、主要涵义、著占、功能以及卦体发展形成的大概情形。

综上所述，可以总结出下面几点：

第一点：孔子对阴阳八卦来源的看法，与朱熹、高亨等的占筮说不同。他以观物取象说和太极说从历史上和逻辑上论述了阴阳八卦的来源,合情合理。较之占筮说以类比和想象为据,要高明得多。

第二点:孔子对《易》的来源、发展与形成的论述,亦即从阴阳二象的产生及其经四象而发展为八卦,再由三画卦发展成六画卦这一系列的论述,完全符合事物发展和思维发展从简到繁的自然规律。

但是有的现代学者却从筮占数术发展的考察研究中,得出了相反的论点,如《中国文化三百题》的占卜部分说:

"西周前后成书的《易经》,即蓍占专书。《易》经中的八卦:乾、坤、坎、离、巽、震、艮、兑,用阴爻(--)阳爻(—)组成卦形,代表四组基本的对立事物,乃由原始筮占不断简化而成。蓍占是建立在古人对阴阳关系、天人关系的数学解释上的占筮。

这段话认为,易经是占卜术中蓍占专书,以数来解释阴阳关系和天人关系。同时,原始的筮占是复杂的,经过不断简化,才形成了八卦。但是,蓍占是否是以阴阳关系和天人关系作数学解释为主的占术,尤当别论,《易》却迥非如此。如上所述,它不是一般的筮书。对它来说,蓍占只是起卦之法,而非《易》的本质。《易》的本质是阴阳之道的哲理,"占"只是它的外形和功用,只是它的功效的一部分。说它原来就是蓍占,和朱、高的肤浅说法一样,是表面的认识。说它是由原始蓍占不断简化而成,更是联想大于实据。这种看法恐怕也是在考察近现代落后种族的蓍占之后,通过逻辑的类比而形成的。但这种不完全的古今类比,不仅可靠性很小,而且还有一个极大的漏洞,无法自圆其说,即:除周易外古今中外的其他各种各样的筮占(包括其他杂占),何以没有一个演变成冒天下之道的哲学?为什么?可见《易》之所以为《易》,之所以主体是哲学,那只能是它原来并非占术,不是由蓍占简化或繁化而来。

第三点:《易》先有阴阳八

卦，而后引入筮法。《易》是仿天效地，和顺于道德而理于仁义，穷理尽性而作成的，不是模仿蓍草演数，在占卜过程中画成的。

第四点：古圣人作《易》的目的是顺性命之理，不是简单的测事。其内容充满天道、地道、人道的义理。所以它与蓍法结合用于占筮后，其占事知来的方式和内容，也和其他单纯求神问事的占卜，如龟卜之类，大大不同。孔子说："《易》有圣人之道四：辞、变、象、占。"占卜测事只是其内容与作用的一小部分。而且，尤其特殊的一点是，由于《易》的内容以义理为主，并充满忧患意识和训诫思想，所以其占断也离不开义理，而以义理为据。离开义理的占断，绝非周易的占断。也许因为这样，孔子虽也颂扬《易》占的功用，却不主张占卜。

综合这四点，可以作出如下结论：

《易》的阴阳八卦之象，不是源于占卜的数字记录或其他符号的记录，而是源于观物取象与逻辑概括，亦即源于上古圣人的哲理观察与哲理思维，其原始的八卦（三画卦）已经深藏渊奥的内涵。它以象征的形式描绘出一幅以天、地为本，由天地所生的水、火、风、雷、山、泽等自然现象及其属性为基础的宇宙框架及其含有万事万物无限变化的基本构图。以后，三画卦重叠为六画卦，再衍化为六十四卦三百八十四卦，则是这个宇宙框架和万物生变之图顺理成章的推演。对于《易》这个所谓"先天之学"的本来体系，连主张《易》为占筮书的朱熹也赞叹说："……圣人作《易》根原，直截分明……其先后多寡，既有次地，而位置分明……方见六十四卦全是天理自然，挨排出来……及至卦成之后，逆顺纵横，都成义理，千般万种，其妙无穷。"（朱子大全《答袁仲机》）显然，以天人之道的结构框架为基础而演化成的周易体系，虽以占筮的面目出现，实质上乃是一部特殊形式的宇宙人间的哲学。古往今来世界上任何占卜星相之术，全是就事测事，内容浮浅，结构单薄。龟卜就是个典型的例证，它风行于殷代几百年，只有灼龟观兆，求神问事一点内容，根本谈不到体现任何天人法则，与周易"冒天下之道"的广阔内涵和宏裁巨制的《易》象体系，无与伦比。双方不是小巫大巫之别，而是根本性质不同。龟卜如此，筊牌、神签之类的杂占，更不在话下。即此可见，《周易探源》作者李镜池所谓"周易是占筮书，与卜辞同类，向鬼神贞问是它的本义"云云，是错误的片面观点。同朱熹、高亨一样，都没有从周易形成的全过程及其主体内容和主要功能上抓住它的根本性质。

但是另一方面，也必须看到，原始的《易》象（阴阳八卦）体内已经蕴涵以占卜面貌用于测事的基因，所以发展到卦形完备并有了文辞之后，它才能够自然而然地接受蓍法，形成我国特有的以占卜形式寓理测事的哲理著作、伦理著作和辩证思维的图书。

第十五篇　周易的本性

前　言

中华书局出版的《周易集解纂疏》（清人李道平著）前言中有一段话："自清末以来，治周易者，十九在考证易经的作者及成书年代，或能注意秦汉以来的周易著述，而研究其内容者，日乏其人，故周易一书的哲理，已不为一般知识分子所理解。"话说得中肯而似含隐忧，读来令人感慨。笔者认为，这段话若加上一句"尤以近半世纪以来为甚"，似乎更为贴切。

对于周易的内涵，一般人（包括一般知识分子）并不清楚，只是人云亦云地认为那是算卦的书，既不重视，当也无意学习、探讨。这便使周易的研究局限在少数学者的书斋之中，而不能广泛流传，更谈不到对中国现代文化的发展做出贡献。在周易的学习与流传上，还有一个阻力，就是在改革开放以前，知识界和学术界存在一种无形的成见，以为易经属于唯心的玄学之类，不愿深入。这也使周易发挥义蕴以充实我国民族哲学的活动，受到阻碍。

为了破除这些俗气的或教条的障碍，以利于民族传统文化的发扬，有必要从根本上对周易一书的内涵进行探索分析，把它到底是一本什么性质的书这一问题，提到书面上来试作探讨。

孔子的《易》占观

关于周易是一本什么书的问题，核心在于，从基本性质来说，周易是属于占筮书，还是属于哲理书。周易具有渊奥的义理，同时具有占筮的成分，这是众人的共识，并无争议。但两者哪一个占主要地位，哪一个是它的本质，却有不同的看法。

首先应该提出的人物是易道所谓"三圣"之一的孔子。他深通《易》道，并对发扬《易》理，使周易哲学化，做出了史无前例的贡献。下面，我们看看他对周易的看法。

先看《论语》。《论语》是记载孔子言论的经典文献。在《论语》中，关于周易的言论记录不多，只有三条，为清楚计条列如下。

（1）"子曰：'假我数年，五十以学《易》，可以无大过矣。'"（《述而》）

（2）"子曰：南人有言曰：'人而无恒，不可以作巫医。'善夫！'不恒其德，或承之羞。'"（《子路》）

（3）"子曰：'不占而已矣。'"（《子路》）

第一条的意思是，对周易的"穷理尽性以至于命"的义理，极为信服，希望多活几年，深入学习，以便提高道德修养，达到不犯大过的地步。换言之，意思是如能把周易中的天人之道的义理学到手，以指导立身行事，就可以在进德修业上避免重大过错。

第二条是孔子引用周易《恒》卦九三爻辞"不恒其德，或承之羞"

（不能常久坚持德行，会遭受羞辱），来说明为人守恒的重要性。

第三条上下文不明。何晏引郑解曰："《易》所以占吉凶。无恒之人，《易》所不占。"认为此条是承上文（第二条）义，针对无恒之人说的。这个看法显然不对，一是上举二、三条，句前皆冠以"子曰"，应是孔子的两次言论，由弟子所记。二是既说周易是占吉凶的，如何对问卦者有所选择？何以对无恒之人不予占筮？令人费解。其实，这句话并不难解。这是说孔子精研周易，通达其阴阳之理，也会占筮。但对使用占筮来预测人事，不大感兴趣。孔子之后的儒家大师孟子善言好辩，但从未谈过卜筮之类的事。先秦最后一个儒家学者荀子则明确地说："善为《易》者不占。"（《荀子·大略》）只在文章中引用周易爻辞，以为义理佐证。在这一点上，孔子的态度与荀子大体相似，着重钻研

韦编三绝图。孔子晚年喜读《易经》，以至于使韦编（即穿竹简所用的皮条）多次断绝。他曾说："假我数年，五十以学《易》，可以无大过矣"

易经的微言奥义，以用于学业与人事，而把其中的"鬼谋"（占筮），置于次要地位。也许孔子"不语怪、力、乱、神"的入世求实思想，使他对筮数之类，也像对鬼神一样，持敬而远之的态度，以致表露出"不占而已矣"的心情。

但是深通周易的孔子，对占筮术也是知之甚深的。这一点《易》传足以为证。至于实际上他是否当真"不占"，是否曾把占筮用于人事解疑，似乎很难断言。先秦正式文献当中并无孔子占筮的记载，类似《左传》、《国语》等书所载史官分析卦象爻辞那类文字，在孔子身上完全见不到。司马迁在《史记·孔子世家》中谈到孔子与周易的关系时，也只说他"晚而喜《易》""读《易》韦编三绝"，并未言及他有无占筮行为。但这是正史的情况，在佚史中则有另种记载。如汉代学者刘向在《说苑》的反质篇中就讲过孔子占卦的事例。文曰："孔子卦得《贲》，喟然而叹息，意不平。子张进，举手而问曰：'师！闻《贲》者吉卦，而叹之乎？'孔子曰：'贲非正色也，是以叹之。……质有余者，不受饰也。'"大意为：孔子占筮，得到周易《贲》卦，贲是修饰之意。孔子认为经过修饰的，不是本色，颜色不正，所以表示不满而叹息。这个故事是否真实，无从判断，只可供参考。

另外，《易纬·中备》记载，孔子弟子商瞿，从孔子学《易》。年四十而无子，孔子为之占筮曰："'瞿当有丈夫子五人。'子贡曰：'何以知之？'子曰'卦遇《大畜》，艮之二世，九一甲寅，木为世，六五景子，水为应，阳爻五，应有五子。'"（张守节《史记正义》）

这个记载，也许以传说为依据。但即便有此传说，也是经过人为地加工。因为周易的占筮纳入干支五行，是汉代的事，与孔子的春秋时代相距好几百年。

不过，尽管是传说性质，不足为凭，但关于孔子曾经搞过《易》占，并善于《易》占的记载，对探讨孔子的《易》学和判断周易的性质来说，仍不能不加以注意。汉代思想家王充在《论衡·卜筮篇》中也曾讲到孔子占卦的事。他说："鲁将伐越，筮之，得'鼎折足。'"（《鼎》卦九四爻辞）子贡占之，以为凶。何则？鼎而折足，行用足，故谓之凶。孔子占之，以为吉。曰：'越人水居，行用舟，不用足，故谓之吉。'鲁伐越，果克之。"上述《说苑》反质篇所载，只及于孔子占卦和对卦义的感想；《论衡·卜筮篇》所记，则及于孔子对爻象的分析和占断。其情形类似《左传》《国语》所记太史对卦爻的某种解释。刘向和王充何所据而言此，无可考证，真伪虚实，无从分辨。不过由此也透露出一点消息：孔子不仅深通《易》道与《易》筮，同时也善于占筮，不过是轻易不占而已。

但值得注意的是，同是《论衡·卜筮篇》，却有性质相反的记载。文章一开始就介绍子路向孔子请教占卜问题，借以证明卜筮所谓蓍龟神灵的错误。文曰："子路问孔子曰：'猪肩羊膊可以得兆，藋苇藁芼可以得数，何必以蓍龟？'孔子曰：'不然，盖取其名也。夫蓍之为言，耆也；龟之为言，旧也。明狐疑之事，当问耆旧也。'"王充据此得出结论说："由此言之，蓍不神，龟不灵，盖取其名，未必有实也。"当然，这是王充的观点，不能代表孔子的思想。但王充能借孔子的故事来证明蓍龟并不神灵，也间接反映出孔子对蓍占虽在赞《易》时加以称颂，但在实际生活中似乎并不那么积极、认真地对待。

另外，还有一种说法，认为"不占而已矣"是孔子对人而无恒的评论。意为人之无恒，周易已有定论"或承之羞"，定论如斯，无需占问。这种说法，和孔子《系辞》所说"夫《易》彰往察来而微显阐幽"的观点是一致的，符合孔子的思想。不过如上所述，从记录孔子言论的句法来看，冠以"子曰"的句子，都是另有所论，并不承接前文的言论。所以，还是把"不占而已矣"视为表达孔子对实行占筮持消极态度，较为合适。这一点，孔子的《易》传中有明显的表露。

孔子的周易观

孔子的《易》传，旧说有十篇，号称十翼。十翼大部分记录孔子学《易》的心得与认识，《彖》传是对卦义的解释，包括自己的认识。大小《象》传是对卦象爻象的评注，包括自己的心得。《文言》传是对易卦的根基《乾》《坤》两卦的专章解说，包括自己的体会。《说卦》传在概论易理的同时，介绍八卦的拟物取象。《序卦》传阐明六十四卦排列顺序的意义。《杂卦》传以最简单的话扼要说明性质相反的各对卦的含义特征。十翼中最重要的是《系辞》，是孔子对周易的内容与形式所作的整体概论。在上下二十四章的长篇巨幅中，以天人合一、理用一如的观点，发掘并阐扬周易的生成、要点、性质、义理和功能。洋洋洒洒，文气酣畅，是总结并阐发《易》理的优秀的哲学论文，十翼的主要内容大体是这样。它十分具体地表现出孔子对周易（包括占筮）的全面观点。

《系辞》的基本精神，用一句话来说，就是"推天道以明人事"。它以乾（天）坤（地）为中心，阐发阴阳之道，并依据天人合一的原理，融哲理与伦理为一炉，建立起孔门易学。它的主要内容是讲义理，也讲筮数筮法，但筮数筮法部分不占主要地位，并且是从哲学角度进行介绍，虽不无神秘色彩，但也含有义理性质，和其他占卜书单讲数术的情况迥乎不同。其中没有占筮占验的卦例，也未对六十四卦的任何一卦，从占筮的角度做过分析，作过占断。最简明的例证，可看《大象》。《大象》的文辞，不是从占测吉凶的角度，联系卦义对卦象进行分析、占断，如《左传》《国语》等书中联系卦义对卦象分析、占断那样；而是从卦象的表现上有所领悟，然后联系政治伦理思想，讲出自己的心得。例如周易底蕴的《乾》《坤》两卦，《乾》的《象》

辞是:"天行健,君子以自强不息。"《坤》的《象》辞是:"地势坤,君子以厚德载物。"自强不息和厚德载物,是最高尚的道德品质,成为中华民族精神的骨干。它不是经过揲蓍,从《乾》《坤》两卦的占筮中推算出来的,而是孔子从《乾》卦的天健之象和《坤》卦的地厚之象中"悟"出来的。其他象辞,亦复如斯。这里只有从《乾》《坤》及于君子的天人合一义理,毫无神秘地占筮气息。《系辞》(乃至整个十翼)的主要思路大体如此。

下面,再举一个对比的例证。

孔子和朱熹都研究周易,但两人的基本观点却不一样。朱熹认为周易原本是"卜筮之书",到孔子手里才阐发出许多道理,所以周易和《易》传是有区别的。可见,孔子的《易》传与朱熹的《易》传(《周易本义》),根本观点有所不同。对同一经文,二人的注释也自然有别。例如,对《乾》卦卦辞"元亨利贞",二人的断句不同,解释也不同。

孔子依一般句读,断为"元、亨、利、贞。"注解说:"元者,善之长也。亨者,嘉之会也。义者,利之合也。贞者,事之干也。君子体仁,足以长人;嘉会,足以合礼;利物,足以和义;贞固,足以干事。君子行此四者,故曰:《乾》:元、亨、利、贞。"(《文言》)

朱熹的断句是:"《乾》:元亨,利贞。"他的注释是,"元亨利贞,文王所系之辞,以断一卦之吉凶,所谓《象》辞者也。元,大也;亨,通也;利,宜也;贞,正而固也。文王以为《乾》道大通而至正,故于筮得此卦而六爻皆不变者,言其占当得大通,而必利在正固,然后可以保其终也。此圣人所以作《易》,教人卜筮,而可以开物成务之精意。余卦仿此。"(《周易本义》)

对比之下,孔子和朱熹的注释,都很明显:孔子只以推天道而明人事的义理,讲元亨利贞,不谈占筮。朱熹则反其道而行之,从占筮之道讲元亨利贞,旁及义理。由此足见,孔子虽也在《易》传中谈到占筮占数，但在他的思想中周易的本质和精髓却在于天人之道的义理。

这一点，《系辞》的表现尤为清楚。

《系辞》总共二十四章，除第九章介绍揲筮求卦的数理，第十一章的前半部分专讲占筮以外，其他篇章大部分是联系周易讲义理的。它以《乾》（天）《坤》（地）为中心，依据天人合一的原则，阐述了《易》的生成、根基、阴阳之道、功能、性质和主要内容，以及学《易》方法和进德修业的密切关系，等等。孔子认为：“《易》有圣人之道四：辞、变、象、占。”这是周易的四大内容。前三项是关于天人之道的义理，只有末项是占筮。这表明在孔子心目中，周易的主要内容是哲理，占筮是依附于哲理的，只占次要地位。

其次《系辞》讲周易，无论讲什么问题，都不是从占筮出发而联系人事，都是以天道为根基而归于

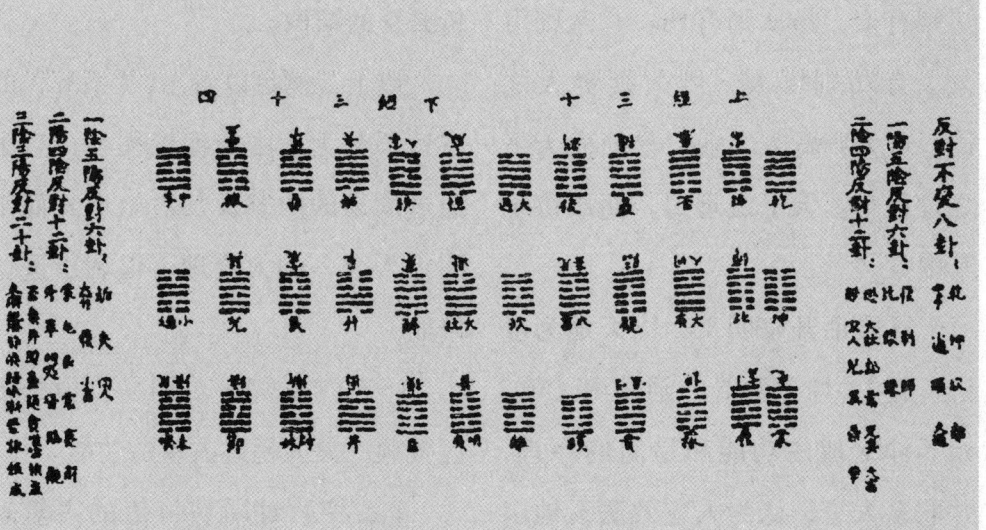

序卦图，出自宋·佚名《周易图》。孔子研究《易经》，作《序卦传》

人事。讲卦爻问题亦复如是。下面两段话，足以为证。

（一）《系辞上》开始便说：

"天尊地卑，《乾》《坤》定矣。卑高以陈，贵贱位矣。动静有常，刚柔断矣。方以类聚，物以群分，吉凶生矣。在天成象，在地成形，变化见矣。是故，刚柔相摩，八卦相荡，鼓之以雷霆，润之以风雨，日月运行，一寒一暑。《乾》道成男，《坤》道成女；《乾》知大始，《坤》作成物；《乾》以易知，《坤》以简能，易则易知，简则易从。易知则有亲，易从则有功。有亲则可久，有功则可大。可久则贤人之德，可大则贤人之业。易简而天下之理得矣。天下之理得，而成位乎其中矣。"

这段话开宗明义，以天地为准讲《乾》《坤》两卦，阐发出《乾》始《坤》成的功能和易简的原理，并联系人道，认为人应效法天地以增进德业。这是讲《易》卦，也是讲天讲人，以天人合一的关系讲周易。

（二）《系辞下》十章说：

"《易》之为书也，广大悉备。有天道焉，有人道焉，有地道焉。兼三才而两之，故六。六者非它也，三才之道也。"

这段话和《系辞上》所说的周易"弥纶天地之道"（四章）"冒天下之道"（十一章），大意相同，都是说周易内容极其广阔，无所不包。这表现在，卦中每两爻代表一才，三才遂成六爻。三才就是天地人。孔子就是这样，依照周易的内蕴，以天地人的正常运动规律来分析卦爻的结构。

以上二例足以看出，《系辞》的主旨不是为了占筮而谈周易，它是通过周易的内容及其占筮形式而阐明天人合一的大道理，以利于进德修业。

（三）《系辞》对周易价值的极度赞颂，大大超过占筮的功能。

《系辞》对周易价值的占筮功能也作了赞颂，认为它虽无思无为，寂然不动，却"受命如响""遂知来物"，具有"至精""至变"

"至神"的作用,但同时对整个周易内蕴的哲学价值与伦理价值的反复赞颂,却远远超过占筮之上。如说周易"开物成务,冒天下之道……圣人以通天下之志,以定天下之业,以断天下之疑"(《系辞上》十一章)"……与天地相似……知周乎万物而道济天下……范围天地之化而不过,曲成万物而不遗"(四章),"一阴一阳之谓道,继之者善也,成之者性也"(五章)"夫《易》,广矣,大矣。以言乎远,则不御;以言乎迩,则静而止;以言乎天地之间,则备矣!","广大配天地,交通配四时,阴阳之义配日月,易简之善配至德。"(六章)如此等等,以天地造化和圣人德业的价值来描述周易的功能。显然,任何占卜,即便所谓占验如神,也不会超过测事的局限,也不具有这样贯通天地人的功能。只有集哲理伦理之大成的经典,如周易之整个象数文辞的内涵,才具有如此崇高的价值。

(四)《系辞》认为,《易》有衰世之意(《系辞下》六章),作者有忧患意识,并举出《履》《谦》《复》《恒》《损》《益》《困》《井》《巽》等九卦进行分析,以阐发其中的反躬修德的义理(七章)。同时,揭示出其内蕴的"惧以始终,其要无咎"这样的对处忧患的方针。如此修德警惕、敬慎补过的思想,与占卜的思想性质根本不同。众所周知,占卜的目的仅仅是为了预测神定的祸福,并不讲忧患、反省、警惕与修德补过。占卜的本性在于测知定命定数,与忧患意识无关。道理很明显,倘若反躬修己是对衰世的好办法,占卜之类就没有什么必要了。

(五)《系辞》认为,周易的"神以知来",是在"知以藏往"(《系辞上》十一章)的基础上作出的,不全出于象数的占测,主要是由于"彰往而察来"(《系辞下》六章)的作用,和"前事不忘,后事之师"的作用相类似。

《周易·尚氏学》说:"彰往,如先甲三日,先庚三日。察来,如履霜坚冰至，至于八月有凶是也。"正是这样，结合已有的经验、教训和知识，参考事物过去的情况，依据发展规律进行推算，就能做到预见未来。正因为这样，所以《系辞》又说了"知变化之道者，其知神之所为乎！"（上九章）"知几其神乎"（下五章）这样一些话。意思是，只要充分了解阴阳变化的规律，就可以知道"神"将做什么，善于察知事情发展的先兆，可谓神机妙算。显然，这是通过合理的推论来预见未来，是运用理性的活动进行预测，而不是凭借筮草的占算，极数知来。这样《系辞》一面称颂周易的灵占为"至神"（《系辞上》十章），"神以知来"（同上十一章），同时又盛赞精通《易》理、善察机微，从而预见未来的能力是"神"，是料事如神。这样占筮的神和论理的神同居一室，显得很不融洽。这也许由于孔子对周易及其占筮的看法，同他对鬼神的看法有些相似的缘故。在《系辞》中孔子在推天道以明人事的前提下，对占筮时而赞颂，时而冷漠，使人难免有"瞻之在前，忽焉在后"的含糊感觉。明乎此，我们就可以体会到何以孔子一面称颂《易》占为至精至神，占事知来，一面又主张"不占而已矣"的奥秘所在了。

（六）最后还有一点需要特别提出的是，《系辞》（还有其他孔传）里没有一句直接断定周易为筮书的界说，而直接断言周易"冒天下之道"一类的话却出现好几处。可见在孔子眼中，至少周易是一部以讲哲学为主的筮书。与此相关，上举《系辞》那一段名言还得深入玩味。

"《易》之为书也，不可远。为道也屡迁。变动不居，周流六虚，上下无常，刚柔相易，不可为典要。唯变化所适。其出入以度，外内使知惧，又明于忧患与故，无有师保，如临父母。初率其辞，而揆其方，既有典常。苟非其人，道不虚行。"（《系辞下》八章）

大意是：周易这部书，不可远离，应随时观用。它表明，它所运用的一阴一阳之道,不断地变迁。变动而不停留,周流于卦中六个空虚的爻位之间,或上或下,没有一定,忽刚忽柔,相互转易。因此不可执着于规范的公式,唯有与变化相适应。但另一方面,阴阳二气的内外出入也有节度,使人循之而知所戒惧,并且明了忧患所在及其原故(借以趋吉避凶)。虽然这不是师长对人的关怀和教诲,却也如同在父母身边一样受到指教与爱护。学习周易时,开始应由它的文辞入手,推断其阴阳二气的发展方向,终于能在其无常的变化中察知其内在法则。如果没有穷究《易》理的人"神而明之",周易的阴阳变易之道就无法发扬光大。

这段话的中心思想一言以蔽之,就是周易阴阳交易的规律,如同师长父母一样,指导人们的行动。换言之,周易就是生活指南,不可须臾离开。值得特别注意的是,孔子没有说周易是测事如神的占筮宝典,教人避祸得福,应时刻带在身边。只告诉人们,要应用周易之理,反身修省,从而趋吉(得)避凶(失),保护自己。这突出地表明两点:1、周易虽具有筮书的形式和占筮的效能,但其主要内容、功能和价值,端在于以天理指导人道。2、以周易的内容和效能而言,它的性质是哲理、伦理法典。

《系辞》既是孔子的易学,也符合周易的本义。从上述《系辞》

杂卦图,出自宋·佚名《周易图》。孔子研究《易经》,曾作《杂卦传》

内容几个要点的分析，可以看出孔子对周易性质的认识，和朱熹以卜筮为周易本义的观点是根本不同的。从这里可以体会到，为什么孔子颂扬《易》占而又不讲占卦的缘故。

还有一点，需要补充说明。《系辞》这篇文章，深奥难懂。为什么？尚秉和先生的说法是"系辞嘘吸经髓，擎举元神，其难解盖过于经"（《周易尚氏学》）。他说的很对，《系辞》之难解，原因就在于它吸取了周易的"精髓"发扬了它的"元神"。由此可见，孔子对占筮所抱的"变动不居"的灵活态度，也正是周易唯变所适的实质反映。

如上所述，《系辞》已经显示出孔子对周易性质的看法，但他始终没从正面说明这一点。孔子之后，周易的研究大体分化为义理、象数两大派。从发展为两派的情形也可以看出，周易内涵的多重性发生了分化。主要是，其内容的发展形成义理派，其形式的发展则成为象数派。义理派的发展，大体上继承孔子《系辞》的基本观点而在哲学上更有建树。象数派则乖离孔子《系辞》的基本教义而逐渐坠入占术，甚至入于机祥。

从历史上看，以《易》主要为哲理书而非一般筮书的观点，孔子之前早已有之。《左传》昭公二年记载，晋国韩宣子聘于鲁，看到《易象》与鲁《春秋》，对其内容之高深，大为赞叹，说："周礼尽在鲁矣！吾今乃知周公之德与周之所以王也。"《易象》当然指周易。韩宣子既认为周礼（文化、体制）尽在于此，又是周朝兴起的理论指南，那么，显然他就不是把周易看成预测类的占筮小技，而是看成关乎天人之道的大书。孔子是否受到这一观点的影响，无从查考。但就观点内容来说，韩宣子的说法与孔子《系辞》的思想，却有一脉相通之处。

在易学史上，孔子可说是义理派的始祖。其《系辞》中的观点，也成为历代义理派学者的宗本。但把上述《系辞》中关于周易性质的看法直截了当地作出集中而明确的论断的,当属清代的《四库全书总目提要》。其经部易类序曰:"圣人觉世牖民,大抵因事寓教。《诗》寓于风谣,《礼》寓于节文,《尚书》《春秋》寓于史,而《易》则寓于卜筮。故《易》之为书,推天道以明人事者也。"

这一界说式的论断,正确地说明了孔子《系辞》中的《易》道观,同时也正确地揭示出周易的基本性质。

周易的教化作用

古文献中还有一段孔子的言论,也从侧面透露出孔子对周易性质的看法。

《礼记·经解》记载,孔子说:"入其国,其教可知也。""其为人也、洁、静、精、微,《易》教也。"又曾说:"《易》之失,贼。""洁、静、精、微而不贼,则深于《易》者也。"这段话是孔子关于《诗》《书》《乐》《易》《礼》《春秋》等典籍的教化作用对一国的社会风习和道德修养所产生的效果得失的论述。孔子认为,周易的功能表现在,能使受教育者的思想作风变得洁、静、精、微,这是得。而另一方面,如果受教育者对《易》的教化接受得不深不透,也会堕入"贼"的邪路,这是失。《易》的教化作用有这样正反两个方面。所谓"洁、静、精、微"是什么意思?孔颖达在《周易正义》中这样解释:"《易》之于人,正则获吉,邪则获凶,不为淫滥,是洁静;穷理尽性,言入秋毫,是精微。"这一解释,既不全面,也不全对。首先,这四个字是四个并列的词,并不是两个词。意思是"其为人也",表现出"洁、静、精、微"四大优秀作风。其次,把洁静释为正派,亦不贴切。再有,精是精,微是微,词义迥异,不可混同。笔者的见解是,洁有"修整之义,整整齐齐,一丝不乱,可谓洁"。《易》所教化的人,受到阴阳象数之道的熏陶,思维有条有理,做事井然有序,具有洁的作风。《淮南子·泰族训》

孔子像。孔子认为《周易》的功能表现得有失。得在于使受教育者的思想作风变得洁、静、微；失在于如果受教育者对《易经》的教化接受得不深不透，也会走向"贼"的邪路

解释说："清明条达者，《易》之义也。"说得对。静，是说受《易》教的人，思想深沉，举止安闲。精字本义为米之精华，引申为事物的精华，即事物之本质。受过《易》教洗礼的人，通晓阴阳变化之道，"精义入神"（《系辞下》五章），对事物的观察分析，善于抓住其内在精华，即本质属性，这叫作精。最后的微字，并非"穷理尽性，言入秋毫"，而是机微之间，亦即《系辞》（同上）所说"几者动之微"、"君子知微知彰"中的微字。指事物初生，欲动未动之际的朕兆。有《易》教修养的人，能够及时捕捉几微，而表现为先见之明，这是四字中微字的正解。总而言之，"洁、静、精、微"的意思就是，《易》的教化会使人变得思维有条有理，头脑深沉冷静，能洞察事物的本质，并有先见之明。孔子说的"洁、静、精、微"四个字，就是指《易》教这四种功效而言。用一句话来说，就是表现于思维能力和精神境界的提高。

显然，这种教化的效果，只能来自周易的全部内容，是周易的象、数、辞、理综合体所形成的教育与教养的力量，使人的精神产生如此高层次的升华，这绝非来自周易的占筮形式。仅有周易的象数与占筮相结合的形式，绝不会有这样深邃的教化功能。

洁、静、精、微的风貌，是《易》教的正面作用，但《易》教还有反面作用。孔子斥之曰

"贼"。"贼"在上古语里并不指盗贼，它的原义是"害"，亦即是侵害、毁坏之义。《论语》先进篇所谓"贼夫人之子"的贼，就是害人的意思。孔子认为，周易的教化也有偏差的可能。意思是如果教化不深，受教不透，就会产生害处；贼仁贼义，以邪害正。那么，这个贼的坏处来自周易的哪里呢？当然不是来自它的义理内涵，它的义理内涵主要是讲天人的中正之道，不会产生贼人的作用。贼人作用一定产生于其他部分，——那就是只能来自占筮的象数演变部分。具体说，就是倘若学《易》者只从周易表层学到一些象数演变的知识、阴阳变化的手法以及占筮的法术之类，而未能深入体会这些东西内部天人之道的扶阳抑阴的精神实质，则学习之未会流于形式而产生不良后果，学者便会运用从周易学来的"法术"（唯心的辩证思维方法），为谋私利而以邪侵正。列宁在《哲学笔记》里曾经说过"狡猾的辩证法"这样的话，值得深思。由于辩证法讲概念的灵活性，如果随意滥用，就会流于诡辩。所以有人讥笑乱用辩证法诡辩的人为"变戏法"，也不为无因。周易是我国上古时代独特的辩证思维体系，专讲有常无常相结合的变易之道，方法灵活，穷神入化。这种思维方法贯以天人的"中、贞"之道，是周易的精神实质，倘若贯以阴私之意，便会坠入玩弄手段、害人害事的邪路。《淮南子·泰族训》谈到这一点时，认为"易之失，鬼。"鬼有阴暗狡诈之意，和"贼"之意相通。据笔者理解，孔子所说的"《易》之失，贼"，大体是这个意思。所以孔子又总结说："洁、静、精、微而不贼，则深于《易》者也。"用今语来说，就是具有洁、静、精、微的出神入化的本领而没有阴暗的坏心眼儿，才算是对周易的精神实质有了深入的认识和修养。当然，孔子对周易教化的作用得失的评论，是指作于殷周之际的周易古经而言,并不包括自己把《易》理阐发光大而形成的哲学形态的《易》传在内。换言之,周易古经大约作成于殷周之际(约公元前11世纪)。而孔子生于春秋末季(公元前5世纪),前后相距六百余年。孔子所谓"《易》之教",无疑是指周易古经的教化作用。就是说,周易古经蕴涵的哲理、伦理,从诞生后几百年来一直对人的精神世界和道德修养起到熏陶渐染的功效,以致逐渐形成洁、静、精、微这样一种社会风气。仅据这一点,即可见朱熹所说"盖《易》只是个卜筮之书,藏于太史太卜,以占吉凶,亦未有许多话说""到孔子方始说从义理"云云,完全是一偏之见。

周易的道德占筮观

这里,有一点需要特别提出说明,就是上述《易》教的得失与周易占筮部分的关系。周易的精神实质是"推天道以明人事",以"中、正"的伦理思想为骨干,其占筮观念也是如此。张载所谓"《易》为君子谋,不为小人谋"(《横渠易说》),亦即以义理控制占筮是周易的占筮之道与卜辞及其他占卜杂术的根本差异。例如《左传·昭公十二年》载:

"南蒯之将叛也,枚筮之,遇《坤》之《比》,曰:'黄裳,元吉。'以为大吉也。示子服惠伯曰:'即欲有事,何也?'伯曰:'吾尝学此矣。忠信之事则可,不然必

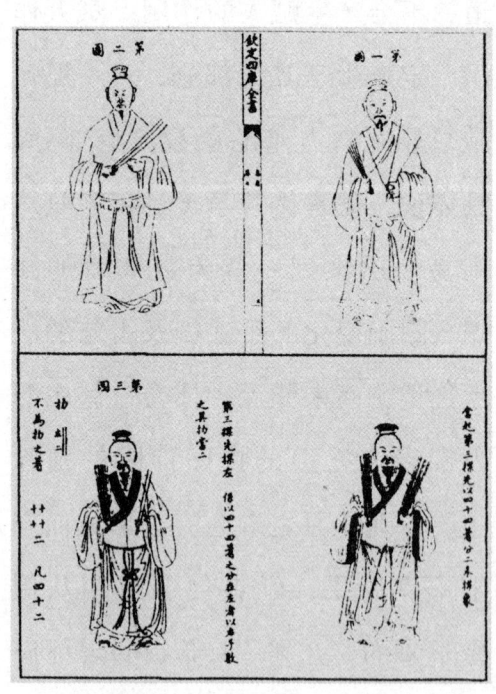

《揲蓍图》,出自程大昌《易原》,描绘了用《易经》占卜时的一些动作

败。'外疆内温，忠也。和以率贞，信也，故曰：'黄裳，元吉。'黄，中之色也；裳，下之饰也；元，善之长也。中不忠，不得其色；下不共，不得其饰；事不善，不得其极。外内倡和为忠，率事以信为共，供养三德为善。非此三者弗当，且夫《易》不可以占险。将何事也？且可饰乎？中美能黄，上美为元，下美则裳。叁成可筮，犹有阙也。筮虽吉，未也。"

南蒯是鲁国费邑宰，欲以费邑叛鲁降齐。以周易占问，得《坤》之《比》卦。五爻动变，爻辞为"黄裳，元吉"。依筮法以此爻辞占断吉凶，南蒯以为大吉；而惠伯则认为，周易不可用来占问凶险之事，只能用来占问忠信之事。爻辞之"黄"，表示内心的善美；"元"表示众善之长；"裳"表示在下之善美。倘所问事非属善美，虽占得此吉卦，亦必败事。

惠伯的解释。虽不无牵强附会之嫌，但却表现出周易固有的伦理本质对其占筮数术的控制。由此也可推想到，以德说卦大概是周易成书以来占筮的传统作风。对这一点，当时已处于青年时代的孔子当然会清楚地知道。故此，孔子所谓《易》教"失之贼"，大约也包含那种抛开义理，不论善恶，而单搞占筮，以求避祸得福的成分在内。

从上述关于周易的教化作用方面，也足以看出，在孔子心目中，周易乃是一种哲理伦理书，占筮只是为义理所左右的测事形式。

这是一种儒家特有的道德占筮观，大约在《易》卦缀辞成书时，即已形成。如果周易缀辞成书者真是文王，则满腹忧患意识与道德观念的作者，以道德占筮观作为周易灵魂，也就不足为奇了。但当时及其后几百年间，虽然这种占筮观逐渐形成一种风气，但只有经孔子从哲理上加以阐述发扬，才得以造成理论形态而在《易》学史上成为伦理中心主义的儒家所特有的道德占筮观。

朱熹的周易观

但是，作为孔学的继承人和发扬者，作为宋代《易》学大师的朱熹其人，在看待周易的性质上却违背师训，和孔子的观点大唱反调。他反复强调说：

"八卦之书，本为占筮，方伏羲画卦时，止有奇偶之画，何尝有许多话说？文王作繇辞，周公作爻辞，亦只是为占筮设，到孔子方始说从义理。"（《朱子语类·〈易〉类》）

这段话包含三个观点：

（一）八卦原只有奇偶两画，只为占筮，没什么道理；（二）有了文辞后，也仍为占筮之需，没什么道理；（三）孔子作《易》传，才开始讲出道理。

为了强调自己的观点，朱熹甚至说："初但有占而无文，往往如今之杯珓相似耳。"把尚无文字的卦画，看成类似"杯珓"那样，将木牌掷地，以正反占断吉凶的原始占卜。总之，他把孔传以前的周易，包括文王缀辞的周易在内，完全看成没有思想内容的占卜末技。实际上是否如此，我们需要回顾历史，进行考察。

只有周易是《易》

周易的哲学性质，从它的名称也可约略窥见。这一点，首先仍不免涉及所谓"三易"：夏之《连山》、殷之《归藏》、周之《周易》。三部书都是卦书的形式，都是由八个经卦组成的六十四卦，但三部书却有所不同。仅就迄今所知，不同之处有四：名称不同，卦序不同，文辞不同，性质不同。《连山》以《艮》卦为首，象山之出云，连山不绝。《归藏》之首为《坤》卦，象万物莫不归藏于大地。《周易》则表示变易之道周遍于宇内，而以《乾》卦为首，以象无为造化之主。同时，三部书也有其共同点，即都可用于占筮，而由周官"大卜"掌握，这是自古以来的传统说法。

但是，关于所谓三易之说，有些学者却不同意旧说，顾炎武就是这样。他在读书札记《日知录》中说：

"夫子言包羲氏始画八卦，不言作《易》。而曰：'《易》之兴也，其于中古乎？'又曰：'《易》之兴也，其当殷之末世，周之盛德邪？当文王与纣之事邪？'是文王所做之辞，始名为《易》，而周大卜掌三易之法，一曰《连山》，二曰《归藏》，三曰《周易》。《连山》《归藏》非《易》也，而云《易》者，后人因《易》之名以名之也。"

这段话说明两点，一曰周易作于殷周之际，易名始于文王所系之辞，此前并无易名。二曰：三易之中只有《周易》名《易》，《连山》《归藏》并不名《易》，只是后人借《易》之名而笼统简称之而已。接下来他又以类比法论证说：

"犹之墨子书言周之《春秋》，燕之《春秋》，宋之《春秋》，齐之《春秋》。周、燕、齐、宋之史，未必皆《春秋》也，而云春秋者，因鲁史之名以名之也。"

最后他又引用左传僖公十五年韩之战和十六年鄢陵之战，言其筮辞皆不见于周易，亦不言易名，据此推断，其筮法必另有出处。

顾炎武的说法，论证性很强，可谓独具慧眼的高见。依他的观点，还可补充一个有力的证据，那就是《礼记·礼运》所载，孔子曰："我欲观殷道，得《坤·乾》。"他说的《坤·乾》当是指殷代的坤卦为首的筮书《归藏》。但孔子只称之为《坤·乾》，而不称之为《易》。也不像对《周易》那样，当作研究对象。这也足以证明《归藏》早已流行于殷代，而《周易》则始作于殷末周初。"三易"之中只有《周易》是真正的《易》，余二易只是行文之便的借名而已。孔子终身慎于言，他的话极有分寸，可资信从。

由此可见，虽然《周礼》载春官大卜掌三易之法，①《连山》《归藏》《周易》同用于占筮，其架构

---

① 杭辛斋《易楔》云："京氏学占筮派实远符连山历数。"顾炎武《日知录》云："左传僖公十五年战于韩。卜徒父筮之曰吉，其卦遇蛊曰：'千乘三去，三去之余，获其雄狐。'此皆不用周易，而别有引据之辞，即所谓三易之法也。"

和作用，有相同的一面，但内容、形式、文辞和功能，恐怕有很大差异。从后人所集佚文的蛛丝马迹推测，《连山》《归藏》两书，大约主要是占筮的数术。所以孔子看过《归藏》，只是看了，并未为之作传。这也许是由于它只是卦书，内蕴浅薄，没有多少可供发挥的缘故吧。

就名称来看，殷之《归藏》始于《坤·乾》，周之《周易》则把它颠倒过来，始自《乾·坤》。前者始于地天，即始于阴阳，后者始于天地，即始于阳阴。阴性柔，阳性刚，刚柔易位，则内容与性质自有重大变化。虽然年代久远，无从查考，但此种情况略可想见。

"易"者变也

同一般的占卜术或占卜类书相比，《周易》的特殊性十分显著。单从名称来看，它就不同凡响。上古时代的龟卜骨卜，就是名副其实的龟卜骨卜，没有什么话说。《连山》、《归藏》有些话说，但话也不多。至于六爻占法、梅花易数、灵棋占之类，望文生义即可知其大略，"何尝有许多话说"（朱熹语）。但《周易》，唯有《周易》，仅仅一个名称就意蕴深厚，层次繁多，引发出形形色色的解释，令人有目不暇接之感。

《周易》的周字，含义比较简单，容易解说。《易纬》说："因代以题周"，周是周代之意，这是一。郑玄说："周易者，言易道周普，无所不备。"（以上孙星衍《周易集解》）把周字解作普遍，即内容无所不包之意，这是二。周字之义，有此二说。有人将此二说捏合一起，讲解周字，未免牵强。多数《易》学家，如孔颖达、朱熹等，都采取第一说。

难以处理的是《周易》的本称"易"字。它的多重义蕴，引发多种解释。

有些说法，是从易字字形上作解释。

一说：易字由日月二字合成，上日下月，以"日往则月来，月往则日来"(《系辞下》第五章),象征阴阳二气的交叠递变。足为易名本义。但易字的组成不是上日下月,而是上日下"勿"。说者谓上日下勿"象日彩之散著"(朱骏声《六十四卦经解》),但勿字只有旗帛之义而无此义,此说碍难成立。

一说:易字由日与夕合成。卜辞中"日夕"连用时有所见,呈易字形。周初沿用商历计时,日出到日入,称为日,日入到日出,称为夕。日加夕就是昼加夜。但殷商甲骨文中并无易字,也许周易作者将甲骨文中的日和夕合并而造成易字,以昼夜相继,运行不已之象,表示"一阴一阳之谓道"(《系辞上》五章)。但易由日夕二字改造而成,终属推测,故此说亦难成立。

一说:《说文》云:"易,蜥蜴……象形。"据此则易名为壁虎,以其能随时变色,故作者取以为书名,以象征阴阳二气的"唯变所适"(《系辞下》八章)。此说取虫名之同音及其变义,以释周易之易名,虽也可通,但不无以小攀大之嫌。

传统《易》学上比较权威的解释是"三易"之说,即简易、变易、不变三义。简易谓《易》义象天道,淡泊不烦。变易谓《易》义象天道,无时不变。不变谓《易》义象天道,有一定之规。有人在三易之上加上交义,谓之"四易"说。认为阴阳交而成四象,四象交而成八卦,八卦交而成六十四卦,交义也是《易》之精髓,故易名应含交义。清初学者毛奇龄又扩展说,易名兼有变义、反义、对义、移义、交义五种。其实,阴阳颠倒之反义,阴阳相错之对义,阴阳上下之移义,也不过变义的一种而已,说来说去,变义实为易名的中心,可谓易名的本义(参看本书《易名辨析》篇),它简而明地揭示出周易的内涵。故此,将易书英译为《Book of Change》(变书),可谓深得个中三昧。

生生之谓《易》

易名之中心为变义,这一点古

往今来的诸大家俱无异议。

首倡者是四圣之一的孔子，他有个简明的定义："生生之谓《易》"（《系辞上》五章），意为"阴阳转易，以成化生"（韩伯康注）。司马迁的提法是"《易》以道化"（《史记·太史公自序》），以变化解《易》。朱熹也说："《易》，书名也……有交易、变易之义，故谓之《易》"（《周易本义》）。司马光说："《易》者，阴阳之变也"（《易说·总论》）。程颐说："《易》，变易也，随时变易以从道也。"（《易传序》）等等。不一而足。这些大家的观点，的确抓住了《易》名为变义的要谛。其实，上述日月轮回说、日夕循环说和蜥蜴变色说，也属于变动的性质，都可用变义以贯之，谓之变易说也未尝不可。

对周初作成的六十四卦卦书，作者名之以《易》，确是一个大手笔。一字千金——它把此书的灵魂一下子勾画出来。周易的灵魂就在于变。筮变、卦变、辞变、位变等，其间贯以天道的阴阳之变，地道的刚柔之变，人道的仁义之变，始于变而终于变，无变不成《易》。以变易之"易"名《易》真是天造地设，恰乎其可。从《易》名这个窗口，人们可以大体窥见周易本体的灵魂。

若同《连山》《归藏》比较一下，这点就会看得更清楚。宋代《易》家程大昌在《易原》中谈周易和《连山》《归藏》的区别时说："《连山》《归藏》不传。《连山》《归藏》之以不变为占，别自一法。"他举《左传》《国语》所载，"凡其筮其八者尝三出矣。……凡其三出而皆无'之卦'也。"按筮例，"八"为不变之数，筮用八则无变卦（之卦）。这和周易用"六"的变数，情况不同。所以他结论说："则古谓《连山》《归藏》，以不变为占者信矣。"他还据此作了推论，认为《连山》《归藏》之所以失传，也许由于有卦无辞，难于推用；也许由于只有本卦而无变卦（之卦），不能往远处推衍，就是说不变之占使《连山》《归藏》作用缩小以致失传。这虽属推测，但由此也可见《易》名之"变"，实在是周易其书的画龙点睛之笔。

然则，在这个千变万化的世界当中，是什么学问讲变化之道呢？除了自然科学的化学讲物质的变化的普遍规律外，在社会科学方面，只有哲学是讲天人变化的普遍规律的学问。既然《易》名以变义，表达《易》体之变义，那么，循名责实，则《易》之为书，属于哲学性质，自然顺理成章，毫无疑问了。这样，《易》名之变义，就把《易》书和其他单纯的占卜书在本性上划出了一条界线。其他占卜术数的书，没有内容讲变化之道而以变义命名的，也不会这样做，因为占卜之道的前提是天神的定命论，而不是天人的变化之道。这一点，下面还要细说，此处不谈。

另外，还需补充说明：有些学者认为，《易》名的本义是简易，这源于龟卜变为筮占，方法由繁难变为简易。这种观点，恐怕欠缺深入实际的考虑。因为龟卜虽然手续和兆象繁杂，但相当固定，可为典要，判断吉凶比较容易。而相反地，周易筮占表面上筮法较为简易，但卦爻象变化多端，文辞隐晦多歧，不可为典要，占断很难，这是一。另外，这种观点是把龟卜和筮占（含周易），作为占卜术而同等看待，忽略了周易（含筮占）具有渊奥的内涵，是六经中最难解的奇书。故此，无妨说，这种由繁趋简的说法，是有些简单从事之弊。

再有，吴挚甫《易说》认为易字的本诂就是占卜。尚秉和也同意此说（《周易尚氏学》）。根据之一是，《周礼·祭义》有"易抱龟南面"之句。易为易者，指占者。根据之二是，《史记·大宛传》云："天子发书易。"谓发信占卜之意，如此等等。但这类句中的易字，都是以周易进行占卜之意，并不能视为易字的本义。如若追索易字的本诂，则应是水自此器溢出而注入他器之意，引申而为变易。令人莫解的是，尚秉和一方面同意吴说，认为"简易、不易、变易皆《易》之用,非易字本诂",一方面又说:"周易以《乾》为首,《乾》元亨利贞,即春夏秋冬,周而复始,无有穷期,故曰周易。"又把周易二字释为周而复始无有穷期的变动。这岂非自相矛盾?按他所采取的《易》本诂为占卜说,则周易二字理应释为周而复始、无有穷期的占卜,那就成为笑话了。可见,诸家众说纷纭,说来说去,归根结底,还是离开变义无法解释易名。在这一点,反复强调《易》为占卜书的朱熹,如上述所也不得不承易名为交易、变易之义。而一承认周易是讲交易变易之书,则认定周易为占卜书之说,即不免破产。

前文说过,春秋时代晋国韩宣子访问鲁国时,看到鲁国所藏周易。他不称之为《周易》,而呼之为《易象》,他感到《易象》的深奥内涵,足以说明周之代殷而兴,是理所当然的。孔子为周易作传时,也作过"《易》者象也"(《系辞下》三章)这样的论断。王夫之继而阐释说:"……汇象以成《易》,举《易》而皆象,象即《易》也"(《周易外传·系辞下传》三章)。可见,在周易的体系当中,"象"占有决定性的重要地位,后来汉代《易》学家专门致力于象数的探究,也不为无因。但过分泥于象数,穿凿附会,以致流于一偏。魏晋时王弼异军突起,扫象言《易》,虽振起义理学风,但流于玄虚,也是一偏。宋人踵迹其后,舍象谈《易》,趋于性理之学,以致无形中往往流于禅虚,都偏离了周易以象为本而言义理的正宗。因此,泥于象而研《易》固然不是正途,而舍象研《易》也是斜路。必须对《易》象在周易中的性质、作用及其变化有足够正确的认识,而后因象言义,才是研究周易的正路。

《易》象的本质是什么

那么,周易的"象"又是什么呢?孔子解答说:"象也者像也。"(《系辞下》三章)又说:"居则观其象而玩其辞。"(《系辞上》三章)

在他的思想中，周易的象大概是模仿事物情态而画出的仿佛事物模样的卦画形象。就是指以阴阳二象为基因、以八卦为基础而组成的六十四卦象体系而言，并不包括辞象在内。他认为这个卦象体系，是上古先圣仰观俯察、效天法地而画出并推演成的，所以说它"像"是事物的情态。来知德把《易》比作一面镜子，认为"象"就好似镜中所照出的物形（《易经集注》原序）。如果从反映论的原理来看，《易》象来源的所谓"像"，作为比喻，这样说当然未尝不可。因为易象只能是来源于作者对外界事物形象的创造性模拟，象字本身已经表明了这一点。

但是，《易》之象和镜之象虽同是源于外界事物的反映，形式上似乎相像，而本质上却根本不同。镜之象是原物的机械反映，是呆板的形象，《易》之象却是创造性的能动反映，是活生生的形象。卦象爻象之外，那大量的依据卦爻象的内涵而附缀上的以喻意明理为目的的文辞之象，也应该包括在《易》象的范畴之内。

近些年来《易》学界出现一种比较流行的说法，把《易》象说成是一种"符号"。这种说法，也许是以计算机原理研究周易而产生的，这种符号说和镜象说，如同原始数占的数字说一样，都不能表达《易》象的本质。镜象是呆板的物理映象，不在话下。符号或数字除本身的意义外，在逻辑上也只有代替的功能，如XY之代替未知数那样，没有更多的内容与性能。而《易》象则不然，它具有灵活多样的形式和生动具体的内容。例证甚多，俯拾即是。如八卦中象夬的形式，是天的象征，以纯阳之体与刚健之性为内容，谓之《乾》象。与其相反相配的姤象形式，则是地的象征，而以纯阴之体与柔顺之性为内容，谓之《坤》象，两象相交，便产生《泰》《否》两象。《泰》象是地上天下，义为地气降而天气升，二气相交，象征"天地交而万物通也，上下交而其志同也，内阳而外阳，内健而外顺，内君子而外小人，君子道长，小人道消也"(《泰》彖)。《否》彖是天上地下，义为天气升，而地气降，二气相背，象征"天地不交而万物不通也，上下不交而天下无邦也，内阴而外阳，内柔而外刚，内小人而外君子，小人道长，君子道消也"(《否》彖)。这一例证表明，《易》象不仅具有灵活多样的象征形式，而且每个象征形式中均涵有生动而具体的内容。形式的变动，生出新的内容，新的形式又服从于新的内容，是一种辩证关系。它和呆板的被动的干巴巴的无生命的符号、镜影、数目之类，禀性根本不同。它是个活生生的有机体，具有极大的能动性。

《易》象的功能性

《易》象的能动性之根，扎在它的基因——阴阳二象中。阴阳二象以其象形的特质保持相反相成的关系，便构成能动性，发生前文所述的变化。其能动性表现为下列各种功能：

象征作用

《易》象源于用奇偶之画模写外界事物，以"—"象物之阳面，以"--"象物之阴面。阴阳二象交义重叠，形成八卦乃至六十四卦，以象征作用表达事物的情态。如"—"形主要象征纯阳的天，表示健义；"--"形主要象征阴的地，表示顺义。艮形象征山，表示止义。震形象征阳气入地，表示雷震之义。坎形象征水的外柔内刚，表示险陷之义，等等，象征事物的各种情态或人间的各种关系。例子甚多，不胜枚举。这种由外形与内情综合所构成的《易》象的象征作用，绝不是符号、镜影或数字的空虚性与被动性所能造成的。

喻理作用

孔子说："书不尽言，言不尽

意。……圣人立象以尽意。"(《系辞上》十二章)他的说法是正确的。的确,语言文字受其本身局限性的限制,不能全面表达事物的情态和作者的微意,只有象,才能凭其广阔灵活的性能,喻意明理,"以通神明之德,以类万物之情。"(《系辞下》一章)从而"穷理尽性,以至于命。"(《说卦》一章)从这个意义来看,全部六十四卦就是一个以象喻意的哲理体系。如《屯》象,上水下雷,象征天地始生的混沌状态。翻而为《蒙》象,上山下水,喻示山泉始流,朦朦胧胧。《需》象,为天上有水,尚未成雨,表示需要等待之义,故名为"需"(等待)。《比》象是水在地上,意味着水润土地,彼此亲近,故名为"比"(亲昵)。《同人》象为上天下火,表示天气上升,火炎趋上,天与火俱有向上性质,彼此志同道合,喻示与人求同,争取团结。如此等等,卦象出意喻理之情,非常明显。从爻象来看,例如《乾》上六"亢龙有悔",以龙飞天上、知进而不知退之象,喻示其"有悔"的后果,从而警戒世人,得意时要反身自省,留有余地,以免遭物极必反之患,悔之莫及。与此相呼应,《泰》六三"无平不陂,无往不复。艰贞,无咎"之象,则劝告世人,太平盛世发展到一定程度会呈现反泰为否之虞。此时,不可丧失信心。只要居安思危,坚守正道,就可以避免事情的逆转,而保持稳定无咎的处境。这是从另个方面为人们指出持盈保泰之计。这两个辞象喻示着丰富而微妙的义理。从爻象之变讲,《乾》之阳性好比龙象,龙经潜、见、乾乾、跃、飞而上升到九五的高峰时,即应断然止步。若再进一步,即成为"亢龙"(冒进的龙),卦爻即由阳极而变阴,转为《坤》卦,性质完全逆转。从人事关系来讲,就成为得意忘形,陷入窘境的形象。另外,《既济》钽之象,上水下火,初九、六二、九三、六四、九五、上六,阳爻在奇数,阴爻在偶数,全部为正。整个卦象暗示,宇宙人间的万事万物，上上下下皆各得其所而完结，告一段落。同时紧接着出现《未济》綷之象，和《既济》卦整个卦象阴阳完全相反（叫做"变"或"错"的关系），暗示宇宙人间的万事万物，上上下下，所处不正，而开始迈上新的阶段。关于辞象在这一方面所起作用的具体例子，前文辞象特点的喻理性部分内，已详加论述，兹不再赘。

能行作用

《易》象能够有规律地组合、运行并衍生为各种各样的结构和序列，条理分明，这是它的能行性功能。《易》之阴阳二象组合成靘（太阳）喷（少阴）沫（少阳）雏（太阴）四象，再组合成夬（乾）赠（兑）羑（离）锜（震）俣（巽）趍（坎）犨（艮）姤（坤）八卦，八卦重合为六十四卦。这样一分为二、二分为四、四分为八、八分为十六，十六分为三十二，三十二分为六十四，遂形成《易》象的体系。条理分明，次序井然。依照邵雍的说法，所谓伏羲六十四卦生成的次序是："太极既分，两仪立矣。阳下交于阴，阴上交于阳，四象生矣。阳交于阴，阴交于阳，而生天之四象；刚交于柔，柔交于刚，而生地之四象，于是八卦成矣。八卦相错，然后万物生焉。是故一分为二，二分为四，四分为八，八分为十六，十六分为三十二，三十二分为六十四。故曰：'分阴分阳，迭用柔刚，故《易》六位而成章也。"（《皇极经世·观物外篇》）依据邵氏的解释，从阴阳二象如何从初始状态有条有理有阶段地自然展开而形成六十四卦的过程中，可以清楚地看到并领会到《易》象内在的能行性效能。

关于《易》象六十四卦体系生成的学说，除上述一分为二说以外，还有其他好几种说法。如前文所述的《乾》《坤》生六子而后衍生为六十四卦的学说，《乾》《坤》生《复》《姤》而后衍生为六十四卦的《复》《姤》小父母说等。旁通说也是其中之一，汉人陆绩、虞翻倡导此说。认为《乾》六爻发挥变动，旁通（阴阳相反）于《坤》，《坤》来入《乾》，以成六十四卦。此外。魏伯阳的《周易参同契》还提出"《易》为《坎》《离》"之说，把《坎》《离》二卦说成六十四卦形成的基础，属于道家的理论。关于六十四卦《易》体形成的这些学说，哪一个比较合理，与本题无关，姑置不论。总之，这多种多样的学说，反映出一个共同的特点，即：阴阳二象含有一种能行性，可以灵活地有条理有秩序地组合成《易》体形成的各种各样的网络。

《易》体六十四卦的卦序，也鲜明地反映出《易》象的能行性。依据不同需要所形成的不同的标准，六十四卦可以造成各种各样的排列次序。如前文所述，传统卦序是以相因的义理和覆变的形式相结合的标准，而有条有理地顺序展开。还有流行的所谓伏羲六十四卦卦序，依照相对相错的标准，以《乾》《兑》《离》《震》《巽》《坎》《艮》《坤》的顺序为基础，形成六十四卦圆图。也是条理清晰、秩序井然；《易》象的能行性，跃然纸上。此外，前文所述京房的八宫卦序，则以占卜之需为准，按《乾》《坎》《艮》《震》《巽》《离》《坤》《兑》八宫顺序，采取逐一爻变的步骤，形成六十四卦体系。分类清楚，演变有序，一丝不乱，好似计算机的运行。单从象的能行性功能来说，八宫卦序表现得最为优越。

《易》象能行性的范围很广，除上述《易》体生成和卦序安排之外，颇有争议的互体问题，笔者以为，也表现出《易》象的能行功用。有些学者认为它不是周易本义，有些则强调古已有之。但不论周代取象解卦是否有此先例，互体之为《易》象内在能行性的表现，则是毫无疑问的。因为一卦而含数卦之象，是卦爻象自身所衍生，并非来自外部。所谓互体是说一卦六爻除包含上下两个三爻卦之外，经过爻的交互，还可再生出两卦。如《屯》卦由《坎》《震》两三爻卦组成。其中二、三、四爻与三、四、五爻经交互后，又可分别组成《坤》《艮》两个三爻卦。这样一来，《屯》卦遂包含《坎》《震》《艮》《坤》四卦。在此基础上，又衍生一些变例，如包体、环互、兼互、大卦，等等，花样不少。这些体例未必是周易筮法原来所有，但来自《易》象，为卦爻自身的衍生物，却是不言而喻。倘若《易》象本身根本不具有这种以能行性形式衍生的性能，一卦而分为多卦的互体，便不会出现。故此，互体也应视为《易》象能行性的表现。

亲合作用

前文说过，《易》之阴阳二象，为一物两体、一而二、二而一的关系。互根互依，互交互易，变化无穷。这表明阴阳二象在对立之中也有其互相依赖、互相渗透等亲合的性质和作用。老子所谓"万物负阴而抱阳，冲气以为和"（《道德经》四二章），孔子所谓"一阴一阳之谓道"（《系辞上》五章）"阴阳合德而刚柔有体"（《系辞上》六章），他们在"和""合"二字上下功夫，强调阴阳二者的统一性。在此基础上王弼进一步阐述说："凡阴阳者，相求之物也……夫阴之所求者阳也，阳之所求者阴也"（《〈周易略例〉·明象》，把阴阳二象的亲合性质与亲合关系，讲得十分明白。

但是，历史上也有的学者反对这种说法，唱出异调，南宋时代的叶适便是一个。他对孔子所说的"一阴一阳之谓道"，持否定态度。他说："道者，阳而不阴之谓也。一阴一阳，非所谓道也。"（《习学记言·周易四》）这可以名之为"独阳说"。这种说法显然是错误的，既不符合宇宙的根本规律，也与周易的本质完全乖离。因为宇宙的根本规律是阴阳的对立统一，反映宇宙根本规律的《易》象，自然以对立统一为自身的根本规律。宇宙赖此而生生不已，变化无穷，《易》象也赖此生生不已，变化无穷。阴阳互相依傍而存在，互为其根而交易，独阳或孤阴，根本无存在的可能，只是叶适脑中的一个幻想的概念而已，如何能生，如何能变？杭辛斋讲得好："一者中也，正也。……《中庸》曰：喜怒哀乐之未发，谓之中，一也。发则一生二矣。……邵子曰：'独阳不生，孤阴不长，皆非一也。必阴阳合一，而后能生。'"《学易笔谈·易数偶得》宇宙一切，包括《易》象，必得有阴阳，阴阳以其亲合性合二而一，才会产生活力。在这一点上，朱熹的观点还是很对的。他说："夫阴阳者，造化之本，不能相无，而消长有常，亦非人所能损益也。……故圣人作《易》，于其不能相无者，既以健顺仁义之属明之，而无所偏主。……"（《周易本义·〈坤〉卦注》），这段话里的"相无"二字，用得很妙。"相无"即是"相有"的反面，独阳孤阴无相互之义，如何相有？不能相有，即堕入相无。所以，独阳说虽表面上似乎尊阳，实乃灭阳。故而周易虽有扶阳抑阴之义，但正如朱熹所说，只是正确对待，并无"偏主"。有的书上说周易主张扶阳灭阴，完全是误解。只有阴阳二象相反而相成，相斥而相合，全部《易》象才得生成、变化。

《易》象的亲合作用，在《乾》《坤》二卦的关系上表现得最清楚。从卦象来说，一方面《乾》为纯阳，《坤》为纯阴，相互对立。另一方面在六个爻位中《乾》《坤》各为三偶三奇，相互依存。《乾》《坤》相交而生六子（见前文），互亲互交。《乾》经《姤》《遁》《否》《观》《剥》五变其象而成《坤》，《坤》经《复》《临》《泰》《大壮》《夬》五变其象而成《乾》，表现阴阳相求之义。从卦德来看，《乾》健《坤》顺。性质相反，但同时《乾》以健始，《坤》以顺成，阴阳亲合，万象以生。阴阳二象在对立的基础上互相亲合的功能，表现得十分明显。从卦变之说来看，也是如此。其一说谓：一阳五阴之卦，来自《剥》䷖《复》䷗。二阳四阴之卦，来自《临》䷒《观》䷓。三阳三阴之卦，来自《泰》䷊

《否》跪。四阳二阴之卦来自《遁》陬《大壮》徬。五阳一阴之卦，来自《姤》蚝《夬》蹊。例如《损》稻卦为三阳三阴，如六三爻与上九爻互相交换，即成为《泰》害。故而《损》就是由《泰》上六阴爻来到三位，三九阳爻去往上六，互相交换而形成的。阴阳爻来往交流而衍化新卦，正表现出爻象具有相求相交的亲合性能。其他卦变之说，说法不同，但都是基于阴阳相亲相交的性能。离开这一条，就谈不到任何卦变。

爻与爻之间，有所谓比、应、承、乘等关系。比，是指相比邻的爻。如三与四比，四为三之比爻，四与五比，五为四的比爻。四比五，在《易》象中取比义最多，最重。爻需阴阳相合，才取比义。阳邻阳、阴邻阴，无相求相亲之情，便无比义。周易六十四卦以六四比九五者，总共十六卦，皆吉。《比》六四之"外比之，贞吉"，《小畜》六四之"有孚，血去惕出，无咎"，《观》六四之"观国之光，利用宾于王"，

《坎》六四之"纳约自牖"，等等，都是六四（阴）托九五（阳）亲比之福，而获吉或无咎。由此可见，爻象之阴阳相比，是其先天亲合性的表现形式之一。

应，是指六爻之间，初与四、二与五、三与六之间，阴阳相合而产生的对应关系。阳爻与阳爻、阴爻与阴爻之间是同性相斥的敌应关系，不是对应关系。只有阴阳相吸，才形成对应。王弼说"夫应者，同志之象也"《周易略例·明卦适变》，正确地说明了相应关系所表现的《易》象亲合性。

在相应关系中，二爻和五爻的亲合，最为重要。因为二爻处于下卦之中，五爻处于上卦之中，《易》象以中为贵。同时，五爻为尊位，在卦中常起枢纽作用，二爻在下方与之相呼应者，往往能趋吉避凶。故而九二与六五相应者，总共十六卦，辞象皆吉。如《蒙》九二之"子克家"，《师》六二之"在师中"，《泰》六二之"得尚于中行"，《大有》九二之"大车以载"，等

等,九二皆因与六五保持相应的亲合关系,所以都吉而无咎。

乘承关系是:两爻相邻,阴阳相异,上者为"乘",下者为"承"。王弼说:"承乘者逆顺之象也""辨逆顺者,存乎承乘"(《周易略例·明卦适变通爻》)。韩康伯注解说:"阴承阳,则顺;阳承阴,则逆。故《小过》六五乘刚,逆也;六二承阳,顺也。"《小过》九四为阳爻(刚),六五为阴爻(柔),六五"乘"于九四之上,谓之柔乘刚。依王弼之说,此之谓逆。逆是反其道而行,不吉。所以六五爻辞说"密云不雨"(不足以成事)。六二爻在九三爻之下,为阴承阳,谓之顺。所以六二爻辞说:"不及其君遇其臣,无咎"。这样,以逆顺来为阴阳爻乘承关系定性,从而论其吉凶得失,当然难以概全。但即便如此,至少也可以看出阳乘阴、阴承阳的所谓顺的关系中存在着《易》象间的亲合作用。这种爻象乘承的顺逆关系,也可以视为《易》象亲合性与相斥性相统一的

表现形态。爻象间的亲合性,除了表现在比、应、乘、承等关系之外,《易》卦之含有天地人三才,也是其亲合性的反映。初与二合为地,三与四合为人,五与上合为天。显然爻象如无亲合性,三才便无从成立。

除上述爻象情况外,卦与卦的相交,也含有阴阳亲合的意义。如《乾》《坤》(三画卦)易位相交,构成《泰》,象征天气下降、地气上升,二气相交,万象通达,为吉。其反面为《否》,天气上升。地气下降,《乾》《坤》不交,万象闭塞,为凶。水与火相交,构成《既济》,水上火下,水下沉,火上炎,二者相交;初与三、二与五、四与六皆阴阳相应,表示相交,象征功成业就。反之,则为《未济》。如此,卦与卦之相交,也是《易》象亲合性的一种表现。

相斥作用

《易》象之间在保持亲合作用的同时,也保持一种互相排斥的作

用。《系辞》首章就论到这一点。它说："刚柔相摩，八卦相荡。"相摩是互相摩擦，相荡是互相推动，刚柔是指阳象与阴象。阴阳二象既互相依辅，又互相摩擦，它们所构成的八卦也是这样：既互相依存，又互相推动。这种依辅中的摩擦，依存中的推动，表明《易》象在互相亲合的同时还互相排斥。王弼所谓"爱恶相攻，屈伸相推"（《周易略例·明爻适变》），即指此而言。《易》象相斥性的突出表现是阴阳互为消长的关系。阴长则阳消，阳消则阴长，互为消长。典型的例子是《剥》与《夬》。《剥》卦卦象是五阴一阳，象征阴剥阳。六阳之《乾》，自下而上为阴所剥，一剥变《姤》；阳消为五，二剥变《遁》，阳消为四；三剥变《否》，阳消为三；四剥变《观》，阳消息为二；五卦变《剥》，阳仅余一。在阴阳相斥，阳消阴长的关系中，《剥》卦表现出阴气最盛，阳气极衰的情景。再进一步，则阳气全消，变为纯阴的《坤》。但孤阴不能独存，紧接着，开始阳长阴消，一阳来复，卦变为《复》。阳长为二，卦变为《临》，阳长为三，卦变为《泰》，阳长为四，卦变为《大壮》，阳长为五，卦变为《夬》。《彖》辞曰："夬，断也，刚决柔也。"反过来表现出阳最旺，阴极衰，阳（刚）即将阴完全消除（决断）的景象。但阴阳不能"两无"，独阳无可生存，阴消至极之日，即其开始重长之时。基于阴阳互为消长、相斥并存的规律，经纯阳之《乾》的中介，一阴又返，于是《姤》复至，阳长阴消的关系，又让位于阴长阳消矣。阴阳二象的互为消长，表现出两者在互相亲合的同时，又互相排斥这样一种辩证的关系。正如《剥》卦《彖》传所说："……消息盈虚，天行也。"表明《易》象中阴阳的消长盈虚，乃是反映宇宙运行的自然法则。十二辟卦一年四季的演变足以为证：从十一月《复》、十二月《临》、正月《泰》、二月《大壮》、三月《夬》、四月《乾》，转向五月《姤》、六月

《遯》、七月《否》、八月《观》、九月《剥》、十月《坤》，十一月又回到《复》。其循环往复的阴阳消长，与四季气候运行的寒暑关系，完全一致。

阴阳互为消长的过程，是互相排斥的过程，严重时免不了发生战斗。《坤》上六辞象所谓"龙战于野，其血玄黄"，就是战斗的一个生动的描绘。《坤》阴自初爻之"始凝"，逐渐增长。长到上位，已成为森然可怖的庞大的纯阴之体，极其强盛，由顺阳而发展为与阳相敌，分庭抗礼，甚至迫阳退让，欲取而代之。于是发生阴阳大战。一方是真正的龙，是为阳；另一方是其势如龙的"龙"，是为阴。双方在旷野之中展开一场鏖战，结果两败俱伤，黑血（玄，天色）黄（地色）血混在一起，遍流田野。孔子在《象》辞中对造成这一不幸后果的原因解释说："龙战于野，其道穷也。"意思是，发生"龙战于野"的原因是由于《坤》阴发展到极盛的地步，要取阳而代之，以致如此。

《坤》上六这一生动而鲜明的辞象，是《易》象具有强烈的相斥性能的有力佐证。

阴阳互为消长的相斥关系，也合乎人事的运动法则。人间也有阳（正）阴（邪）互为消长的相斥关系。《剥》卦象征邪气强盛，正气衰退；《夬》卦则象征正气旺盛，邪气衰微。把握阴阳消长规律，便可增强预见性，趋吉避凶，有备无患。如《夬》虽五阳一阴，但有阳消阴长之势，故《象》辞说"勿用取女"，表示对阴长的前景，要多加戒备。又如《临》卦，《象》辞为"元、亨、利、贞"，卦象表示二阳自下而上正在增长，本属吉利之卦，但《象》辞接着又说："至于八月有凶"，情况似乎不妙。这是为什么呢？就是因为周易作者掌握阴阳互为消长的规律，高瞻远瞩，于现状的阳长之中看到未来的阳退，在现状的阴消之中看到未来的阴长，故而提出警诫，要人们存不忘亡，安不忘危，吉不忘凶，福不忘祸。另如《夬》卦，五阳迫一阴，象征正气完全压倒邪气，但上六爻辞却说是"终有凶"，也含有唤醒人们对阳消阴长的未来，保持戒备之意。

此外，与相应关系相反的敌应关系，也反映出爻象的相斥性。初与二、二与四、三与五、四与上之间阴阳相异，是"同志"的相应关系。反之，阴阳相同，则为相对的敌应关系。例如《艮》卦，初与四、二与五之间是阴对阴，三与六之间是阳对阳，都是同性关系。上下相对，不能应合，故谓之敌应关系。尤其是阳爻与阳爻各以刚强之气相对，构成一种敌对关系，谓之"敌刚"。如《同人》九三《象》传说"伏戎于莽，敌刚也。"意思是九三与九五敌对，惧九五之刚强，不敢正面相斗，只好把军队埋伏在草丛中，观察动静，以待时机。这一类同性的敌应关系，也是《易》象相斥性的表现。

变易作用

前文在《易》名部分和"变"的部分对周易的变易性质作了许多论述。这里再进一步对《易》象的变易作用作一下探讨。

周易的象，大体可分为三大类：一是阴阳八卦乃至六十四卦的图像，这是它的本体。二是以本体的卦象爻象内涵为本而产生的辞象。三是依据八卦每卦卦性卦德所树立的物象，谓之取象。如《乾》以阳性健德而取天象、父象，《坤》以阴性顺德而取地象、母象，等等。这里所说的变易作用，包括这三大类《易象》。在探讨过程中，凡前文业已讲过的，便不再详述，以免累赘。

《系辞》说："生生之谓《易》"（《系辞上》五章）"《易》之为书也……变动不居，……"（《系辞下》八章）孔子这两句话，确切地揭示了周易的精神实质。《易》象的变易作用，正是这种精神实质的体现。

《易》象的变易作用表现在卦变、爻变、卦序之变以及取象之变几个方面。

《易》象的变易性始于阴阳二象。二象组合生变，生出太阳、少阴、太阴，少阳。太阳生一阳成《乾》夬、生一阴成《兑》；少阴生一阳成《离》，生一阴成《震》；少阳生一阳成《巽》，生一阴成《坎》。太阴生一阳成《艮》，生一阴成《坤》姤。这是两仪生四象、四象生八卦的过程。"生"，表明《易》象的生长变化主要是内在变易性的扩张所造成，不是外力的产物。八卦之衍为六十四卦，也是同样的缘由。

在六十四卦当中，卦象变易的显著形式是前文所介绍的覆与变。相覆者，如水雷为《屯》，雷水为《蒙》，水天为《需》，天水为《讼》、泽山为《咸》，覆则成《恒》，天山为《遁》，覆成《大壮》，山泽为《损》覆则成《益》。相变者，如《乾》夬之变《坤》姤《颐》之变为《大过》，《坎》趋之变《离》羡，《中孚》之变为《小过》，等等。《泰》与《否》，《既济》与《未济》两组卦，则既是覆，又是变，兼而有之。覆是两个三画卦覆变所造成，变是卦与卦间阴阳爻反变所造成，这典型地体现出卦象自身变易的性能。

但所谓卦变，大多数场合并不是覆、变之类卦体自身的变易，而是由爻变引起的全卦的质变。《乾》《坤》生六子的卦变情况，就是代表性的形态。《说卦》说："《震》一索而得男，故谓之长男，《巽》一索而得女，故谓之长女；《坎》再索而得男，故谓之中男；《离》再索而得女，故谓之中女；《艮》三索而得男，故谓之少男；《兑》三索而得女，故谓之少女。"索，是求之意。这段话的意思是，《坤》从《乾》求得一阳，取代初爻之阴画变成《震》，五画；求得一阳画取代二位之阴画，变成《坎》，五画；求得一阳画取代三位之阴画，变成《艮》，也是五画。五为奇数，属阳，故《震》《坎》《艮》成为《乾》《坤》所生出的"三男"，属阳卦。相对地，《乾》夬从《坤》姤求得一阴画，取代一阳画以为初爻，变成《巽》，四画；从《坤》求得一阴画，取代二位之阳爻，变成《离》，四画；从《坤》求得一阴画，取代三位之阳爻，变成《兑》，也是四画。四为偶数，属阴，故《巽》《离》《兑》三卦，成为《乾》《坤》父母卦所生的"三女"，属阴卦。这便是《乾》《坤》生六子的卦变理论。六十四卦是否如此变出，姑置不论，从这一卦变的过程中，却可以看到，卦象的阴阳变易是通过爻象的阴阳变易而实现的。

前文所说的十二辟卦，情况也是如此。从《复》到《乾》六阳卦，变为从《姤》到《坤》六阴卦，共十二变，循环往复，变动无已，和十二节气相配，若和符契。卦象的变易，完全是基于爻象阴阳消长的变易。前文所列举的《临》卦《彖》辞"至于八月有凶"，是指从相当于《临》卦的十二月开始，经《泰》《大壮》《夬》《乾》六阳卦，又转为阴卦《姤》《遁》《否》，前后共八个月。而《否》为天地不交、气机闭塞，是凶卦，故曰"至于八有月凶"。显然，作者是以阴阳互为消长之爻变引起的卦变的观点来看待《临》卦的未来。《复》卦《彖》辞"七日来复"，也有此含义。依《周易正义》说，则"……五月一阴生，至十一月一阳生，凡七月，而云七日不云月者，欲见阳长顺速，故变月为日。"希望阳速长而把月称为日，未必是作者本意，也不一定合理，但非本文探讨的题目，可以不管它。这里要说的中心问题是爻象的阴阳之性相反相成，互为消长，发生变易，是客观存在的本性。而爻象变易会起卦象变易，乃事所必至。——当然反命题却行不通：卦象变易未必由于爻象变易。

值得注意的是，《易》象的阴阳变易，也反映出事物量的渐变和质的突变。《姤》《遁》《否》《观》《剥》的发展过程，清晰地显现出一阴、二阴、三阴、四阴乃至五阴的量长的渐变。而一旦量长为六阴，立即发生质变，成为纯阴的《坤》。

此种演变，以人事言，则表现出邪恶之量变、渐进，终于突变为大患。所以《坤》初警告说"履霜"勿忘"坚冰至"，要世人防微杜渐，慎终于始。孔子深有感慨，阐释说："积善之家，必有余庆；积不善之家，必有余殃；臣弑其君，子弑其父，非一朝一夕之故，其所由来者，渐矣，由辩之不早辩也。《易》曰：'履霜坚冰至'，盖言顺也。"（《文言》）"顺"的意思是因循苟且，随波逐流。对邪恶的苗头不加辨识，而任其发展，最终达到质的突变，而酿成杀君杀父的巨祸。

有的学者认为，周易只有量变的思想而没有质变的思想。这恐怕与《易》象变易的实情不合。显著的例证是《乾》上九辞象的"亢龙有悔"，用九辞象的"见群龙无首，吉"，以及《坤》上六辞象的"龙战于野，其血玄黄"，和用六辞象"利永贞"。"亢"者进也，"亢龙"是一支知进而不知退的盲目冒进的龙象。在《乾》六爻中、代表阳气的龙，自下而上，经潜、见、乾、跃，到五位时，飞上青天，阳刚充盈，志得意满，就应该反身自省，有所克制。倘若肆意猛进，不留余地，则极而必反，突然间发生质变。由纯阳之《乾》变为纯阴之《坤》，由大跃进堕入大跃退，悔之莫及。孔子解释说："亢龙有悔，盈不可久也。"（《象》辞）"穷之灾也"（《文言》）。盈是满贯，穷是到头，盈和穷就是亢龙有悔的原因所在。有鉴于此，用九辞象便劝告说："见群龙无首，吉。""无首"，意为以阳刚处《乾》体，应注意刚柔相济，不可一味地刚强逞先。老子所谓"不敢为天下先"（《道德经》六八章）"物壮则老"（三十章），孔子所谓"用九，天德不可为首也"（《象》辞），"进退存亡而不失其正者，其唯圣人乎。"（《文言》）是对于"见群龙首吉"最好的注释。同一道理，也体现在《坤》卦上。《坤》卦上六辞象为"龙战于野，其血玄黄。"孔子解释说：这是由于"其道穷也"（《象》辞）。是说，《坤》阴自初至上，业已发展到尽头，旺盛到极点，再往前去，势必反阴为阳，质变成《乾》卦，取阳龙而代之。当此突变关头，阳龙当然不肯束手退让，于是一场你死我活的战斗必然爆发。结果玄黄之血，流于田野，两败俱伤，下场可悲。为免于这种不幸的发生，故而用六说"利永贞"，劝告《坤》阴，不以盛势侵阳逼阳，要永远保持阴顺之德，要从阳而行，与阳合作，以生成万物和负载万物。对此，孔子的《象》辞是："用六永贞，以大终也。"就是说，固守阴德，把含弘光大的作风坚持到底（"大"指直、方、大的"大"，不指阳大阴小的"大"）。上述《乾》《坤》两例，都表明阴阳两象从量变到质变的变易情况以及应用于人事关系的经验教训。

《易》象变易性最灵活的表现，是在取象方面。依据性质、作用或其他情况，八卦中的每一卦，可以取许多象。仅据《说卦》所载，每卦至少取十二象，多则二十象。如《乾》为天、为圜、为君、为父、为玉、为金、为寒、为冰、为大赤、为良马、为老马、为瘠马、为驳马、为木果。"《坎》为水、为沟渎、为隐伏、为矫輮、为弓轮。其于人也，为加忧、为心病、为耳痛、为血卦、为赤。其于马也，为美脊、为亟心、为下首、为薄蹄、为曳。其于舆也，为多眚、为通、为月、为盗。其于木也，为坚多心。"如此等等。一卦可取多象，便于多方面反映卦德、卦义，这是《易》象变易作用的一种形式。另外还有一种更为灵活的变易形式，就是取象可以易类。《易》学史上著名的例子是《乾》取龙象，而《坤》取马象。本来，按易占的规定和惯例，如上所述，《乾》取马象以象征健性，或为良马，或为老马，或为瘠马，或为驳马等，并不取龙象以象征其卦德。《坤》则取牛象以表现其顺德，并不取马象。但实际上《乾》却从《震》借取了龙象，而且以六龙时位来反映《乾》天的健德，显然违反了常规。为什么如此？道理何在？这一点，王弼在《明象》中作过阐释，他说："义苟在健，何必马乎！义苟在顺，何必牛乎！爻苟合顺，何必《坤》乃为牛；义苟应健，何必《乾》乃为马！"他这番话的出发点在于论证他来自庄子的"得意忘象"观点的正确，未必能全面解答《乾》象何以舍马取龙的问题，但却给人们提供出一个启示：周易依义依性的取象有一定常规，但常规是活的，不是死的。正如孔子所说："不可为典要"（《系辞下》八章）。因时制宜，因地制宜，唯变所适。依据这一观点来看，《乾》象取龙而舍马，《坤》象取马而舍牛，虽不合乎周易筮占取象的常规，却不违反《易》象灵活变易的基本精神。并且，具体分析便可看出，《乾》若取马象，虽可一定程度上象征其健性，但无从表现其"元、亨、利、贞"的大德和上天入地、能潜能飞的功能，也不利于喻示圣贤、君子的超凡风貌。唯有取神秘的龙象以为喻，才能达到这一目的。《坤》象之舍牛易马，也是同样的道理。

牛象可喻《坤》之顺性，但其愚笨之质，无从象征《坤》随《乾》健行而永不松懈的美德。只有换为马象，尤其是随牡马而健行的贞固不移的牝马之象，最为合适，最利于表现《乾》《坤》合德、生生不已的本性。因此，《乾》《坤》两卦取象的随机应变，涵义很深，是完全合理的。它是《易》象本身内在的变易性能的表现。

《易》象的来源

但奇怪的是，作为一个大学者，朱熹对此却表示难以理解。他在杂著《易象说》中发牢骚说："《易》之有象，其取之有所从，其推之有所用，非苟为寓言也。然两汉诸人，必欲究其所从，则既滞泥而不通。王弼以来，直欲推其所用，则又疏略而无据，二者皆失之一偏，而不能阙其所疑之过也。"（《朱子大全》册二四）这个牢骚是有道理的，因为切中汉易穿凿于象数和王弼扫象谈玄之弊。但接下来谈到自己对难题的观点时，却又发出无可奈何的叹息而阙疑了之。他说："且以一端论之，《乾》之为马，《坤》之为牛，《说卦》有明文矣。马之为健，牛之为顺，在物有常理矣。至于案文责卦，若《屯》之有马而无《乾》，《离》之有牛而无《坤》（《屯》由水雷合成，其中并无《乾》天之象。《离》上下皆火，其中并无《坤》地之象——笔者），《乾》之六龙则或疑于《震》（按《说卦》，龙本《震》象——笔者），《坤》之牝马，则当反为《乾》（按《说卦》，《乾》有马象，《坤》则无。——笔者），是皆不可晓者。"对《屯》《离》《乾》《坤》所取之象违反《说卦》规定一节，概以"不可晓"三字，简单了之，而不予追究。接着，他又进一步指责汉人对象义的探求是，"其不可通者，终不可通，其可通者又皆傅会穿凿而非有自然之势。"他认为这种探求是，"上无所关于义理之本原，下无所资于人事之训戒，则又何必苦心极力，以求于此，而必欲得之哉！？"这样一来，他又进一步在"不可晓"的基础上，以政治伦理主义为学术研究划出了"勿需晓"的界限。但另一方面，他又对上述王弼关于《乾》龙《坤》马"假象以显义"的解说，表示支持，认为可"破汉人胶固支离之失"。可是，同时又对王说之"若有未尽者"，表示不满。认为王说"以《易》之取象，无复有所自来，但如《诗》之比兴，《孟子》之譬喻而已。如此则是《说卦》之作，为无所与于《易》，而'近取诸身，远取诸物'者，亦剩语矣。"他这一批评的根据是，"……《易》之取象，固必有所自来，而其为说，必已具于大卜之官。顾今不可复者，则姑阙之……固不必探求其象之所自来。然亦不可直为假设……"（以上引号内引文皆来自同书同文）。总之，朱熹的看法是，《易》象来源，必有所本，《说卦》所记并不完全，其说法一定存于周代大卜之官的手里，后来逸失，已不可考。后人只要探取象中之意，以为训戒而决吉凶就够了，不必枉费心机，追本溯源。在这一点上，王弼的假象显义说有道理、有好处，但把《易》象看成诗文中的比喻之类，得意忘象，而不论其来源，则是美中不足。朱熹认为《易》象有来源，当然是对的，《系辞》中已言之凿凿，合乎《易》理。但他把"有所自来"视为《易》象的比喻同《诗》象比兴之间的区别，则是不对的。《易》象在喻理而《诗》象在抒情，性质不同。至于《孟子》之设譬喻理，则和周易之取象喻理，都是"假设"性质，在喻理的本质上并无二致，只是形式上有所不同，朱熹的说法也是不正确的。不过，朱熹之强调《易》象的来处来由，是和他认为《易》本为占筮书的主张分不开的。因为《易》既是占筮书，其卦与爻的取象，当然和占筮的具体情况有直接联系，也许来自占断的记录。所以他认为关于《易》象的取象变象的缘由材料，在卜官手里一定曾有保存，只是后来逸失而已。他这一大段说法，可以归结为：取象变象有来由但不可知，不必深求，汉人之穿凿不如王说之假象观意，但王说以《易》象为假设而欲忘之，则不可以。朱熹这种强调来由和反对假设的说法，显然不符合周易在取象上灵活多变的本性。王弼的因义变象和得意忘象之说，如若剔除道家玄虚的成分，就事论事来说，可谓非常确当，足以揭示周易取象变易的秘密。

《易》象的根由

总起来说，《易》象大体上具有喻理作用、能行作用、亲合作用、相斥作用和变易作用。其中，喻理作用是在象征性的基础上通过能行、亲合、相斥、变易等作用的交织贯通而具体发挥出来的。如果进一步深挖这些作用的根源，那无疑是在于《易》象"基因"阴阳二象的象征性质和相反相成的关系，在于性质与关系的统一。换言之，《易》象的辩证性是这些作用的根源。如上所述，朱熹认为："《易》之取象，固必有所自来，而其为说，必已具于大卜之官。"《易》象有其来由，有其根据，这是不言自明的。但其说是否具于大卜之官，却不一定。王弼"象以出意说"是正确的，但"得意忘象说"却背离了周易的精神而遁入玄虚。无论是卦象爻象，或卦与爻的辞象，都是喻义明理之象，象是蓄理宝库，不能抛弃。"忘象"则义理衍漫，无所凭依，《易》理深髓也便无从悟得。因此，深入了解《易》象而探索其来由，对体会周易精义，也有帮助。

就《易》象的整体笼统言之，它是所谓圣人经过仰观俯察，从外界获得感性材料而后创造出来的，似乎没有"许多话说"。但就具体的《易》象作具体考察时，情况就非常复杂，无法一一说清楚。阴阳八卦初生时，当然只有卦画之象而无文辞之象，但卦画之取象，自有其来源和情由，并不像占卜符号那么浅薄。如前文所述，关于八卦卦象来源，有气象说、文字说、占筮说、仰观俯察说等等，不一而足。其中，以孔子的仰观俯察说，比较

合理。依此说来看，《易》象应是外界事物在作者思维中的概括反映。作者观察宇宙的明暗（或其他景象）而构思成"—"（阳）"--"（阴）二象，成为《易》象的"基因"。在此"基因"的基础上进一步观察大自然而构思成《乾》（天）《坤》（地）《震》（雷）《坎》水《艮》山《巽》（风）《离》（火）《兑》（泽）等八种物象，即八卦的图像。这八卦的图像，完全是仰观俯察而构成的精神产品。后来在八卦卦象基础上经重叠覆变而演成的六十四卦，则是以天道为本而囊括人道在内的图像。这简单的图像却涵有丰富多彩的象征意义。仅以阳（—）阴（--）二象为例，"—"可象征天的清纯，"--"可象征地的繁多；"—"可象征一头顶天，"--"可象征两脚踏地；"—"可象征雄类的性器，"--"可象征雌类的性器；"—"可象征马的强健；"--"可象征牛的柔顺，如此等等，象征内容宽广多变，却都是"远取诸身，近取诸物"，源于事物。就是

一卦之内的天地人三才之象，也不止是来自象数的形式分析，而是以象数的客观根源为基础，有其丰厚的象征内涵。其他爻位之象、内外卦之象、中正之象、互卦之象、比、应、承、敌等象，都是有形有义，归根结底都是天人之道的象征。

《易》象种种

《易》象种类繁多，古人归纳为：八卦之象、六爻之象、爻位之象、反对之象、方位之象、互体之象等七种。实际上不止这七种，这七种是静态的象，至于动态的象，如卦序的"覆"象"变"象，十二辟卦的阴阳消长之象，《乾》《坤》生六子之象，都没有明确地包括在内。

周易的象，大别之，也可分为三类。第一类是画象，即阴阳八卦的卦画之象，可称为本象。第二类是辞象，即因卦象之义而缀上的卦名之象和因爻义而缀上的爻辞之象，统称为辞象。辞象的性质、特性、作用等前文已经详述，兹不再赘。

第三类是据卦形卦义而取立的一卦多象。如《说卦》所记，《乾》为天为君父为金为玉等等，可以十四种东西作为其性质的象征。其他七卦，取象也都超过十种。据统计，全文所举卦象共计一百一十二个。后代传承过程中有所逸失，《释文》引汉人荀爽《九家易集解》本较通行本多出三十一个，也许原本所举卦象为一百四十三个。

在《易》象之中，最难解释的是这类卦象。当然，一卦多象的缘故尚不难理解，这是由于象征的性质所致。在假象喻义时，旨在喻义，象为喻义的形式，为喻义恰当、方便，同一意义在不同的场合灵活取象，甚至改换物象，也无妨碍。因此，马牛二象在象征《乾》健《坤》顺的德性时，不如龙马更适当，更有精神，便从《震》《坎》分别借用龙马二象，以为《乾》《坤》德性的象征。在这一点上，喻理的《易》象和抒情的《诗》象，根本不同。《诗》象是反映生活的艺术形象，与内容融为一体，是"只有这一个"的唯一形象，不是喻理的象征，所以不能多，不能换。例如《诗》首篇以"关雎"起兴，喻求爱之情，却不可易为他鸟。倘易为鸳鸯之类，则显泛昧。关于周易辞象与《诗》类艺术形象的具体区别，后面文辞部分将作详述，此处从略。至于八卦各卦本象（卦画之象）所取所扩之象，其立象义据何在，《说卦》未作说明。《说卦》所列举之象，有些并未见于六十四卦经文，原因已无从查考。所以朱熹所谓"其间多有不可晓者，求之于经，亦不尽同"，是符合实情的。

不过，一卦多象的具体背景，虽不见经传，但从周易本体的象数义理关系进行探索，其中有一些也可窥见概貌。仅以《说卦》所记《乾》《坤》为例，试作考察。

《乾》卦本象为夬，象天的清纯之阳气，天是《乾》卦本象。据本象的体性而衍展为其他十三象。天形为圆，故为"圜"象。天为万物之主，故象一国之主的君、一家之主的父。天为阳性，刚健尊贵，故以玉金等坚而且贵之物象之。按八卦方位，《乾》居西北，西北寒冷，故《乾》象为寒、为冰。《乾》天为纯阳，纯阳为大红色，故有大赤之象。天行健，故以良马象《乾》。马长行而不息，终成老马，故老马亦成《乾》象。长行之马，身体过劳，或成瘦马，故《乾》也可取瘦马为象。良马衰老，毛色退变，成为杂毛之驳马，也便立为《乾》象。天上有星，星如木果，故木果遂成《乾》象。

《坤》卦本象姤，象征大地的丰厚多样。其他十二象皆自本象衍出。大地生殖万物，如同母亲，故象之以母。地性柔顺，如同布帛，故《坤》有布象。《坤》地属阴，其本象中虚，犹如锅釜之象。阳大阴小，阳性慷慨而阴性吝啬，《坤》属阴，故有吝啬之象。大地生万物而无偏私，故象之以"均"。牛性柔顺，犹如地性，故子母牛为《坤》象。大地载物，如同大车，故为大舆之象。大地生万物，千姿百态，富于文采，故有"文"象。大地生物，其数无量，故象之以"众"。万物倚赖大地，大地是万物的根基，故《坤》有"柄"象，"柄"义为本。大地泥土为黑色，故以"黑"象《坤》，等等。

以上是关于《乾》《坤》多象缘由的一种解释，其他卦的多象问题，也可作出与此大致类似的分析。这种解释和分析，未必完全合乎原义，但由此却可体会到《易》象的多象、扩象乃至换象，并不是随意而为，是有一定根据的。至于为什么需要这样做，却是一个关乎周易本质值得深入探究的问题。

扼要地说，《易》从阴阳二象初生到六十四卦象形成，根本是一个图像（卦象）的体系。它凭借图像的象征作用来反映《系辞》所谓"万物之情"和"冒天下之道"，可以说它是一个宇宙（天）社会（人）基本架构的"缩影"。但这个"缩影"的时空条件却是有限的，六十四卦三百八十四爻包括辞象在内，只是个狭小的时空场地，而它所要反映的天人对象，却是一个无限的时空综合体。在有限的《易》体和无限的世界之间，存在着极大的差距。想要在六十四卦三百八十四爻的范围内，"弥纶天下之道""神以知来，智以藏往""类万物之情""广大悉备"（以上括弧内皆引自《系辞》），就势必要对《易》象的象征手段给以相应的灵便性和衍伸性，以扩大其蓄智、达情、推理、彰往、察来、微显、阐幽等作用，从而在假象喻义，宣扬哲理之际，或在占筮之际，分析卦情时，便于凭借灵活多样的物象对现实问题或未来事情的复杂情况，作出相应的分析和推论。这是《易》象象征性的灵活表现，也是《易》象实用需要的表现。看看下面的实例，便可悟到其中的究竟：

（一）《师》卦，卦象为䷆，上卦为《坤》，下卦为《坎》。师是军队的意思。《周易集解纂疏》引服虔《左氏解谊》谓：此卦《坎》为水，《坤》为众，互体《震》（二、三、四爻成《震》——笔者），雷，鼓类，又为长子，长子帅众鸣鼓，巡水而行，师之象也。"以《坎》为水、《坤》为众、《震》为雷、为鼓、为长子诸象来解释《师》卦之所以象征军队。

《彖》辞对《师》卦象，以"刚中而应，行险而顺"加以分析。同书引干宝之言加以阐述，说："《坎》为险，《坤》为顺，兵革刑政，所以险民也。毒民于险中而得顺道者，圣王之所难也。"这是又从《坎》为险，《坤》为顺为民的角度象征性地阐释君主督率民众去干危险而顺乎道义的军事行动。

《象》辞则直接以"地中有水"来解释《师》象。对此，同书李道平疏谓："《坎》为水，《坤》为地，《坎》之一阳，又居《坤》内，是地中有水之象也。……"《晋语》曰："《坎》，水也，众也。是《坎》亦为众也……"《坤》之众，以散为众者也，水之众，以聚为众者也。水聚于地中而为众，犹兵聚于民中而为师，此'地中有水'，所以取象于《师》也。"这一疏解，又把众象也加之于《坎》。（按《说卦》，《坎》无众象），以便于用地下水既多且聚来象征众民（《坤》为民）聚而成《师》。

《象》辞又说："君子以容民畜众。"这是孔子从地中有水这一《师》象中得到的启示。意思是，《坤》为地，地广故能容物；地为母，亦能养物。水容于地，民也容于地，众水众民，皆由大地蓄养。君子应仿效地中有水的《师》象，容民畜众。实行"用众，恤众，简众，任众，合众"的仁政。

从上述关于《师》卦象征意义的阐述中，可以见到周易取象灵活多样的雏形及其功能。为阐明《师》象之所以为师及其政治哲理意义，不能不采取一卦多象和扩象的手段。《坤》取地、民、众、顺、养等多种象义，《坎》在水象、险象之外，又扩增众象，为强调军事气氛，还利用互体的《震》为雷，附会行军的鼓声，如此等等，共取象达九种之多，才得以透彻地阐明了《师》象的内涵。上文所引，虽是后人的分析和阐释，但却是依据《易》象象征性原理与惯例而作出的，并非杜撰。周易作者把地水合象的卦，名之曰《师》，大抵也是以上述的象义关系为依据，这一点《师》卦整个卦爻的辞象，足以为证。前文叙过，勿须赘述。

此外，在占筮时，取象的灵活多样，也是解卦之所必需。下例可见一斑：

"初，毕万筮仕于晋。遇《屯》之《比》。辛廖占之，曰：吉。《屯》固《比》入，吉孰大焉。其必蕃昌。《震》为土，车从马，足居之。兄长之，母覆之，众归之。六体不易，合而能固，安而能杀，公侯之卦也。公侯之子孙，必复其始。"（《左传·闵公元年》）

这段历史是说，毕万将为官于晋国，以周易占问前途，得到《屯》卦。初爻阳动变阴，成《比》卦。辛廖解释说，《屯》卦象义是固居，《比》卦的象义是亲合，亲合而固居，所以是大吉。同时，《屯》象是上《坎》下《震》，《比》象是上《坎》下《坤》，《屯》变《比》是《震》变《坤》，《坤》为土，所以是《震》变为土。《震》为车，《震》又为足，变《坤》则有足居于土上之象，《震》又为长子，能尽兄长之义，《坤》为母，能抚育爱护。《坎》为水为众，水附于地为《比》，故有众人归附之象。总之，这是前途蕃昌的公侯之卦。辛廖的推论，是以卦象的灵变多样及其相互关系为依据的，他以《屯》《比》的象义为本，运用《坎》为水、为众、《震》为车、足、长子，《坤》为地、为马、为母等多种物象及其相互联系来推论，作出前程"吉孰大焉"的占断。其取象扩象及以象征手法联系事理而展开推理的做法，和前一例是完全一致的。可见，无论是作《易》、解《易》、占《易》，也无论是挖掘义理或者钻研象数，都必须把周易取象、扩象、换象之灵活性多样性放在视野之内，否则必将寸步难行。

最后，还可以补充一点，即所谓虚象实象问题。简言之，《乾》

天《坤》地《震》雷《坎》水《艮》山《巽》风《离》火《兑》泽等八卦之象以及《水雷屯》、《山水蒙》、《水天需》等等，象征实物者为实象。而《地山谦》之山入地下，《风火家人》之风自火出，《困》九四之"金车"，《鼎》上九之"玉铉"之类，无其事、无其物，出于虚构，是为虚象。但此实象虚象，与文艺之写实与虚构性质迥异。文艺之写实与虚构，指反映生活的形象，而《易》所谓实象虚象者，乃出意的象征，以喻理为主旨，只要能喻理，则拟构虚象也未为不可，不能喻理，则纵为实象也无济于事。虚象实象可以齐头并进，正如多象、扩象、变象互不扦格一样，都是《易》象本性象征性和灵活性的体现。

由上述可见，《易》象是以图象和辞象象征性地反映宇宙万事万物情态和义理的范畴体系。这一体系是个能动的有机体，灵活多样，变动不居。它不是简单的兆示定命吉凶的图象，而是储藏天人之道的图象宝库，它也为占事察来提供推理的依据。

辞生于象

依孔子的认识，周易有"圣人之道"的四大内容：辞、变、象、占。在卜辞及其他占术中，辞只是贞问的直接回答：吉凶祸福成败利钝，辞语简单明了。而在周易来说，文辞却极其纷纭繁杂，深奥难解。其中属于占断的术语只占极小一部分，绝大部分是对卦象爻象涵义变义的曲折而模糊的表达。伴随卦爻象涵义的渊奥，变义的微妙，加上表达方式的曲折隐晦，周易的文辞便形成丰富多彩的迷宫。

关于周易文辞的来源和功能，孔子讲得很好。他说："书不尽言，言不尽意。……圣人立象以尽意，设卦以尽情伪，系辞焉以尽其言……"（《系辞上》十二章）

大意是说，文字不能完全表达语言，语言不能完全表达思想。圣人画出形象，借以完全表达内心的思想，建立卦象，借以完全表现事物的真伪，再加上文辞，借以完全表达想说的话语。简言之，就是以文辞帮助卦象来完全表达周易的内涵。可谓象以意出，辞自象出。孔子又说："八卦以象言，爻《象》以情言。"（《系辞下》十二章）"圣人观象系辞而明吉凶。"（《系辞上》二章）爻是指文辞，《象》是指卦辞，意为八卦以卦象表示卦义，卦爻辞则以语言表达卦爻象的内含情意。作《易》的圣人观看卦象（包括爻象），开发其中的涵义而加上文辞，用以明显地表达卦象的吉凶之情。这是孔子对《易》辞来源及其功能的主要观点。

对此，王弼的阐释比孔子更明白，更具体清楚。他在《明象》中说："夫象者在意者也，言者明象者也。尽意莫若象，尽象莫若言。言生于象，故可寻言以观象。"由此观之，要想了解《易》象的内蕴，除观象之外，还必须对文辞加以探索。

另外，司马光又依据自己的体会作了补充，他认为："八卦成列，以尽天下之象。因而重之，变化备矣。犹得与众共之，故圣人复系以爻象之辞，明言吉凶以告。"（《易说》）他的意思，用今天的口语来说，就是周易的六十四卦卦象，已经具备天下万事万物的情理，但还不能与大众共同享用，也就是说，一般人看不懂。所以作者又加上文辞，以阐明其吉凶的情意，告知读者。司马光这一关于文辞功能的体会，其实已经包含在孔子关于辞表象意的观点之内，只是略加展开而已。总之，由此可以大致看到象为辞母，辞由象生，辞以明象的根由。并可以约略想见，象义深而体多变，辞随象动，以致繁杂多歧，若明若暗，较之其他占书的文辞，繁杂而难解的缘由。

精义入神的观象系辞

以阴阳二象为基因，以八卦为基础而推演出来的六十四卦、三百八十四爻的卦爻象，是一个有条有理、整然有序的浑然一体，从先后天六十四卦方圆图上就可以看清这个有机象体的全貌。但与此相反，其卦爻辞却呈现出一幅似乎杂乱无章的情景，纷然陈列，犹如一桌盛大的宴席，形形色色的肴馔之间没有什么内在的联系。不过，这只是表面现象。深入内部观察就会发现，众多纷杂的卦爻辞的背后，却以象为纽带而密切地连结在一起，象的统一性暗地里制约着辞的统一性。所以，要想彻底认清辞义，必须结合象义进行钻研。

举例来说，六十四卦的开端为《乾》《坤》两卦，其余六十二卦都是《乾》《坤》爻象所生。继《乾》《坤》之后，是表现阴阳始交的《屯》卦。《屯》的卦象是上雷下水，全名《水雷屯》，象征雨水滂沱，霹雷阵阵；这是混沌初开，天地剖判，上险（坎）下动（震），苦难重重的景象。据此卦象，作者便将此卦命名为《屯》。屯字为象形字，是艰难的意思。《说文》云："屯，难也，象草木之初生，屯然而难，从屮从一。一，地也，尾曲。"草木初生，幼苗从地表穿出，尾部尚卷于地下勾而未舒。初生初长，艰难困苦。但它坚决向上，确乎不拔，生命力极强，这是屯字形象的含义。用这个字为刚柔始交、雷雨满盈、阳动于下，天造草昧、万物始生这样的景象命名，实在是无比妥恰。在人类语言中。恐怕找不到另外更合适的单词替代屯字来集中地表达此种始生初创的景况。三千年前作者观象系辞的智慧和本领，使我辈后人不得不击节赞赏，叹为观止。除非是睿智出众的圣哲人物，否则不能有如此高超的才能，卜史占师之辈，绝对不会有这样的大手笔。

周易作者以一个屯字勾摄了水雷卦象的灵魂。然后依此缀写了卦辞："屯：元、亨、利、贞。勿用有攸往，利建侯。"

卦辞通贯着卦名从卦象中勾取的灵魂。元为始为善，亨为通达。《屯》的卦象表示阴阳始交，万物才得以生长，不交则不生，所以阴阳之交与万物之生为善，而始交始生又是众善之首，是为最善，故而名之曰"元"。《屯》既是《乾》（阳）《坤》（阴）始交而万物初生，为善之首，所以虽处于上险下动的困难之中，十分脆弱，但坚韧向上的生命力却是绝不畏缩的。它必将排除险阻，打开生长的道路。在前途无量的意义上，名之曰亨（通）。其中关键在于，幼苗能保持锲而不舍的精神（贞），作者如此点明了大自然发展的规律。这种意义引申于人事时，对创业者来说，要想事业大有发展，如幼苗之茁壮生长，关键在于保持正直而坚固（贞）的毅力，不畏艰苦，努力向前。这样做，才有利于体现"元、亨"的精神，这就叫作"利贞"。这样，作者又以"元亨"表达《水雷屯》卦的卦象和卦名的涵义，并予以阐发，以"利贞"二字表示劝勉与叮咛。

可是，处在这种创业伊始，虽有雄心壮志，生气勃勃，毅力坚强，但毕竟充满困难而动荡不安。这时期应该着重注意什么？主要的活动应该是什么呢？作者继续按《屯》卦的卦象与卦名的涵义，结合人事经验，提出了告诫："勿用有攸往。"直译为"不宜有所前往"。但《易》辞多富引申义，多为小中见大，故而不宜前往就是不宜行动之意，并不限于行路。同时，此句在《易》辞中只出现两次，另一次是《遁》卦初六爻辞"遁尾厉，勿用有攸往"这种句式和"不利有攸往"轻重不同。"不利有攸往"是说"不宜于行动"，而"勿用有攸往"则是说"不可轻易行动"。《屯》卦卦辞的"勿用有攸往"，是作者依据卦象卦名所显示的万物始生的险难环境，结合人事创业的艰苦经验而提出的劝诫，嘱咐处于《屯》卦境况下的创业者，务必特别注意一条规律，就是凡事要深思熟虑而后行，不可轻举妄动。那么，在创业时期主要应该致力于什么呢？周易作者又依据历史经验指出一条规律："宜建侯。"这句话从字面上讲，是："利于建立侯王（君主）"。但如上所说，按《易》例，《易》辞义多小中见大，富于衍申性。"利建侯"云者，不仅指建立王侯，而是指建立制度、秩序、组织等等，也就是要为始创的事业建立管理的组织，以为稳固的基础。如此这般，周易的作者设卦观象，精义入神，提炼象义，而以"屯"字命名，然后又据此添加天人之道（即自然规律与人事规律）的知识，作成卦辞。可谓：名不离象，辞不离名，辞以明道，道以辞显。象、名、辞、道浑然一体，于是《屯》卦之哲理遂跃然纸上。卦名卦辞大约就是这样创作出来的。

卦辞的专名叫作《彖》又叫《彖》辞。《彖》是断的意思，《彖》辞之意就是对一卦主旨作出论断。王弼所谓"夫《彖》者何也？统论一卦之体，明其所由之主者也"（《明彖》）。就是这个意思。正由于卦辞说明了全卦的主旨，"统之有宗，会之有元"，所以全卦上下六爻，"繁而不乱，众而不惑"（同上）。卦辞的这种功能，类似文章当中统帅全篇材料的主题思想。

仍以《屯》卦为例，看看爻辞的情况。

如上所述，《屯》卦卦辞的主旨是点明屯难情景，提出处屯之计。"元亨"讲大有可为，"利贞"讲正确对待。要点是不可轻举妄动，要站稳脚跟。六条爻辞则分头通过具体的爻象而一一体现这一中心思想。

下面让我们观察一下《屯》卦爻辞的全文。初爻讲"磐桓（徘徊），利居贞（利于守正而居）。利建侯（利于建立根基）。"（括弧内为译语）二爻讲"屯如邅如，乘马班如（上马下马，徘徊彷徨）。匪寇婚媾（不是掠夺，而是求婚）。女子贞不字（女子守正不嫁），十年乃字（待十年后再议婚嫁）。"三爻讲："即鹿无虞（追鹿而无向导），惟入于林中（只有陷入大森林中）。君子几（君子见机行事），不如舍（不如放弃），往吝（硬要去必导致惜恨）。"四爻讲："乘马班如（上马下马，欲进又止）求婚媾。往吉，无不利。"五爻讲："屯其膏（屯其膏泽），小贞吉（小心稳步前进，吉），大贞凶（大步前进，凶）。"上爻讲："乘马班如（乘马彷徨），泣血涟如（血泪涟涟）。"

在上引《屯》卦爻辞中，初爻说"盘桓"，二爻说"班如"，三爻说"往吝"，四爻说"班如"，五爻说"小贞吉"，上爻又说"班如"。综合起来，六个爻辞的共同思想是小心谨慎，稳步前进，都体现出卦辞所谓"勿用有攸往，利建侯"这样的主旨。虽然各爻的辞象不同，但贯通其间的主题思想却是一致的。这种情形，很像一篇文章的各个段落分别以不同的具体内容蕴涵共同的主题思想。

周易六十四卦卦爻辞，都是如此精义入神；卦象卦辞爻辞表面上纷然杂陈，骨子里则相互呼应，融合无间。这是一。其次，文辞内涵，深而且厚，探索玩赏，意味无穷。既表象义卦情，又合天人之道；既有立身行事之计，又含劝诫之教。在此基础上，同时也显示出占卜之用：合起来共有这样五层内容。《屯》卦的文辞如此，他卦大致亦然，可以类推。和其他占卜书以测事为始终的单一肤浅的文辞比较一下，周易以义理为主的哲学性质，昭然若揭。这一点，下面还要细说。

辞象的基本功能

喻意明理是辞象的基本功能。

王弼在《明象》中讲象的功能，认为："象者出意者也。"他在这里所说的象，当然直接是指卦爻的象。但这句话的意思，从客观上也可加以衍申：使"象"突破图像的范围，把文字所构成的形象（辞象）也包括在内。文字形象当然也具有表意功能。

一般认为，周易最显著的特点是假象喻意：以比喻的方式，借辞象之形义，表卦爻之象义。

所谓辞象，是指用形象化的文字所描绘的生物形象、生活形象和精神形象等。周易的文辞，主要是爻辞，其中充满了这样的辞象，作者就是运用这些辞象的喻义功能来表现卦爻象的寓义。

周易的辞象五花八门，丰富多彩。有比喻、隐语、借代、寓言、故事、铭言、诗歌等等，大体可归纳为人物象、鸟兽象、器物象、事象、活动象、艺术象等六类。例如：以君子之象表《谦》卦卦象所含的谦德（人物象）；以牝马之象表《坤》卦卦象所含的顺健之性（鸟兽象）；以黄裳之象喻《坤》卦六五爻象所含的柔居高位的美德（器物象）；以"素履往"之象喻《履》卦初爻之象所含的初涉世事应保持朴实本色之义（动象）；以"栋桡"（屋栋弯曲）之象喻《大过》卦九三爻象所含的在阴气过盛的环境中过度刚强，会造成弯曲，以致倒塌之义（事象）；以"鸿渐于磐，饮食衎衎"（鸿雁渐进到水边大石处，且饮且食，十分和乐）之象喻《渐》卦六二爻象所含的，阴爻居阴位，柔顺而中正，上有九五爻相应合，安安乐乐、稳步渐进之义（艺术象），如此等等，为数甚多。这些表现人物、鸟兽、器物、事物、活动以及艺术性的辞象，都是作者用来喻示思想和道理的手段。

诗象与诗歌性质不同

周易的辞象含有不少诗歌，可称为诗象。诗象与一般辞象不同，除喻理表意之外，还有表情的作用。另一方面，诗象又和一般诗歌不同。虽然有些诗象，形象鲜明，音韵铿锵，艺术性很高，甚至不次于诗经的作品；但从性质上看，都不是作为反映生活的独立自足的艺术作品而存在，它只是被借用来喻理表意的手段。它的特殊功能是给卦爻象中引发出来的抽象的义理戴上可感性的花冠，从而加强喻理表情的作用。这是在论理场合诗歌形象所具有的特异功能。这一点，我国古人深谙其妙。春秋时代外交会上的"赋诗言志"，就是显著之例。如《左传·僖公二十三年》记载，晋公子重耳外逃过秦。秦穆公设宴欢迎。席间重耳赋逸诗《河水》，以河水朝宗于海之象，比喻秦国胸怀宏大，能容纳天下来归的豪杰。穆公则赋诗《小雅·六月》，以尹吉甫辅佐周宣王战胜猃狁的故事，喻示重耳返回晋国后必能建功立业。这里所赋的《河水》和《六月》虽是原诗，但所取的不是原义，而是一般意义，属于客观意义的范畴。赋诗多取首章，叫作赋诗断章。在外交场合以诗喻意，既有礼貌，又有文采，在语言上还有灵活性，便于转圜。另外，在论说文内或说理当中，古人也经常引用诗歌的形象，喻理表意。这种作法，俯拾即是。例如荀子在《儒效篇》中借用诗经《大雅·文王有声》第六章"自西自东，自南自北，无思不服"（思是语助词）这一歌颂文王政治威望的诗句，来赞扬为人师表的儒者受到各方的崇敬。这也是借诗明理的一种形式。和赋诗言志一样，在先秦时代曾经形成一种风气。

这种借诗喻志的表现手法，最早不一定始于周易。但如此自觉地精心地大量使用这种手法，应该说，始于周易，因为周易是中国最早的成型著作。

因此，周易辞象中诗歌的取譬，与诗经以及其他诗歌的比兴，形似而实异。不过，有些学者对此却缺乏清醒的认识。李镜池先生在《周易筮辞考》中就曾申明："周易中也有比兴式的诗歌，我们解释时也要用着诗的眼光来看它。"（《周易探源·周易筮辞考》）章学诚先生在《文史通义》中也说过："……《易》虽包六艺，与《诗》（诗经）之比兴，尤为表里。"（转引自《管锥编》，见下）他们都把诗经中的诗和比兴作用，同表现周易卦爻象义理的辞象之一的诗及其比兴作用等同看待。对此，钱钟书先生却持不同观点。他认为《易》象与诗象"貌同而心异，不可不辨"。他分辨的理由是：

"《易》之有象，取譬明理也，所以喻道，而非道也。"（语本《淮南子·说山训》）求道之能喻而理之能明。初不拘泥于某象，变其象也可；及道之既喻而理之既明，亦不恋着于象，舍象也可。到岸舍筏，见月忽指，获鱼兔，而弃筌蹄，胥得意忘言之谓也。词章之拟象比喻则异乎是。诗也者，有象之言，依象以成言；舍象忘言，是无诗矣。变象易言，是别为一诗甚且非诗矣。故《易》之拟象不即，指示意义之符（sign）也；《诗》之比喻不离，体示意义之迹（icon）也。不即者可以取代，不离者勿容更张。王弼恐读《易》者之拘象而死在言下也，《易略例·明象》篇重言申明："故言者所以明象，得象而忘言；象者所以存意，得意而忘象。……然则，忘象者乃得意者也，忘言者乃得象者也。……是故触类可忘其象，合义可为其征。义苟在健，何必马乎？类苟在顺，何必牛乎？爻苟合顺，何必《坤》乃为牛？义苟应健，何必《乾》乃为马？盖象既不即，意无固必，以羊易牛，以凫当鹜，无不可耳。如《说卦》谓《乾》为马，亦为木果；《坤》为牛，亦为布釜；言《乾》道者取象于木果，与取象于马，意莫二也；言《坤》道者取象于布釜，与取象于牛，旨无殊也；若移而施之于诗，取《车攻》之'马鸣萧萧'，《无羊》之'牛耳湿湿'，易之曰'鸡鸣喔喔''象耳扇扇'，则牵一发而动全身，着一子而改全局，通篇情景必随以变换，将别开面目，另成章什。毫厘之差，乖以千里，所谓不离者是矣。"（《管锥编》第一册《周易正义二七则·乾》）

钱先生不同意把《易》之诗象同《诗》之诗象混为一谈，说前者是取譬明理，拟象"不即"；后者是依象成言，比喻"不离"，基本揭示了两者的歧异，但论述不够充分、严密，也有值得商榷之处。对《诗》象即而不离的根源，仅以（icon）（图象）作解，似嫌不深不足。似应补充说，诗之所以不离象，是由于它是生活形象与思想感情形象的统一反映。既非体现义理的图象（体现义理的图象即体现概念的形象，不是真正的艺术诗），也非喻理的工具。这样从文艺科学的理论上深入论述，才能从根本上阐明，诗与象之间如同肉体与灵魂的关系一样，无可分离。另外，依据王弼"得意忘象"之说，认为《易》象不即而可变。基本上合乎《易》之诗象取譬明理的本性，但并不能涵盖全面。王弼的忘言忘象说，是以《老》解《易》

的产物,有道理,但不全是。就读《易》和解《易》来说,理想的境界自然应该是忘象,不为象累,但作《易》者为喻理而取象时,却不能不精心选择,以求喻理确当。《易》中的辞象,包括诗象,成书时即已与卦爻象内在意义融为一体,无可更张。《易》之卦象、爻象、辞象三者早已铸成一有机整体,动一发则波及全身,换一象则影响全体。例如,《乾》卦的龙象以及六龙时位的动象,在喻示君子之德及其应付时位变迁之道上,无比恰当,绝不容变更。以牝马奔走之象喻示《坤》卦之顺健的德行,也是天衣无缝,恰到好处,无可更改。经王弼的笔法来说,可谓:马虽健义,《乾》健非龙莫属;牛虽顺性,《坤》顺非马不当。其他卦爻的辞象,莫不如此,诗象也不例外。例如《中孚》卦,卦象为上下四个阳爻,中间夹两个阴爻,外实内虚(阳实阴虚),是表示虚心而诚实之象,这是卦象的主旨。其中九二爻以诗为爻辞。诗曰:"鸣鹤在阴,其子和之;我有好爵,吾与尔靡之。"这是众多爻辞文象中最美最富艺术性的小诗。形象鲜明,意境优美,感情充盈,辞句简练,音韵铿锵。有人说把它混入《三百篇》(《诗经》)中,可以乱真。当然这是单独就这首诗本身的情况而言。至于插在《易》象的爻辞当中来说,那却又当别论。这首诗缀在《中孚》卦九二爻上已经丧失其作为艺术品的独立自足的地位。它从属于九二爻,成为喻意明理的辞象。读它时,必须联系《中孚》卦象的主旨和九二爻象的涵义以及九二爻与九五爻乃至其他四个爻象象义的关系,才能真正看清它的意义和作用。具体地说,九二以阳刚之性处于内卦之"中",相对地,九五也以阳刚之性处于外卦之"中",都占有最好的爻位。阳刚象征内心的诚实,"中"表示不过亦不及,恰到好处。二五爻之间的三四两爻为阴爻,其中空之形,象征内心的谦虚。双方配合起来,表示谦虚而又诚实,正符合卦名《中孚》(心中诚信）的象义。这样在充满诚实而又谦和的气氛中，处于三四两阴爻之下的二爻，便自然地以安乐和谐的心境自下而上，与上边同类同气的五爻互相呼应，互相唱和，以抒发其互相信赖的思想感情，这表示至诚之声会呼唤来至诚的回音。这就是《中孚》卦二爻爻象的含义。这么深沉幽微的象义如何表达呢？写成表叙的文辞，要一大堆，而且只能叙其大意，却无法尽达其微妙的情意。对此，作者采取了以诗象喻示情理的手法，缀上了这样一首小诗（谓之歌也可）。仔细玩味，这一诗象不但充分体现了爻象的内涵，而且"状难言之情，如在目前"（如：二爻处于三四爻二"阴"之下，诗则以鸣鹤在"阴"表之，等等）。可谓天衣无缝，鬼斧神工。此一诗象，不可改换，换成其他诗文，则爻象之情义便无从完满地表达。即此实例，也可见《易》象可变可换之说，只能是适应《易》象局部的特称判断，而不能是放之《易》象而皆准的全称判断。

但必须再一次着重说明，这首诗无论如何美好，在《中孚》卦里也只是喻理的材料，依附于二爻之象，并非独立自足的诗歌。对于它，不能像章学诚先生那样，看成"与《诗》之比兴，尤为表里"。更不能像李镜池先生那样，"解释时用诗歌的眼光来看它"。钱锺书先生说这类东西是"取喻表理"，是完全正确的，但钱先生接着又认为《易》之拟象不即，在于它是指示意义之符（sign）。符是符号，本身除符号之义外，没有他义。符号如代数的 x、y 之类，可以随机而变更。这可谓之《易》象符号说。但笔者认为此说欠妥。因为《易》象与符号，貌似而实异。约言之，象亦有义。从《易》象的本体来看，阴阳八卦之象，大有意义，是《易》的外形，也是《易》的灵魂，不可变更。变之，则《易》或几乎息矣。故此，《易》象和符号的基本性质根本不同，不能笼统地说《易》象是符号。但另一方面《易》卦之拟象（取象）又有一定的灵活性，如乾为天、为君、为父、为马、为王、为金等等，解卦时可随机取象，不足时，亦有别拟之例。但即便如此，所取之象也有形有义，与空洞的符号性质不同。如果需要从符号的角度来看它用它，或者也可以说，它是一种有形有义又有灵活变动性的特殊的符号。

辞象的表意功能超过文辞

这里碰到一个问题：同一般的图像和文辞相比，辞象在表意上有何特殊的优越性。

前面说过，孔子认为《易》之用象是由于"书不尽言，言不尽意"。所以"圣人立象尽意"。王弼也持这种观点。以今天的认识来看，这种观点对是对，却有所不足。一是纵观世界上古时代，亚欧的文风有所不同。古希腊哲人的著作虽也使用以象明意的手法，但较之中国先秦时代哲人的著作却少得多。例如亚里士多德的《形而上学》之类，全面看来，是一种细致分析和详尽阐述的文风，和中国先哲论著（包括口述与写作）普遍以象喻意的文风，显然不同。这是历史、民族与语言的差异所致，不能完全视为作者的创意。二是立象尽意的尽字，作"力求尽之"解则可，作"穷尽"解则不可。因为，谁也无法界定象意的范围。一般简明的象意尚可穷其边界，如"水能载舟，亦能覆舟"之象意，可以穷尽其意域，但就深奥的象意如周易者，情况就不同了。其中不少象意的探讨与争辩，搞了两千多年至今尚无定论。简单的例子，如《临》卦九二爻"咸临，吉无不利"孔子认为它的象义是"未顺命也"。究竟是在什么意思上说九二爻象具有此义，易学界尚无共识。朱熹说"未详"（《周易本义》），金景芳也只好说"今存疑"（《周易全解》164页）。由此观之，立象尽意云者，也不过是尽量出意而已。三是，重大的象意的深度、高度和广度，其范围可能无法界定，不但旁观者界定不了，恐怕连作者本身也搞不清楚。圣人作《易》时，由于语文无法表达深奥微妙的作意，故而立象，以求尽意。但所尽之意，只不过是作者"自觉"到的意而已，至于象的本身，它还在作者之意以外，"不自觉"地显示它自己的"意"。约言之，象意之中既有作者的主观创意，同时又含有自身的客观意义。客观意义不等于主观意义，它是作品的一般意义和社会意义，比如《易》学发展的"两派六宗"主要就是它的客观意义的发展，绝非作者始料所能及。故此周易的卦爻图像和解图像的辞象，能在多大程度上使读者确切体会周易的创作意图和客观意义，乃是一个难解的疑问。这也可以说是"立象尽意"的局限性。

但是，从表意功能来看，文辞的具体性毕竟大大胜过图像的抽象性，王弼所谓"尽象莫若言……象以言著"（《明象》）的"言"，就是指卦爻辞说的，其中除叙述辞和占断辞之外，都是形象语言所构成的辞象。这样，抽象的卦爻图像加上具体的文辞形象，双象合作，就可以更好更具体地表达周易的内在意义和客观意义。

可是，这里又出现一个问题：既然"尽象莫若言……象以言著"，那么可不可以使用直叙的文辞来解释象义？何必使用啰唆的形象文辞来表现象意呢？为回答这个问题，又得返回到孔子说的"言不尽意"上去。

从语言学的道理上说，语言是抽象的，事物是具体的，抽象的语言不能完满地表现具体的事物。这个道理，德国哲学大师黑格尔在《美学》中讲得很清楚。孔子为时代所限，能讲其当然，而不能讲其所以然。但在这一点上，形象化的具体语言，却比普通的直叙语言，表达能力要强得多。有些深情微义，用直叙语说不清，或不便说清时，却可用形象语（如打比方之类）加以表达，让对方自己玩味、体会。这可以叫作形象语言大于直叙语言。所以，周易着重以辞象表象义的做法，深得表达方式的个中三昧，是非常高明的。

与卜辞及其他占书的比较

以象喻理是周易爻辞的主要特点。和卜辞对比，这个特点就显得更为突出。卜辞的文辞主要是贞卜的兆辞的记录，辞句简洁，质朴无华。其记事、记人、记言、记行，均使用极其简练的文字，如实记录，不做修饰，更无周易式的辞象。

兹举数例，以见一斑。（择自郭沫若《中国古代社会研究·卜辞中的古代社会》）

A："癸卯卜，丁亥渔。"（癸卯日卜，猎渔吉日在丁亥。）

B："壬申卜，贞王田猎，往来无灾。王稽，曰吉，获狐十三。"（壬申日卜，问王猎于鸡，兆象为往来无灾。王稽留，卜曰吉，获狐十三只。）

C："庚午卜，贞禾有及雨。"（庚午日卜，问谷物收成及雨水。）

D："贞众有灾。九月，渔。"

从文风来说，上举四例可谓范例。可见卜辞之文是单纯的记事叙事，由日子、事情和结果三部分组成，可谓最原始的记叙文。李镜池先生认为它是"中国散体的记叙文的创始之作"，的确如此。它和周易以辞象为主、隐喻明义、五花八门的文风大相径庭。为明显计，将双方文辞对照如表1所示。

必须指出，双方文辞在形式与内容上所以有偌大差异，除时代、作者、写作意图和写作方法等因素之外，其深层的实质原因在于，前者属于求神问事的测卜文字，后者则是以占筮形式推天道以明人事的哲学伦理文书。前者由于目的只在测事问结果，所以无需讲理，无需告诫，只要记事记占辞便已葳事，以至简单如斯。后者则由于写作主旨在于借占筮以喻义明理，借义理以为占断，故而其爻辞文象繁富如斯。在这一点上，卜辞以外的其他各种各样杂占的爻辞，同周易相比，亦复如是。

表1　卜辞与周易文辞对照表

类别	文风	结构	涵义
卜辞	单纯记事的简体文风	单层（贞卜）贞卜的时、事、结果	卜兆显示的吉凶祸福
周易	辞象为主，喻义明理，隐晦而繁富的文风	多层 1. 卦名、卦辞、爻辞 2. 喻义的辞象 3. 叙事辞 4. 诫辞 5. 占辞	1. 基于阴阳变化的天人之道 2. 基于天人之道的告诫 3. 基于告诫的占辞

广义性

卦爻象与辞象结合，产生广泛多歧的意义。本义衍义之外，还有一般意义乃至社会意义。多数辞象，率皆如此。

最显著的是《蒙》卦的辞象。其中三上二爻可视为范例。

三爻辞象为"勿用取（娶）女。见金夫，不有躬。无攸（所）利"。这一辞象与卦爻象的具体关系如何，本身是何意义，有几种不同的见解。

王弼的见解是，"六三在下卦之上，上九在上卦之上，男女之义也。上不求三而三求上，女先求男者也。女之为体，正行以待命者也，见刚夫而求之，故曰：不有躬也。施之于女，行有不顺，故勿用取女而无攸利。"（王弼注《周易》）

虞翻的见解是，"谓三（指女），诫上也。金夫谓二。……阳称金。三逆乘二阳，所行不顺，为二所淫。上来之三陟阴，故曰勿用取女，见金夫矣。……"（孙星衍《周易集解·蒙卦三爻解》）

以上二注的共同点是，勿用娶女的"女"，是指六三阴爻，说她行为不正。"勿用娶女……·无攸利"是劝戒上九阳爻所代的男人，不要娶她，娶她没好处。二注的主要分歧是，王注认为女求男是三求上阳，虞注则认为是上阳求来三阴，求者不同。其次，王注以刚释金，认为金夫是伟大夫之意。虞注则认为阳称金，二爻为阳，金夫是说有钱的汉子。二注的分歧很大。

朱熹的注释是，"六三阴柔，不中不正：女三见金夫而不能有其身之象也。占此遇之则其取女必得，如是之人无所利矣。金夫，盖以金赂已而挑之，若鲁秋胡之为者。"（《周易本义》）

朱注不同于前二注之处是，仅以六三秉性阴柔，处位不中不正来解释六三所象之女的品行不端，未涉及六三爻与上下爻之间的关系，并把"勿用取女""无攸利"视为对占者的诫语。相同于虞注之点是，将"金夫"解为有钱的汉子。将"见金夫，不有躬"解为见有钱人就舍身忘义，并举秋胡戏妻的故事补助说明。

程颐的注解是，"三以阴柔处蒙暗，不中不正，女之变动者也。正应在上，不能远从，近见九二为群蒙此归，得时之盛，故舍其正应而从之，是女之见金夫也。女之从人，当由正礼，乃见人之多金，说（悦）而从之，不能保其身者也。无所往而利矣。"（《易传》）

程传对六三之阴柔昏蒙，见利忘义，讲的简明透彻。他采取王注之三求上说，不同意虞之上求三说。另外，他认为"无攸利"不是劝诫上爻，而是论说六三。但对金夫，则采用虞、朱之说。

来知德的注释是，"变巽（三爻动则下卦变巽），女之象也。九二阳刚，乾爻也。乾为金，金夫之象……以金赂已者也。六三正应在上，然性本阴柔，《坎》体（下卦为坎）顺流趋下。应爻《艮》体常止，不相应于下。九二为群蒙之主，得时之盛，盖近而相比……。故舍其正应而从之。此见金夫不有躬之象也。且中爻顺体，《震》动，三居顺动之中，比于其阳，亦不有躬之象也。

若以蒙论，乃自暴自弃，昏迷于人欲，终不可教者。……曰勿用取，无攸利，皆其象也。"（《周易集注》）

来注强调象的作用。此注依全卦《蒙》象，通过六三爻变的《巽》（长女），结合上卦《艮》止、中爻《坤》顺《震》动，下卦《坎》陷等象，吸取王注的"三求上"，虞注的"三求下"和"金为钱"等，糅合一起，对辞象之义加以发掘、分析和阐释。同上述诸注相比，来注较为深入、全面。另外来注又认为，由于"六三阴柔，不中不正，又居《艮》止《坎》陷之中，盖蒙昧无知之极者也，故有此象。"最后他独抒己见，以鄙夷的语气说："占者遇此，如有发蒙之责者，弃而不教可也。"这样，他在"勿用取女"三象本义之外，又衍申出"勿用教女"的意义。

陈梦雷的解说是，"三变为《巽》，为长女，有女象。九二阳刚得《乾》金之中爻，有金夫象。六而居三，阴柔而不中正，女之见有金之夫，而不有其躬以从之者也。取女得如是之人，何所利乎？故戒占者以勿取也。王注谓：三应在上，有男女之义。三之动为女先求男，故有此象。不如《大全》合《屯》六二参观，而以三趋二取象为优。盖《屯》之六二，近初九之阳，而正应在五。然《震》之性，动而趋上，而所居又中正，故曰：女子贞，不字，十年乃字。《蒙》之六三，近九二之阳而正应在上。然《坎》之性，陷而趋下，而所居又不中正，故曰：见金夫不有躬。六五中正，故为可纳之妇；三不中正，故为淫奔之女。六四质柔，虽困犹可教，故得称为蒙。三徇欲而忘身，并不得言蒙矣。故言勿用以拒之，亦不屑之教也。"（《周易浅解》）

陈氏的解说，较上述诸说，又扩展一步，联系六二、六四、六五诸爻作了比较分析。同时又比上述各说深入一步，认为如此淫女，不得言蒙。弃之勿顾，不屑为教。来氏尚止于斥责如此邪女为"蒙昧之极，"陈氏则痛骂为蒙也不够。同一辞象，由于理解不同而分歧若是。还有尚秉和的见解（《周易尚氏学》）如下：

"取、娶同。坤为女。'见金夫不有躬'，申勿用之故也。金夫者，美称。《诗》：'有匪君子，如金锡，如圭如璧。'《左传》：'思我王度，式如玉，式如金。'皆以金喻人之美。《艮》为金，为夫。人徒知《乾》为金，不知《艮》坚亦为金。《易林》《随》之《屯》之互《艮》云：'玉满堂'，以《屯》之互《艮》为金也。人徒知《震》有夫象，不知三《艮》皆为夫。《比》曰：'后夫凶'，以《艮》为夫也。《易林》《复》之《剥》云：'夫亡从军'，以《剥》上《艮》为夫也。三与上《艮》应，故曰见金夫。《坤》为躬，三体《震》。《震》为行而决躁，故见金夫而亟欲往上，不顾四、五之阻，故曰不有躬。女行如此，不顺，故无所利也。"

尚先生对《易》象深有研究，于《焦氏易林》中发现许多遗象。他以周易遗象解释《蒙》卦六三爻，引经诂字，树立新说。并对旧谈，作出驳斥，说："案此爻归解：虞翻以阳为金，谓三为二所淫。朱子谓金夫，盖以金赂己而挑之，若鲁秋胡之事，均堪喷饭。若夫王弼以金夫为刚夫，毛大可，惠栋等用卦变，又以兑阳为金，皆非。故夫卦象一失传，无论若何揣摩，皆不能当。其关系之重若是。"

对此爻的旧解，尚先生一律反对。他提出上九为金夫，而金夫为美男子之谈，有理有据，完全站得住。但为强调卦象的作用而以"喷饭"斥责虞、朱以金为钱之说，未免过分。以金为美是据经（诗经、左传）解爻，以金为钱是据象解爻（《乾》阳为金）。两解都言之成理，持之有故。前解并不能推翻后解的论据。尚先生之解，作为新说，当然可以成立。但虞、朱、程、来、陈等之解，作为旧说，依然可以存在。周易的卦爻象及其辞象本身，就"天生"有这种多义、广义的特性，无可厚非。如果实用上有必要，也不妨把辞象的意义进一步引申为一般意义。譬如把三爻的阴柔昏昧与不中不正加以衍申，喻之为奸邪的贪官，见利忘义，拜倒于"金夫"脚下，把"勿用取"解为"不可用"。这样引申发挥，在解《易》而用《易》上不但不算谬误，而且有其积极的社会意义，也未尝不可。

上述各家说法中有一个值得特别注意的问题，就是对诫辞"勿用取女，无攸利"，虞、王、程、尚等都从爻辞象内部关系加以解说，而朱、陈的注释则以占者为对象。来氏的解说是照顾两面：一面说"勿用取女，无攸利"，一面又说占者遇此，可弃而不教。比较看来，来氏的解说是全面的：既讲了辞象的内在意义，也涉及它的客观意义，即客观作用。读周易的人可以从《蒙》卦六三的爻象与辞象中获得勿娶拜金主义女人的教诫，占卜的人也可如此。此外，任何人都可灵活地引申其辞象的一般意义，从中获取教益。

此外，从这一范例中也可看到，周易的大多数爻辞（还有卦辞）的结构是由直述词、辞象、诫辞和占辞四部分组成。"勿用取女"是诫辞，"见金夫，不有躬"是象辞，"无攸利"是占辞。主体是象辞。诫辞与占辞是从辞象的内涵中导出的，把"无攸利"视为诫辞，也未尝不可。周易的占辞（吉、凶、悔、吝、无咎、无攸利，利有攸往，等等）不像卜辞及其他占术的占辞那样，仅仅表达占兆所显示的定命式吉凶祸福，而是以卦象爻象辞象所蕴含的天人之道及其几微为据，推出诫辞和占辞，借以指出进德修业中趋吉避凶的正当道路。占筮的面貌、义理的内容——周易这一特性，从它的辞象的多义性中也可窥见。

隐晦性

周易文辞的最大特性是隐晦难解。卦辞爻辞均有此性，辞象亦复如此。全书充满隐语、寓言、故事、诗歌、暗喻、铭言之类，真所谓"遁词以隐意，谲譬以指事"（《文心雕龙·谐隐篇》），望之如群山雾罩，难识其本来面目。倘若以阅读其他经书的办法，从字面上训诂解义，那就不仅不能晓其本义，即辞句的表面意义也难以通达。只有将杂花生树式的，似乎七拼八凑的，缺乏关联辞语的文辞和辞象，同卦象爻象沟通，同各爻间的数、位、性（阴阳）、比、应、承、乘诸关系结合起来，乃至参照互卦和错卦综卦，贯通其义，才有可能剥开隐晦的外衣，读懂文辞，看清辞象深处的本来面目。在六经中易经最难解，基本原因即在于此。

但是，李镜池先生的看法却与此相左。据他的推测，周易的卦爻辞"乃卜史卜巫记录。……所占一定有一爻数占的，因而有数种记录。……所以卦爻辞中，很有些不连属的词句，这不相属的词句，我们要把它分别解释，若要硬把它附会成一种相连贯的意义，那就非大加穿凿不可。"（《周易探源·周易筮辞考》）

依据这种观点，李先生接着举例说："《师》之六五：'田有禽，利执言，无咎。长子帅师，弟子舆尸，贞凶。''无咎'以上，当为某次占词；长子以下，当为又一次占词。"（同上）

这样，李先生以《师》卦六五爻为例，把它的辞象割为两半，认为这是两次"互不连属"的占辞，凑到一起。李先生这种臆断，是不符合周易文辞的实际状况的。实际上，周易的卦爻辞，包括辞象，都来自于卦爻象，都是对卦爻象的解释。前文反复说过，无须再赘。每卦有每卦所表现的特定情境、特定问题，特定主旨，而由卦名表达之。在这种特定的情境、问题和主旨的统帅下，六个爻象生出六个爻辞（大多为辞象），反过来六个爻辞分别地集中起来，表明全卦的情境、问题和主旨。表面看来，爻辞辞象，五花八门，杂然并陈。骨子里却以卦象爻象为背景，以卦义为中心，形成一个有机的统一体。《乾》六爻辞象不离健义，《坤》的六爻辞象不离顺义，《屯》的六爻辞象不离难义，《蒙》的六爻辞象不离昧义……卦卦如此，俱有中心，并非互不连属"的凑合。即以李先生所例举的《师》卦来看，连李先生自己也说："《师》谈军事。"(《同上·序言》)可见每卦都有统一的主题。六爻分别为表达主题服务，是理所当然的，事实上也是如此。李先生所举的《师》卦六五辞象，自然也不例处。具体说，《师》谈军事，六五爻自亦如此。这是有"连属"的统一性。当然，从词句缺少关联词上看，六五爻象似乎是互不连属的两件事，但深入辞象的内部，就其爻象的背景来看，其实正是表达军事行动前后相继，紧密相关的统一体。"田有禽"：田指大地、田野，如《乾》卦二爻"见龙在田"之田。禽指禽兽。田地侵入禽兽，对庄稼是祸害，理应除之。暗喻有寇盗入侵，为害于国，应予讨伐。"利执言"是说，首先要"执言"以对，方为有利。"执言"即《诗经·小雅·出车》所谓"执讯"，《尔雅·释言》所谓"讯，言也"。意为兴师讨伐之前，先以言论宣布敌方罪状，师出有名。这样，才有利而无害（咎）。师出有名，为兵家之则，循则而动，才合手节律。这也正是与卦辞"师、贞，丈人吉"（出师要名正言顺，以老成持重、练达时务者为统师，前途吉祥）以及初六爻辞"师出以律，否臧，凶"（出师以法，否则，虽胜亦凶）之意，遥相呼应，若合符节。从爻象来说，六五爻以阴性的柔顺性情处于尊位，并且得中，若仁义之主，不会兴兵惹事。只有当敌寇来侵时，才不得已而应之讨之。卦象是上《坤》下《坎》，《坤》为地，《坎》为豕、亦为盗，皆糟蹋田地，侵害民生者。必须大声疾呼，予以膺惩。互卦《震》，为动为言，是声罪致讨之象。既是师出有名，故而"无咎"。声讨之后，继之以出兵。出兵的首要是委任主帅。六五处于尊位，为决策之主，乃委派长子担任主帅。长子即卦辞所说的"丈人"，意为老成持重、深通兵法的人物，是众人对他的尊称。长子之称，来自卦爻象，二、三、四爻成互卦，为《震》卦。《乾》《坤》相交而生六子，长子为《震》，故而称丈人为长子。五爻与二爻阴阳应合，所以委二爻为帅。前面九二爻辞"在师中吉，无咎"，即指主帅的长子而言。九五、九二两爻辞象前后呼应，天衣无缝。但另一方面，六五阴居阳位，中而不正，虽为仁义之主，却不免有阴柔不明之处。故而委任长子为主帅之后，又派一些弟子参与军权，使主帅不得自主。这必然失败，故曰凶。弟子是小人之意，指六三爻。六三爻以阴柔而居刚位，不中不正，恰似德薄才疏的小人，却踞于九二主帅之上。这种情况，很像晚唐时代监军的宦官。这样一来，军权分散，战争必然败北。所以六三辞象说"师或舆尸，凶"。六五辞象又强调说："弟子舆尸，贞凶"。也是前呼后应，紧密相连。"舆"是多的意思，《坤》《坎》二卦都有舆象，故言舆。"尸"是主的意思。"舆尸"，意为众人做主。行兵打仗，不听主帅指挥，而由众小人参权行事，虽出师抗敌为正义之举，结果亦凶（贞凶——虽正亦凶）。

从上述解释和分析，可见《师》卦六五辞象是由前后相继的两个活动所构成的一个统一的整体，是与全卦卦象卦义以及其他爻象前后呼应，拍节一致的。正如前面所说，由于辞象（生于卦爻象，而卦爻象是紧密相连的有机体，故而辞象虽然词句简涩不工，形态杂乱，显得隐晦不明，似乎互"不连属"，但骨子里却是内在意义紧密"连属"的整体。因此，李先生把《师》卦九五爻象割为两半，并断言其为两次占辞的记录，大约是从周易文辞为占辞汇编的观点派生出来的不切实际的说法，令人难以赞同。

从上述也可见，周易辞象的隐晦性如何深重。这种隐晦性的根源，首先在于作者以象出意的手法。象能出意，能尽言之所不能尽，这是它的特殊性能。但另一方面，象之出意却不如言之清楚，它的广义性和含蓄性使它在表意上模糊不清，这是周易辞象隐晦性特点产生的根源。其次，卦爻象的分散性（一卦六爻，所谓六虚），决定了卦爻辞象的分散性和占筮占辞的分散性，也促使卦爻象难以保持内外的统一性。最后，还有另一个原因，那就是孔子所揭示的作易者的隐忧。在《报任安书》中司马迁说："盖文王拘而演周易"（《汉书·司马迁传》）。他认为文王被殷纣王拘于羑里，受苦难的鞭挞而演成周易。如果这种情况属实，那么周易深处蕴涵文王在政治迫害的衰世境遇中所怀的隐忧，就是理所当然的了。人们刚一展开周易，便隐然有此感觉。《乾》九三的"终日乾乾，夕惕若，厉，无咎，"《坤》六四的"括囊，无誉与咎"，便是此种心情的表现。实际上仔仔通读周易，便可体察到作者那无法倾诉的政治隐忧。孔子的揭示，可谓鞭辟入里。

在这方面，给人印象最深的是《明夷》卦。卦象上《坤》下《离》，象征《离》火沉入《坤》地之下。光明陷入阴暗之中。夷是受伤之意，光明陷于黑暗的底层，故名《明夷》。在六十四卦之中，这是政治性最浓重的卦。作者把它对衰世暴政的疾恨心情、隐忍守正的情操和无德必败的远见，蕴藏在隐晦幽暗的辞象深处。耐人咀嚼，耐人玩味。

全卦辞象是"明夷，利艰贞"。言简意丰，涵义深厚。孔子在象传中解释"明夷"说："明入地中，《明夷》。内（指下卦《离》火之明）文明而外柔顺（指上卦《坤》地之顺），以蒙大难：文王以之。"又解释"利艰贞"说："利艰贞，晦其明也，内难而能正其志，箕子以之。"

这篇话表明，孔子认为《明夷》卦是反映文王在殷商末年的暗政之下遭到纣王的残暴拘禁而蒙受大难的情况。就全卦内容来看，感情与思想大约是这样的。辞象的"明夷"有两层意思：一层是贤人蒙受暗政的伤害，恰似光明遭到阴地的掩埋。另一层意思是，在暴政的迫害下，贤人以晦暗的外表掩藏其光明的心志。这是贤人对处衰世昏政的韬光养晦之计。但另一方面，在苛政下又不能随事倾邪，同流合污，必须面对艰难，坚守正固之志。所以卦辞又警诫说："利艰贞"。正如杨诚斋所说，"……不晦其明，则以艰险而丧其生……不正其志，则以艰险而丧其明……"（《诚斋易传》）"明夷"和"利艰贞"合起来，构成《明夷》卦的辞象，表面只有五个字，背后却隐藏偌大的忧患思想，显著地表现出周易辞象的隐晦性。

《明夷》卦爻辞象中上五、上六两辞象，隐晦性最深。

先说上六。其辞象为："不明，晦。初登于天，后入于地。"上六是阴爻，处于"明夷"之极，《坤》阴之上，站在昏暗的巅峰。这种情况，当然是不明而晦暗。"初登于天"是描写上六"初登上尊位，如同登天，光明四照的得意情景。""后入于地"则是刻画上六登天之后，忘乎所以，胡作非为，最后由光明的天上坠落，沦入黑暗的地下。那么，这个辞象是暗喻什么人呢？

从全卦来看，当然如孔子所说，是指殷商的末主纣王。他很有才干，初登王位，君临四方，颇有作为。后来腐化堕落、凶恶残暴，终于丧失宝座，为周所灭。显然，这是作者以鲜明的辞象隐晦地表现对暴政独夫的嫉恨和"无德者失之"的政治观点。如果周易是文王被囚时所作，在纣王的暴政监临下，要想表现自己的心志，除了运用这种隐晦的暗喻辞象之外，恐怕没有其他可行的办法。

尤其引人深思的是六五爻的辞象："箕子之明夷，利贞。"孔子在象辞里解释说："箕子之贞，明不可息也。"明确指出，此即纣王叔父之箕子，箕子的语言触怒纣王，被囚之后，佯狂自晦，保身守志，终得免于祸害，并且保持住光明的节操。但问题是，按周易通例，六五为君位。如六五辞象指箕子，便成为臣踞君位，属于大逆不道。不过，"《易》者变也，随时变易以从道也。"（程颐《易传》序）"时"是具体的时间条件之意，周易随

"时"之不同而变化无常，不可为典要。在《明夷》卦的具体条件下，纣王昏庸无道，只会登上高危的上六峰颠而坠入地下，亡国殒身。六五的君位不可无主，作者的意思认为具有君德的箕子堪当此重任。箕子的光明虽受到伤害（箕子之明夷），但他守志不移，不息其明，不没于暗。这种态度，有利于正道的延续（利贞）。这种有德有道的贤人，置之君位，利国利民，并无不可。联系上六和全卦来看，作者未必没有这种意思。从历史观的变化来说，当时在朝代的转移的基础上天命靡常的观念已经萌生。正如史墨所说："社稷无常奉，君臣无常位……高岸为谷，深谷为陵。……在《易》卦，雷乘《乾》曰《大壮》。天之道也。"（《左传》昭公三十二年）史墨依据历史演变的经验解释周易《大壮》卦。他认为《大壮》卦象是雷在天上，天象天子，雷象诸侯，诸侯凌驾于天子头上，君臣移位，是天的运行规律。当然周易的《大壮》卦不一定有这样涵义，史墨大约是借《易》言志。但作为参考，结合后来周灭商的史实，联想到作者为《明夷》卦爻缀以辞象时，内心深处也可能早已藏有这种"有德者居之，无德者失之"的想法。这样说来，上六之失明而入于地和六五之守明而登于天，在创作思想的领域内就是完全合理的安排了。但如果周易是文王囚居羑里时所作，那么这种"有德者居之，无德者失之"的思想，当然既不能表之于口，更不能形之于笔，于是他便巧妙地运用周易卦爻象和辞象的演变，隐晦地表现对纣王暴虐的疾恨，对箕子君德的敬仰（文王效法箕子晦明守正而对应艰难），并暗示兴周灭商的心志。

另外，《明夷》六爻之中，下五爻都有"明夷"之象，唯独上六特殊。它的辞象不是明夷而是不明，是不明而晦。下五爻之"明"所以被"夷"，都是上六的不明而晦所致。这种利用辞象之差来暗中透露内情的手法，也是周易辞象隐晦性的一种形式。对于表现政治忧患意识,是最妙的方法。孔子所谓"其言曲而中,其事肆而隐"(言辞委曲而合理,事情具体而言辞隐晦),正是指这种耐人玩味的隐晦性的表现手法而言。司马迁在《史记·司马相如列传》中所说"易本隐之以显"(以隐晦的形式表达思想),也是指此而言。

涵蓄性

周易的思想,如果不使用辞象而使用直接文辞来表达的话,即便把字数增加十倍,也表达不尽。而像现有这样,灵活地运用大量辞象,喻意明理,言简意丰,意在言外,韵味无穷,的确是最高明的表达方式。在文学上来说,这叫做涵蓄的笔法;在戏剧来说,这叫做潜台词的手段;而从语言学来说,这种手法,属于以少量的外部语言表现大量的内部语言。出于礼节或其他种种缘故,人们的外部语言往往少于内部语言。俗语所谓"见人只说三分话,未肯全抛一颗心",就属于这种情况。

但周易文辞的内部语言大于外部语言,却是另有缘故。一则是由于作者严重的隐忧,有话不能原原本本地讲。二则卦爻象所蕴涵的思想过于丰富和细微,言不尽意。三则辞象本身喻义宽泛,难以捉摸。故而周易文辞,特别是辞象,涵蓄的功能异常明显。

孔子对周易的文辞非常喜爱。他说:"以言者尚其辞。"又说:"居则观其象而玩其辞。"(《系辞上》二章)他认为周易的文辞有利于充实言论,有利于悟道明理。用他的话来说,周易文辞具有"微显阐幽""其称名也小,其取类也大,其旨远,其辞文,其言曲而中,其事肆而隐"这样一些特点。大意是,周易的文辞对明显的东西能做到"微(动词)之使幽",对晦暗的东西能做到"阐而使显"(用杨万里说,见《诚斋易传》)。名称虽小,表类甚大,所涵义理非常深奥。孔子这段话,总体看来,可视为对《易》辞,特别是对其中辞象涵蓄性特点的阐释。

这方面的实例,《易》辞中比比皆是。兹举一生动有趣的,说明如下:

《乾》卦爻辞取象于龙,以象《乾》天纯阳的德性。其中初、二、四、五、六爻皆有龙象,唯三爻为君子象。而整个卦象为龙之潜、见、乾乾、跃、飞、亢。孔子谓之"六龙时位"(《乾》象)。但三爻辞象却是"君子终日乾乾,夕惕若厉,无咎",以君子象代表龙象,与全卦他爻的取象不一致。为什么呢?对这原因,作《易》者未用外部语言解释,而是涵蓄在内部语言中。自古以来,《易》学家作过各种探索。

王弼的解释是:"余六爻说龙,至于九三,独以君子为目,何也?夫《易》者,象也,象之所生,生于义也。有斯义,然后明之以其物,故以龙叙《乾》,以马明《坤》,随其事义而取象焉。是故,初九九二,龙德皆应其义,故可论龙以明之也。至于九三,'乾乾夕惕'非龙德也。是故,明以君子当其象矣。"意为乾初九"潜龙勿用",九二"见龙在田",以龙德喻圣贤之意,是合适的。但九三之"终日乾乾夕惕"云云,不合乎至高无上的龙德,不能说龙乾乾而夕惕,故以君子充当辞象。接着他进一步补充说:"统而举之,《乾》体皆龙,别而叙之,各随其义。"(以上《文言》王注)就是说,整个乾体,是一条龙,但各爻分别表述,则随其具体意义而灵活变动。总之,王弼的理解是,九三爻义与龙德不尽相符,故而改取君子之象以明其意;但就全卦来说,仍属于龙的范畴。

郑玄和干宝的诠解则有所不同。郑玄说:"三与三才为人道,有《乾》德而在人道,君子之象。"干宝说:"(爻象)以气表,(爻辞)以龙兴,嫌其不关人事,故著'君子'焉。阳在九三……阳气始出地上而接动物,人为灵,故以人事成天地之动者,在于此爻焉。"(《周易集解纂疏》所引)他们二人解说的共同点是,卦具有天地人三才,三爻属人位,人为万物之灵,有龙德而成大业者，唯有人中的君子，故而三爻取象于君子而明其义。这种手法，是依据三才的爻位和龙德与贤才为一体的观点来解答六龙中杂以君子之象这一难题。和王弼之"乾乾夕惕，非龙德也"之说，恰好相反。

苏轼对此有更深刻的体会。他阐述道："九三非龙德欤？曰：否，进乎龙矣。此上下之际，祸福之交，成败之决也。徒曰龙者，不足以尽之，故曰君子。夫初之所以能'见'，四之所以能'跃'，五之所以能'飞'，皆有待于三焉。甚矣，三之难处也。使三不能处此，则《乾》丧其所以为《乾》矣。天下莫大之福，不测之祸，皆萃于我而求决焉。其济不济，间不容发，是以终日乾乾，至于夕而犹惕然，虽危而无咎也。"（《苏氏易传》）苏氏的体会与王、郑、干等不同。他认为九三爻的爻位，表现一个决定君子前途命运的关键时刻，处于初、二、四、五各爻赖以有所作为的中轴地位。单以龙象，不足以体现其重要意义，故而取用君子之象。这是着重从进德修业的忧患意识上解释三爻换象的缘由。

但是杨诚斋却根据自己的心得，提出了另一种见解。他认为："乾之六爻，皆龙德也。故曰六龙。九三不言龙而曰君子，何也？言龙者明而神，言君子者神而明，皆君德也。"（《诚斋易传》卷一）意思是：龙德与君子之德都是君德，说"龙"，是明示其象（明）而暗示其德（神）；说"君子"，是暗示其象而明示其德，二而一，一而二，实质一样，只是表达方式不同而已。这等于说，三爻用君子之象或龙象，并无二致。

来知德袭用郑玄的话，说"以六画卦言之，三于三才为人道。以《乾》德而居人道，君子之象也，故三不言龙。"这种认识，和上述王、干、苏等人之说基本类似。但奇怪的是，来氏同时又说："君子指占者。"（以上《易经集注》）把占卦的人无论善恶都称为君子，和自己关于君子有《乾》德的论断产生出入，令人莫解。

陈梦雷袭用旧说，但说得更明确。他说："九，阳爻，三，阳位，在下卦之上，重刚而不中，乃危地也。六爻取象三才，则三为人位，故不取象龙，而称君子。处危地而以学问自修，君子之事，非可言龙也。"（《周易浅述》）他认为三爻的象义是君子处危地，不可以龙象表达。把龙象与君子分开。

这样，关于《乾》卦龙象中何以挽入君子之象的问题，大体上有上述一些解释。其中陈氏的解释是代表性的说法，可视为正解。至于杨氏所谓龙象与君子象并无实质差异的说法，则是——答非所问的遁辞。

对《乾》卦九三辞象变换的缘故，诸位《易》学家所作的解释，其实只是在探赜索隐，抉微勾玄，打算从这一问题中找出周易作者出于什么思想作了爻象的变换。亦即，对作者把龙变为君子这一外部语言，究竟是怎么回事，或者说君子这一外部语言背后所涵蓄的内部语言，到底是怎样的，作了探索。至于作者的内心深处涵蓄的具体思想，是否完全如陈氏所述的代表性说法那样，后人只能作合理的推断，无法作出确切的解答。

由此一例可见，周易辞象的背后，涵蓄着多么深厚的思想。这远非测事答问的占卜小术之肤浅辞象，所可伦比于万一。

喻理性

周易六十四卦卦名卦辞、连同三百八十四爻爻辞，再加用九、用六的爻辞，总共四百五十条，绝大部分是辞象，构成了巨大的形象思想的宝库。几乎每个卦爻辞象都蕴涵一定的道理：自然之理，人事之理，大道理，小道理，处处是道理。周易辞象内容的精义，就是哲理与伦理的结晶。

在《易》之蕴、《易》之门、作为六十四卦基因的《乾》《坤》两卦当中，这一点表现得十分明显。《乾》卦为纯阳之卦，取象于龙，卦性为健，以六龙时位的潜、见、乾乾、跃、飞、亢以及用九的"见群龙无首，吉"，比喻在阳气的不同进程中君子所应采取的不同对策。时不利或力不足则潜伏以待，时机来到而羽翼丰满则见（现）身显德，有所发展而未离下位，则应朝夕不懈，小心谨慎。进至上位而尚在人下，在即将大有发展的前夕，要反身自试，或跃或安，待机而行。一旦时机成熟，即飞升高位，成为高贵圣明的主宰，便大展宏图，以利天下。但此时此位（五爻），已中正之极，应善于持盈保泰，谦虚谨慎，以免过亢而转向反面。最上策是刚柔相济（龙为刚，无首则柔），不以刚强为天下先。飞不忘堕，安不忘危。如此进德修业，则事无不立，业无不成。

简言之，这就是纯阳之《乾》卦所蕴含的人生哲学，其中贯穿着辩证的思维。与《乾》卦相对相配的卦，是纯阴的《坤》卦。《坤》卦的性情是柔顺，以牝马为象。所谓"利牝马之贞"的辞象，是比喻《坤》之顺《乾》，如牝马之顺牡马。牝马随牡马奔跑，是为顺，奔跑而不失正轨，亦不厌倦，是为贞（正）。顺而能贞，是为《坤》德，可与《乾》相反相成，共奔前程。倘若只有顺而无贞，盲目顺随，中心无主，那将奔向邪路。这可用于比喻女对男、下对上，虽应以柔顺为德，但如柔而无刚，顺而无贞，便难保纯正的人格。《坤》卦卦辞的这一辞象，虽然如此简短，却也以对立统一的辩证形象（牝马之贞），表示出关于立身行事的一种人生哲学。《坤》卦爻辞的辞象，亦复如此。

初六的辞象"履霜，坚冰至"，虽是描述极平常的气候转移的自然现象，但内里却涵有深奥的道理。《坤》为纯阴之卦，初六阴爻，居于初位，表示阴气始凝成霜，自下而上，逐渐发展，势必趋于强盛，终于结为坚冰。周易含扶阳抑阴的微意，将阴气比为小人、邪路、恶事、疾病、过失、缺点之类的消极事物。故此这一辞象便成诫语，告诉人们，如同脚踩到秋霜便要想到坚冰将至那样，对坏人坏事以及事物的一切消极成分，刚一触及它的苗头，便要立即警惕，不可掉以轻心。要高瞻远瞩，想到它会逐渐发展壮大，终成巨恶大患，难以应付，要及时采取对策，防微杜渐。

孔子对这条辞象感触甚深，他说："臣弑其君，子弑其父，非一朝一夕之故，其所由来者渐矣：由辩之不早辩也。《易》曰：'履霜，坚冰至。'盖言顺也。"（《文言》）

孔子的体会，正确而深刻。的确，恶事形成在于"渐"，防范对策在于"早辩"。不早辩而顺其渐，则结果不堪设想。这是一条永恒的真理。

像这样的义理与规律，在周易的辞象中比比皆是，给人以启发，令人深思。在这方面，孔子也提供了学《易》研《易》用《易》的榜样。如前所述，他曾对周易义理的教育作用，表示赞叹，说："假我数年，五十以学《易》，可以无大过矣。"读了《系辞》，便可深信他这句话确是发自内心的感想。有《系辞》中，他前后总共举出十八个爻辞辞象，发明其蕴涵的义理，学以致用。为免于行文烦琐，谨选出几个，以为范例。

——"同人，先号咷而后笑"（《同人》卦九五爻辞）（求同于人，先大哭而后笑）。子曰："君子之道，或出或处，或默或语。二人同心，其利断金。同心之言，其臭如兰。"

对《同人》卦九五爻辞象，孔子体会它的涵义，并联系实际加以阐释。他认为，这个辞象是说，君子的"同人"（与人和同，团结）之道，应该是无论同在外面，或同在室内，无论是默默相对，或互相交谈，都要真心实意。设若达到两个人一条心，那便如锋利的刀刃，能切断坚硬的金属。这样，即便起初各怀歧见而难以沟通，令人感到难过。但只要真心求同，渐渐就会融洽无间。二人同心的言语，香味如同兰草一样。

这样，孔子从《同人》卦九五辞象中发掘出君子的团结之途及巨大功效。

——"初六：藉用白茅，无咎。"（《大过》初六辞象。意为用洁白的茅草衬垫祭品，无误。）

子曰："苟错诸地而可矣，藉之用茅，何咎之有？慎之至也。夫茅之为物薄，而用可重也。慎斯术也以往，其无所失矣。"对这一辞象，孔子从中体会到谨慎行事的重要性。他认为，只要把祭品放在地上就可以了。再用茅草垫起来，又有什么害处呢？这是极为慎重的作风。茅草是不值钱的东西，但它可起重要的作用。以这种方式慎重行事，就不会有过失了。

——"劳谦，君子有终，吉。"（《谦》卦九三爻辞象）

（有功劳而又谦逊，唯君子能善始善终，吉。）

孔子讲解其中的道理，说：劳而不伐（勤劳而不夸耀），有功而不德（有功而不自豪），厚之至也（真是敦厚之至），语以其功下人者也（说的是有功劳而能甘居人下）。德言盛，礼言恭（道德讲隆盛，仪礼讲恭谨）。谦也者，致恭以存其位者也。（所谓谦逊，就是致力于恭谨而能保持其地位之意）。

周易六十四卦中，没有全吉或全凶的卦。只有《谦》卦，六爻皆善。传统思想如此，孔子的思想也如此。他从"劳谦君子"的辞象中感到敦厚之德的可贵，并引发出致恭存位的观点。但应注意，孔子的意思并非说谦逊是为了保持禄位；而是说，谦逊是修身之要，恭谨致谦，则不为天下人所忮，自然而然会达到存位的善果。

——子曰："危者，安其位者也；亡者，保其存者也；乱者，有其治者也。是故君子安而不忘危，存而不忘亡，治而不忘乱；是以身安而国家可保也。《易》曰：'其亡其亡，系于苞桑。'"

这段话是孔子对《否》卦九五爻辞象的阐释。原文全句是："休否，大人吉。其亡其亡，系于苞桑。"意思是，在天地不交、万事不通的否塞时期即将结束之际，作为《否》卦主爻的九五，以阳刚中正之德居于尊位，有道有力，有其时机；拨乱反正，休否建泰这一扭转乾坤的使命，正好由九五这一大人来完成。这就是"休否（停止否塞局面），大人吉"（大人任之，必获吉祥）的意义。而大人以阳刚中正之德，具有高瞻远瞩的智力，能在休否建泰的局面中看到潜伏的不利因素，而保持警惕戒惧之心，经常将危亡之念系于心间（其亡其亡），这样存不忘亡，安不忘危，便可使拨乱反正后的安泰局面，如同丛生的桑树根深蒂固，纠缠在一起那样，稳固不拔。

如此，孔子依据周易阴阳互变的原理，从《否》卦九五爻辞象中阐发出安危转化的辩证规律，从而提出了处安保泰的为政之道。这是为政为人必须遵循的一条铁的法则。历史证明，违反这一法则的一切事业，毫无例外地完全趋于灭亡。

周易六十四卦，表达六十四种情境。其中有些情境，涉及专门的领域，卦爻辞象的内涵也便具有专门领域的特定规律。《师》卦就是最明显的例子。其卦象为下坎上坤，水聚于地中之象。《坎》险《坤》顺，象征险道而顺其法则以行，有战争的意思。其卦义的辞象是"师，贞，丈人吉，无咎。"首先，就军事行动的整体而言，周易提出"贞"的口号。贞为正义，即战争要师出有名，必须是正义之师。其次，是任命主帅以统领兵众。周易提出了"丈人吉"的辞象。丈人是指深谋远虑、老成持重、经验丰富、精通兵法的人物。必须选用这样等级的人物，才是上策，才会获得善果（吉，无咎）《师》卦首先提出这两点作为兴师作战的首要条件。这完全合乎军事科学的基本法则，具有永恒的意义。

然后，爻辞辞象又表现出下列行动规律：

（一）初六："师出以律，否臧，凶。"

律就是军纪，否臧是不善之意。整个辞象是说，兴兵打仗必须严行军纪，军纪不善，必凶无疑。这也是军事学的基本常识，作战的根本规律。纪律不严的军队谓之"乌合之众",战斗力低下,即使打胜仗,也是碰大运。这样军队,前途必凶。

(二)九二:"在师中吉,无咎。王三锡命。"

九二爻以刚居柔,在下卦之中,为统兵的丈人,与上卦六五爻阴阳相应。六五为君位,对九二宠信无疑,多次颁令奖赏(王三锡命)。丈人在师中的"中",不是表示位置。是说,丈人统率全军,受命在外,能以刚柔兼济的"适中"态度,谐调朝廷与军队的关系,既获得上方信任,又获得部众的支持,指挥权不受滞碍,作战计划得以顺利进行。

这也是大军出外作战时一个要害问题。作为总指挥,倘若上下级关系处理不当,势必对战斗的顺利展开产生负面影响。九二爻辞象表明,周易作者对这一道理,深有体会。

(三)六三"师或舆尸,凶。"

或是或然、即可能之意。舆为众,尸为主,即众人作主之意。指挥军队,必须主帅专权。倘若众人分权,多头指挥,则必败无疑。这也是军事学的一条基本定律。所以孔子在《象》辞中评论说:"师或舆尸,大无功也。"

(四)六四"师左次,无咎。"

古代行军,以右为尊。左次,在左边驻守,是退兵之象。六四虽阴柔不中,但居于正位,其象为虽未获胜,但全师退守,未伤元气。知进而知退,为兵法之要,所以无咎。这也是兴兵作战必须遵守的法则。

(五)六五"田有禽,利执言,无咎。长子帅师,弟子舆尸,贞凶。"

六五爻居尊位,是用师之主。性本柔顺而中和,不会挑起兵端。然而外寇入侵,正如田地有禽鸟飞入,残害庄稼,只得予以捕捉,始为有利。这是正义的自卫战争,故而无咎。但所任用的主帅九二爻(长子),头上边有六三爻(弟子)、六四爻(弟子)参与谋划。谋划则可,分权指挥则万万不可。指挥不统一,必定败北。纵然是抗敌警侮的正义战争，结果也只能是凶。这一条也是久经验证的军事法则。

（六）上六"大君有命，开国承家，小人勿用。"

这一爻是讲战胜后上方必须注意的问题。战争获胜，论功行赏，由君主发布命令，列土封疆，功大封侯（国），功小封卿（家），依次有差。但此际应特别注意的是，奖赏有功的小人时，只可赐以土地与金帛，而不可任以政事，以免居功自傲，危害国家。这是战胜后财产与权力再分配的正路，对国家元首来说，这是长治久安的重要措施。

总括上文可以见到，《师》卦的卦爻辞象所表现的，完全是军事的基本原则，是我国军事科学的嚆矢，大都为后代兵书所继承。例如《孙子》兵法第一篇"计篇"（谋划篇）开头就说："兵者，国之大事，死生之地，存亡之道，不可不察也。"这样说明战争的重要性之后，提出了"五校之计"（五个必须谋划的大计），为首的就是"道"（一曰道）。道是道义，属于政治原则。兴兵之前，首先要考虑是否合乎道义，即在政治上是否正确。这和《师》卦卦辞所说的"贞"，精神完全一致。王晢注所谓"夫用兵之道，人和为本"，正是对贞与道的阐释。其次，《孙子》认为"将者，智、信、仁、勇、严也"。李筌注曰："此五者为将之德。故《师》有丈人之称也。"可见《师》卦"丈人"的辞象，已成为后代兵家的楷模。《孙子》的五校之计也提出了"法"，以严密的法令法制为行军作战的节制。《吴子》兵法也强调说："若法令不明，赏罚不信，金之不止，鼓之不进，虽有百万，何益于用。"（《治兵》第三）这些后代兵家的思想，就其材料的继承来讲，它的来源只能追溯到周易《师》卦的初六爻辞象"师出以律，否臧，凶。"因为，众所周知，在周易成书的殷周之际，除了周易《师》卦之外，还没有任何专讲军事的载体。此外，《师》卦关于分权有害的思想，在《孙子》中亦有传承发展。《谋政篇》所谓"不知三军之权而同三军之任,则军士疑矣。"陈皋注曰:"将在军,权不专利,任不自由,三军之士,自然疑也。"恰似"长子帅师,弟子舆尸,凶"这一辞象的解说。关于"师左次,无咎"这一灵活因应的法则,在《孙子》兵法中当然会占有一席。在《计篇》中谈到"兵者诡道也"的部分内。曾提出"强而避之"的原则。曹操的解释是:"避其所长也。"梅尧臣的解释是"彼强则我当避其锐。"这一量力而行、慎重从事的用兵思想,是战争经验的总结,早在周易问世时,已经在《师》卦中形成理论形态,较之《孙子》《吴子》等兵书对这一问题的论述,要早五六百年。

至于上六爻所讲的论功行赏、小人勿用问题,表面上看,属于政治措施,似乎与战争没有直接关系。但回头仔细想一想,就会认识到,整个《师》卦从头到尾都是在政治的基础上讲战争的原理原则,并非就军事谈军事。从开始的"贞"(正义)、中间的"田有禽,利执言"(御寇保国)和"弟子舆尸"(军权分散)以至最后的"开国承家、小人勿用"(以政治安全为原则论功行赏),等等,都是围绕军事的政治问题。由此看来,我国从上古时起就已经认识到战争和政治有密切关系。除了"国之大事,在戎与祀"这样抽象的命题之外,关于战争与政治间的具体联系的表达,应该说始于周易《师》卦与爻的辞象。当然,由于时代与思维类型的限制,在三千年前的殷周之际,我们的先祖——周易作者,还不可能像近代军事理论家克劳塞维茨那样,做出"战争是政治的延长"这样高度概括的论断。但能够认识到《师》卦这个程度,已是难能可贵,令人不得不由衷赞叹!

与此同时,令人警觉的问题是,在古人心中兴兵打仗是国家大事,故而除了谋之于人之外,还要谋之于鬼,所谓"必告于祖庙,启于元龟,参之天时,吉乃后举"(《吴子·图国第一》)。殷商卜辞及《左传》《国语》等文献中记载极多,不需赘举。

而在这种时代氛围中，以占筮形式出现的周易，在表现军事思想和战争行为的《师》卦中，却只从政治的角度谈军事的原理原则，对于龟卜、占筮之类的鬼谋，却只字不提，这不能不令现代人感到惊奇。

但令人惊奇的地方不止于此，还有更加令人惊奇之处，那就是《革》卦九五爻的辞象，象曰："大人虎变，未占有孚。"具体意思是说，九五爻阳刚中正处于尊位，在《革》卦的情境中，它是领导革命的主人，即所谓大人，是大德之人。他顺天应人，破旧立新，势如猛虎，所向无敌。经过革命，万象更新，大人自新新民，其事业出现辉煌的形象，鲜明夺目，犹如老虎随季节更换新毛，光彩艳丽。这种顺天应人的革命事业之获得民众的信任，是必然的趋势，无需占卜。《革》卦九五这一爻，真有革命精神，使人感到震惊：《周礼·筮人》说："凡国之大事，先筮后卜。"而"占书"周易，竟而讲未占而孚（信），岂非值得深思的"怪事"？！

其实道理也并不艰深。正如《坤》卦初六爻象所谓"履霜，坚冰至"那样，"事有必至，理有固然"（苏洵《辨奸论》）。革命如能吊民伐罪、除旧布新，而且功绩赫赫，正大光明，当然会得到人民群众的信服。不问可知，不占自明。《卜居》中太卜詹尹对屈原求卜前程之所以婉言谢绝，就是因为他已看透屈原此后必至的悲剧命运，卜亦如斯，不卜亦如斯。《革》卦九五辞象之未占有孚，即是此义。

但一意主张周易为卦书的朱熹，却对"未占有孚"作出别解。他说："占而得此，则有此应，然亦必自其未占之时，人已信其如此，乃足以当之耳。"（《周易本义》）照他的说法，问卦者求得《革》卦，九五爻动，革命便会成功而出现虎变的光明局面。但有个前提：必须在未问卦之前，已经获得人民群众的信任，才会应验。朱氏此言，实质上是同语反复，是说了等于没说的空洞逻辑。如以A代成功，以B代信任，以C代应验，则 A—B—C 的公式成立，等于说，如成功则信任，如成功而信任，则应验。如此，应验之兆则是，成功而信任。这不是同语反复，言之无物，又是什么！朱氏是大学者，其所以如此犯初级语病，端在于他咬定周易本性为卦书，极力从占筮角度加以解释，以致除同语反复之外，他还不得不把《易》象内在义理的客观独立自足性和问卜者的情况以及占卜的应验性混成一团，勉强作解，以致令人费解。《周易今译》的说法与朱氏有些仿佛，它说："不过，改革虽然可以成功，但先决条件，应当在没有占卜吉凶之前，先得到群众的信赖与支持"，都非原文本义，无须赘解。

从上述可见，周易辞象的哲理内涵十分丰富深奥，远非占卜性质所可包络。为清楚计，下面再将周易与其他卦书对照比较，看看两者的区别：

甲：周易《乾》卦原文

《乾》：元、亨、利、贞。

初九：潜龙勿用。

九二：见龙在田，利见大人。

九三：君子终日乾乾，夕惕若厉，无咎。

九四：或跃在渊，无咎。

九五：飞龙在天，利见大人。

上九：亢龙，有悔。

《象》传

《大象》：天行健，君子以自强不息。

《小象》：初九潜龙勿用，阳在下也。

陈梦雷解：阳谓九，初爻在下，阳气在下。君子处微，未可以有为也。……

《小象》：九二见龙在田，德施普也。

陈梦雷解：德即刚健中正之德，二虽未得位，而德化足以及物，所施普矣。

《小象》：九三终日乾乾，反复道也。

陈梦雷解：反复，往来进退，必合乎道也。下《乾》已尽，上《乾》复来，《乾》而复《乾》，无他涂辙。犹云反反复复，只在这条路也。"二"德及于人，"三"惟道修于己，以所处危地也。

《小象》：九四或跃在渊，进无咎也。

陈梦雷解：量可而进，适其时则无咎。增一进字，以断其疑也。

《小象》：九五飞龙在天，大人造也。

陈梦雷解：造，作也。圣人兴起，在天子位也。此释飞龙在天，至同声相应节，乃言利见大人。

《小象》：上九亢龙有悔，盈不可久也。

陈梦雷解：《乾》之上九，阳之盈也。盈则必消，不可久，致悔之由。人知其不可久，防于未亢之先，则有悔者无悔矣。防其亢者，复返于潜而已。

《小象》：用九见群龙无首吉，天德不可为首也。

陈梦雷解：天德即乾道，阳刚天德，不可为物先。"群龙无首"，用九之象。不可为首，为人之用九者言也。然唯其不可为首，所以能首出庶物。盖《乾》本为万物之所资始，已具首出之德。而物极必变，善体《乾》者，刚而能柔，谦卑逊顺，不为天下先。故曰：不可为首，非于《乾》有所不足也。

（以上，为简明计，除《乾》卦原文外，仅摘录孔子解释《乾》卦卦爻象的大小象词以及陈梦雷《周易浅述》对象词的注释，旨在例举以作比较，故不详述。）

乙：易林

《易林》为西汉象数派《易》学家焦延寿所作的占筮书。它将周易六十四卦每卦分成六十四小占，六十四卦共分成四千零九十六小占，用以占卜吉凶祸福。兹引其《乾》卦卦辞与周易《乾》卦文辞对比，以见双方义理深浅的差异与两书性质的不同。

《乾》下《乾》上：道陟石板，胡言连蹇。译喑且聋，莫使通道。请谒不行，求事无功。

注：陟，升也。连按《礼韵》读上声，傲慢下前之貌。蹇，难也。译，传言通夷夏之言转告之也。

《乾》卦缀辞，就是这些。大意是说，占得此卦的人，卦象显示，犹如一个人前往胡人之国。在关卡地方，走上一个石板，意欲通过。守关的胡人言语傲慢难懂，旁边的翻译又哑又聋，不让他过去。这个故事表明，占得此卦的人，想要谒见在上的贵人却行不通，想要办事也不会有成果。

易林的《乾》卦辞象，除了以不如意的故事表示所占不吉、所问不成这样单纯的占卜性质以外，既无周易的天人之道，亦无任何规律性可言。其占法，虽以周易六十四卦为本，但只是利用其卦象的框架而已，实已脱离其内涵（《易林》对《易》象的研究颇有贡献，是另外的问题。此地单就其占卜的肤浅性而言）。

丙：金钱课

乾为天

乾者健也，刚健不曲，中正之谓，故有困龙得水之象。如同一条蛰龙久困渊中，不得舒展，忽然天降大雨，得雷鸣而起，任意飞腾。占此卦者，时来运转之兆也。

象曰：困龙得水好运交，不由喜气上眉梢。一切谋望皆如意，向后时运渐渐高。

诗曰：大吉之课，无不如意。上人见喜，诸事均吉。

断曰：诉讼大吉，病人痊愈。功名有成，求谋大利。

（引自上海昌文书局印行《金钱课》）

这种所谓金钱课。也是以六十四卦为本，采取火珠林八宫卦序配以五行六亲，但不讲五行生克和六亲的关联，只按上述"一锤定音"的占辞，简单地占断吉凶，和原始式占卜的筊牌以及寺庙的神签，如出一辙。文辞粗俗，占法简陋，较之《易林》的占卜尤为低下。

通过上述比较，可以立即看出，周易的辞象从头到尾饱含天人之道的哲理，而哲理则蕴于占筮的形式之中。读者或问卜者可以从中汲取立身行事、进德修业的法则或铭言。换言之，可以说它包含三层内容：哲理层面、论理层面和占筮层面。

但相对地，《易林》及《金钱课》的辞象，则从头到尾，只是表达测事结果，并无其他意蕴。也可以说，它的内容只限于占卜的层面。仅就这一简单的辞象比较，就可以看出，周易与一般的卦书不同，它通过占筮讲义理，而以义理为主，它的基本性质是哲理书。

为彻底看清这一问题的真面目，下面再以《坤》卦的辞象为例，通过正常的全面解说和非正常的占筮解说，互相对比，试作进一步的考察。为免于赘解，仍借用《周易浅述》的阐释。

原文：《坤》：元亨。利牝马之贞。君子有攸往，先迷后得主，利。西南得朋，东北丧朋。安贞吉。

甲：《周易浅述》的解说

"三阴为偶，其卦为《坤》，其象为地。阴之成形，莫大于地。地势卑顺，故名为《坤》。纯阴至顺，一承乎阳，循物无违，居心顺应，理无不通，故占亦可大亨。然必守此顺德，久而不变，故曰利牝马之贞。牝马，柔顺而健行者。马为《乾》象，曰牝马，明配《乾》也。阳得其全，阴得其半，以柔顺得正为利，则其他有所不利矣。阳先阴后，君子占此，欲有所往，率先首事，必至于迷，居后顺从，乃得其当。故曰先迷后得。……阳为阴主，《乾》为《坤》主，居后从《乾》，得其所主，所以为利也。西南阴方，东北阳方，西南致养之地，与《坤》同道，故得朋。东北反乎西南，故丧朋。阴体柔而躁，妄作以求全，则非矣，必安于正乃吉，故曰安贞吉。……此地道、臣道、妻道也。……"

上述解义有三：（一）从天地阴阳关系讲《坤》性柔顺之正常性；（二）《坤》必顺《乾》而行，不可争先，人们（包括占者）应依此行事；（三）地道、臣道、妻道，为坤之正道，必安于正道乃吉。

关于《坤》卦辞象的注解，有好几种说法，陈解是否完善暂不置评。总之，此解说再一次表现出易卦辞象涵有的哲理、伦理、占筮等三层意义，而哲理伦理则占主导地位。这是正常而全面的解释。

乙:《八卦与占筮破解》的解说

在"《周易》系辞的原则和依据"一节中,谈到卦辞和爻辞时,作者说:"卦辞和爻辞都有两个内容,一个是卦象爻象述语,另一个是吉凶断辞。……如《坤》卦的卦辞说:'元亨,利牝马之贞。君子有攸往,先迷后得主,利。西南得朋,东北丧朋。安贞,吉。'意思说,很通顺,有利于关于母马的事情的卜问。君子有旅行的事情,开始会迷失方向,后来却能得到可靠的主人,对他有利。在西南方向能得到货贝,在东北方向则要丧失货贝。如果问安身的事,则是吉兆头。"

这段解说,同前述所有卦辞的解说(包括金钱课)都不同,它有这样六个特点:一是逐字逐句从字面作解释,类似译语;二是将贞字解作问义;三是内容散乱,无中心无联系(忽而问母马,忽而问旅行,忽而问得货贝,仿佛一卦三占);四是完全脱离周易体系,尤其是脱离与《坤》卦阴阳互依的《乾》卦而单讲《坤》卦。五是抛弃辞象的义理和阴阳变化;六是文意极其浮浅,不及神签之类的某些占断诗,尚有风趣。

上述解说训贞为问,是一大问题。贞为周易之基本概念,全经凡170见。贞字固有问、正二义,但在周易中绝大多数学者训为正。若训为问,则义难贯通,且使《易》理大受伤害。详情远于本题,不便详论。仅就《坤》卦来说,如以问释贞,则"利牝马之贞"一句。除解为"有利于占问于母马的事情外",无法作出他解。而这样的解释又是孤立的词句,与《坤》卦全体、《乾》卦乃至《易》卦体系在辞象上完全脱节,成为一个孤立的个别事项的占问。可见贞字仍以按传统观点,训正为宜。"言行抱一"应是周易中贞字的正解,只有这样,才能通贯全经而不别扭。

依据前述种种,可以作出论断:周易的卦辞象和爻辞象,都涵有深厚哲理,可为人生指南的参考,在此前提下,也可用来占卜,这表现出周易辞象的独特性和优越性。

倾向性

正因为周易的作者怀着忧患意识,以教化的主旨从事创作,所以自然而然地在文辞和辞象中产生道德劝诫的倾向性,其主要表现为:扶阳抑阴,为君子谋而不为小人谋。

首先,最突出的例证是《乾》卦。依《说卦》所载筮例,《乾》并无龙象,而有马象;《坤》有牛象,并无马象。但《易》道在因"时"而变,为突出展现《乾》的纯阳之性,作者便取龙象,以美化君子之德。潜、见、乾乾、跃、飞、亢等辞象,都是代表阳性的君子的形象,也是作者从修身立业上为君子所作的谋划,其中也包含劝诫。仔细想想,依中国的传统思想,除了以龙为象之外,实在没有其他更合适的物象,足以有声有色地象征阳性之美和君子之德。假若泥于占筮惯例,仍以马喻《乾》象,那就要大为减色,枯燥乏味了。《坤》卦的情况,也相类似。倘宥于占筮惯例,以牛为象,牛形之丑之笨,不足以喻示《坤》阴的柔顺而坚贞之性,与《乾》阳的健德,难以匹配。作者以牝马之象为《坤》卦辞象,的确高明之至。牝马不但善跑,而且有恒,紧随牡马,绝不松懈。"利牝马之贞"这一辞象,恰能喻示《坤》阴顺随《乾》阳,相伴运行,生成万物,以利天下的美德。《坤》虽纯阴,但随阳辅阳,协同为善,相当于君子之伴之佐,故而不属于恶性小人。如此,以龙马之象喻阳阴,而以龙阳为主,以龙阳所喻之君子为主,明显地表现出作者取象构辞的道德倾向性。

这种道德倾向性,在周易所有文辞与辞象中比比皆是,一贯到底。再举几个明显的例子:

——《泰》卦与《否》卦是相反相伴的一对卦。《泰》卦是《坤》(地)上《乾》(天)下。天气上升,地气下降,二气交融,万事通达,是谓"泰"。周易以阳为大,以阴为小，故天气（阳）上升，谓之"大来"，地气（阴）下降，谓之"小往"，小往大来是好事，所以《泰》卦卦辞的辞象是"小往大来，吉亨。"以阳为大，以阴为小，不是平等看待，显然是一种道德倾向性。据孔子《象》传的解释则是："内（下卦）阳而外（上卦）阴……内君子而外小人，君子道长，小人道消也。"他认为《泰》卦的"小往大来"之象，象征君子之势上涨，小人之势下降，故而是吉祥的局面。这种解释，符合周易作者一贯喻示的扶阳抑阴的本意。

《否》卦的情况与《泰》卦恰好相反。《否》是上《乾》下《坤》，上天下地。天气上升，地气下降，二气乖离，万物闭塞，故名曰"否"。其卦辞为"《否》之匪人，不利君子贞。大往小来。"意为：世道闭塞，人道不通，不利于君子的正道。孔子解释说："（这卦显示）天地不交而万物不通。……内阴而外阳，内柔而外刚，内小人而外君子，小人道长，君子道消也。"他把"大往小来"的辞象视为小人势盛，君子势微的表现，而这种形势，正是天下闭塞的非人道的局面。这种尊大卑小、扶阳抑阴的思想，是周易的创造思想，也成为辞象的倾向性，当然也便成为孔子《易》学的倾向性。

——《乾》卦夬初爻辞象"潜龙"，喻示一阳在下，时违力薄，需晦养静待，故戒以"勿用"。《复》卦初九辞象"不远复"，喻示一阳初复，气力微弱，需安心休养，闭门思过。故评之以"无祇（大）悔，元吉。"两卦初爻虽辞象不同，而微阳下伏之势，则基本一致。所以周易作者对它们都作出了叮嘱与教诲。对阳气关心备至，也就是对代表阳气的君子关心备至。反过来，周易作者对阴气则采取完全不同的态度。《姤》卦是五阳在上一阴在下。在下的一阴是初爻，自《乾》初复，也需涵育。但周易作者却从负面观察，认为一阴能载五阳，是阴气太盛之象。君子对此不可掉以轻心，要严加戒备。故而缀以辞象曰：

《姤》,女壮,勿用取女。"把《姤》卦初阴,描绘成一个蛮壮淫荡的女人,一身而遇五男。故而警告君子(阳),不要娶(取)她为妻。很明显,这是一种疾阴护阳的立场,不为阴计,而为阳谋。同样地,对《坤》卦初六的阴爻,作者也抱着冷眼警视的态度,认为阴气初动,似无危害,但逐渐增长,会成大患。故而提醒代表阳气的君子,在"履霜时",要预想到"坚冰至"(《坤》卦初六辞象为"履霜,坚冰至"),以免吃亏。把阴的增长视为祸害,嘱咐君子加以警惕。其扶阳抑阴,为君子谋的立场十分坚定。

——还有《遁》卦辞象,倾向性更发人深省。《遁》卦九四辞象为"好遁。君子吉,小人否。"一般释为九四能割爱遁去,获吉,小人恋而不舍,逢凶。但笔者却宁愿解为:在阴长阳消,天下无道之际,舍弃所好而悄然遁世,身退业殒,是为失败,而不与恶政同流合污,洁身自好,在道德上却是胜利者。所以在君子来说,隐遁能保持节操,是吉事。但人格卑下的小人,却与此相反,认为抛掉心爱(好)的权势利禄而隐遁于草芜之间,是不堪忍受的坏事,故而持反对(否)态度。这样,周易作者便就《遁》的卦象(天下有山),以"天喻君子,山比小人。小人浸长,若山之侵天,君子遁避,若天之远山"(《周易集解》引崔憬语),于是系以如上辞象。其崇阳卑阴、恶小人而爱君子的倾向性,可谓泾渭分明,毫不含糊。

——《剥》卦卦象为上山下地,象义为群阴势盛,一阳仅存,是众小人剥蚀君子之象。所以作者以爱护君子的感情劝嘱说:"不利有攸往。"意思是,在此群小猖狂的黑暗时刻,君子应当反身养晦,谨言慎行,不可有所作为,以免受害。反之在《复》卦当中,对受尽阴剥而独复于上的阳,作者却寄予厚望,期其施展才能,大展宏图。鼓励说:"利有攸往。"对阴长的形势,劝诫说:"不利有攸往(不应该前进)"。而对阳复的形势则鼓励说:"利有攸往"。(应该前进)完完全全是站在阳的一边、君子的一边,倾向性何等鲜明!

由上数例可见,周易的辞象在饱含哲理的同时,也含有善善恶恶的倾向性,并不像龟卜及其他占书那样,内容只限于神谕或定命的告示,只限于无原则地预告来事,而是在正义的倾向性和原则性的基础上讲授进德修业、立身行事的道理。据此一点也足见,朱熹所谓"文王重卦作繇辞,周公作爻辞,亦只是为占筮设。到孔子方始说从义理",是歪曲事实的谬论。

占基性

正如《系辞》所说,周易的内涵无非"辞、变、象、占"四大项而已,这四大项分工合作,构成周易整体。其中有一条无形的线把这四大项贯穿起来,那便是《易》理。象蕴阴阳之理。象变即阴阳之变;辞生于象,辞象之理即象之理;而占则以象、变、辞(包括辞象)为依据,占之理系由象、变、辞所推出;所以占之理实即象、变、辞之理,亦即辞(主要是辞象)的内蕴之理。反过来说,辞象也便成为《易》占的主要基础。许多辞象,如诗歌、故事、寓言之类,放在别处是独立自足的东西,放在周易里则变成《易》理的形象,表现哲理伦理,以指导人事,辅助教化,同时作为占筮的理论基础,以占事知来。《系辞》所谓"圣人设卦观象,系辞焉而明吉凶(上篇二章)""辩吉凶者存乎辞"(上篇三章),就含有此意,这便是作为辞象特点的所谓占基性的来由。

依据《左传》《国语》留下来的占例来看,当时的《易》占也有仅据卦象作出占断的,如《国语·周语》记载,晋成公自周返晋时,晋人曾占问其前途,得了《乾》之《否》(《乾》卦变为《否》卦),断为:"配而不终,君三出焉。"意思是,能配天为君,但不能到底,将三次出走。依据是,《乾》象为天,为君。《乾》卦之上卦为天,下卦为君,象征地上的国君与上天相配。但筮得《乾》之《否》后，下卦变成《坤》，《坤》象地象臣，是预示君变为臣，所以说"配而不终"。《乾》之下卦变《坤》，是三阳爻变成三阴爻，所以说有三次由君变臣而出走之象。这就是仅据卦象之变来占断吉凶的例子。但这样的占断法为数甚少，多数则是观象玩辞，主要依辞象占断吉凶。例如《左传·哀公九年》：

"宋公伐郑……阳虎以周易筮之，遇《泰》之《需》。曰：'宋方吉，不可与也。微子启，帝乙之元子也。……祉，禄也。若帝乙之元子归妹而有吉禄，我安得吉焉？'乃止。"

这段历史记述，春秋时代宋国征伐郑国之际，阳虎用周易占问是否可以伐宋救郑。占得《地天泰》卦变《水天需》卦，第五爻动，爻辞辞象为"帝乙归妹，以祉，元吉。"帝乙是纣王之父，是帝王，帝王嫁妹，得如其愿，得受福禄，是大吉之象。微子是帝乙的长子，宋国是微子的后裔。阳虎认为，卦爻的辞象表示微子嫁妹而福禄吉祥，那一定是宋国的吉兆，我焉能获吉？不可与宋国交战。于是，停止出兵。

这一筮问，就是依据《泰》卦六五辞象所示而作出的占断。

再举一例。《左传·襄公二十五年》：

"齐棠公之妻，东郭偃之姊也。东郭偃臣崔武子。棠公死，偃御武子以吊焉。见棠姜而美之，使偃取之。……武子筮之，遇《困》之《大过》。史皆曰'吉。'示陈文子，文子曰：'夫从风，风陨，妻不可娶也。且其《繇系》曰：'困于石，据于蒺藜，入于其宫，不见其妻，凶。'困于石，往不济也。据于蒺藜，所恃伤也。入于其宫，不见其妻，凶，无所归也。'"

这段历史是说，崔武子要娶棠姜，占以周易，得了《困》卦，第三爻阴变阳，成《大过》卦。史官都认为是吉卦，只有陈文子不同意。他先从卦象解释，认为原卦《困》是上《兑》下《坎》。《兑》为少女，《坎》为中男，有夫妻相配之象。但卦变《大过》，则下卦成《巽》，《巽》为风。风往上吹，伤及少女，成为风陨妻之象，夫妻不终，故不可娶。接着，他又据爻变后的辞象进一步作解。他说，辞象的'困于石'，（困于巨石之下）是难以前进之意'据于蒺藜'（恃于蒺藜之上），是处于受伤的境地之意，入于其宫，不见其妻（返回家去，连老婆也见不到，凶），是表示无家可归。就这样，陈文子着重从辞象上详细解释、分析，遂据以占断：婚事不吉。

对这一辞象，孔子在《系辞》下篇五章中也作过阐释。他的说法是，"非所困而困，名必辱；非所据而据，身必危。既辱且危，死期将至，妻其可得见邪？！"意思是，本来无所困而自入困境，为所不宜为，自寻烦恼，如此则名誉必然受羞辱。置身于不该置身之处，身子必然危险。既受羞辱又临险境，则死期将至，如何能见到妻子！

孔子的解释，旨在阐发辞中的义理，以助于立身行事，所以并不泥于辞象的爻义。而陈文子的解释，则完全是为了占测未来，故从全卦观象解辞，以卦象和爻辞之象为据，对婚娶吉否，作出了占断。对同一辞象，孔子据以讲了一般的立身行事之道，属于辞象哲理性的范畴；陈文子则以之为占断的依据，所讲的属于辞象占基性的范畴。周易既含辞、变、象、占四大项，则孔、陈的不同讲解，可以同在周易圈中并行而不悖。

辞象的占基性，有时直接表现在辞象后面的占断辞上。上举第一例在"帝乙归妹，以祉"的辞象后面，断以"元吉"字样；第二例在"困于石……不见其妻"的辞象后面，缀以"凶"的断语，这是定论性的占断辞。另外还有的辞象，后面所缀的占辞，不具有定论性质，只是一种劝诫辞。如《乾》卦初九辞象为"潜龙"，后缀以"勿用"二字。意为宜于养晦待时，不宜有所作为。这是从辞象中引出的对占者的教戒，不是对辞象本身价值的论定，与前二例"吉""凶"的占断，性质不同，此点容后细说，兹不赘述。以上所述，就是周易辞象所具有的六个特点。前五个：广义性、含蓄性、隐晦性、哲理性和倾向性，在其他取譬喻理的讲话或文章中也不少见，但最末一个"占基性"，却是可提供占卜之用的周易辞象所特有的功能。后代一些占卜书，如前文例举的《金钱课》之类，也利用活跃的辞象以为占卜之据，当是对周易辞象的模仿，但仿其形而弃其理，不过剩下一些皮毛而已。对周易辞象的精义既不能继承，更谈不到发扬。

必须指出，仅就上述周易辞象的深厚内涵及其隽永的特性来看，原始的《易》自文王继伏羲之后，以富于形象的文辞阐发卦象的内蕴而著作成书之日起，即已大显义理，绝非"自孔子方始说从义理"，朱熹之言，显然与史实不符。

从上面论述和分析中，还可看出，周易的辞象，具有两重性：既是以卦爻的形象蓄藏中华民族从往古的实践中获得的知识结晶，此之谓"知以藏往"（《系辞上》十一章），是一重性，是根本；同时又为运用卜问未来的筮占提供测事的论据，此之谓"神以知来"（同上）。是二重性，是派生的。前者为理性、为"人谋"（《系辞下》十二章），后者为感性（"感而遂通"《系辞上》十章），为"鬼谋"（《系辞下》十二章）。既可对人谋提供行之有效的"知"（智慧），又可对鬼谋（占卜）"阴阳不测"（《系辞上》五章）的"神"，提供道理的佐证，一身二任，是周易辞象独具的功能。而正因为周易的辞象是伴随六十四卦卦象和三百八十四爻爻象而缀系的，以占卜的形式藏往知来，所以呈现散乱的各自为政的面貌，这也是不可避免的。但归根结底，以爻象卦象为背景的辞象，自可沉潜一气、脉络会通，这也是理所当然的。

结　　语

最后，在我们费了很大精力对如此千姿百态而又隐晦难解的辞象作了上述理解与分析之后，难免又发生疑问：有的学者说，周易之所以曰《易》，是由于此前的龟卜灼甲解兆，过于繁难，而改为筮占之后，观象解卦远较龟卜容易，故名为《易》，《易》是简便易行之意。可是，揆诸事实，《易》占并不容易，如上所述，仅探索辞象一点，其广义性、含蓄性、隐晦性、哲理性以及占基性等等，就如同入海探珠一样，异常繁难。从龟卜到筮占，手续上也许变得简便些，而从内容来说，不要说彻底观象玩辞，吃透辞象真义，就连看懂也不容易。对比之下，周易的占卦实质上要比龟卜难得多。如此说来，占卜之道，从龟卜发展到筮占，不是从难到易，倒是从易到难了。问题在于，单为占卜未来，何必舍易求难？！卜辞之简单问答，岂不较《易》占之观象玩辞方便得多？！从占验性来看，《易》占不但较龟卜并不优越，而且还有"不占险"的道德限制。所以，单就占卜之道来说，《易》占较之龟卜，实质上并不能说是一个进步。然则，周易的作者为什么把一个以象喻理，以辞解象，充满隐晦辞象、而占验性并不优越的周易，推向世间？显然，作者的创作目的，除用于占事知来外，主要的还在于义理教化。用孔子的话来说，那就是"作《易》者，其有忧患乎！？"（《系辞下》七章）"于稽其类，其衰世之意邪？！"（《系辞下》六章）困于殷周之际的"衰世"，满腹"忧患"的作者，是借卦爻之辞象含蓄地表现济世之忧。韩康伯说得好："有忧患而后作《易》，世衰则失得弥彰。爻彖之辞，所以辨失得。"（《周易·系辞下》六章韩注）有忧患而辨失得，这才是周易的创作主旨。占筮云者，无非是作《易》者寓理的体裁与教化工具而已。

《易》象从何处来

周易的形成，大体分为两个半层面。一层是卦象的形成，另一层是文辞的形成。还有半层，是相关的技术层面："筮法"的形成。何以曰半层？因为筮法虽是求卦的必备条件，但不是《易》体的内在要素，它可以更改而不损伤《易》的内涵，故曰半层。历史表明，大约唐代以后蓍草演算起卦就变为钱币抛掷起卦。宋代以后又出现了以时辰起卦的占术。所以，先秦时代筮数筮法虽被古人视为神乎其神，但它的形成与改变，不属于周易本身，也不会对周易发生变革性的影响。

下面，先说《易》象体系的形成。

《易》象体系是以阴阳二象为基因，以八卦为基础而展开的六十四卦三百八十四爻的巨大系统。《易》象当中最早出现的是阴阳二象，即阳象"—"与阴象"--"。这二象的成因始终悬而未决，大体上约有下列四种说法：

（一）男女性器说；（二）天文地理说；（三）数字说；（四）占卜说。

第一种说法认为阴阳二象源于男女生殖器形状的模拟。就是说，最初画卦的人（不论是伏羲或是任何人）是模拟男女性器的外形而画了阳（—）和阴（--）两个标象。郭沫若、钱玄同等一些学者持这种观点。这种观点也许和孔子在《系辞下》所说的伏羲画卦"近取诸身"的看法，有一脉相通之处，也未可知。这种摹象，据说属于性崇拜的性质。

第二种说法认为最早所画阴阳二象取象于天文地理。有的说这是古代天文学中观测季节日影所记的符号，夏至日影最短，昼最长，记为"—"，冬至日影最长，夜也最长，记为"—"。有的说，天为清一色的大气，乃画"—"，以象其纯，地则有水有陆，便画"--"，以象其杂。还有的说，大自然的面貌及其运行状态，总是显出幽明两种形象，天明地暗，昼明夜暗，月满则明，月晦则暗；向日则明，背日则暗。如此情况，处处皆然。明则一目了然，故象以"—"；幽则有所隐晦，故象之以"--"，等等。后来"—""--"两记号遂成为八卦的阴阳二象。这些学说，都属于对大自然观察的性质，和文字学上所谓"阴"像浮云蔽日之状，"阳"像山的向阳之状，有些近似。

第三种说法认为阴阳二象出自数字。有的说源于上古人结绳记事，《系辞下》所谓"上古结绳"而治，指的就是尚无文字的远古人记录数字的方法，以"—"记奇数，以"--"记偶数。有的说来自刻契记数，亦即在器物上雕刻记数的符号，其中初始的奇偶二数，遂成为阴阳二象。还有一说是草策记数，即用草茎竹策之类记下助忆的数目。一根表示一，二根表示二，嗣后便变成八卦始基的阴阳二象。

第四种说法是占卜说，认为阴阳二象的出现，源于占卜。古往今来，主张此说的学人，为数不少。代表人物有宋代的朱熹，现代的高亨。冯友兰、蒋伯潜、于省吾、李镜池等人也持同样观点。其中，朱熹的说法，影响最大。其具体言论，已见上述，兹不再赘。

朱熹断言八卦的阴阳二象，来自占卜，原来有占无文。他推想："当初伏羲画卦之时，只是阳为吉，阴为凶。"（《朱子语类》卷六十六）如宋代的杯珓。杯珓是占卜的工具，以贝壳制成，又名杯教。"杯"象贝壳中空。其状如杯。"教"表示神所教谕。占卜时，将一对杯珓抛掷于地，视其正反，记为奇偶，以定吉凶。实质上和今天流行的掷骰子，没有差异。不过，朱熹只讲了观点的结论，并未讲出论证的详情。高亨也承袭了朱说，并进一步论证和描述了先民占筮的情况。他说："我认为八卦原来也是供占筮之用（筮法很简单），占筮用竹棍，即《楚辞·离骚》所谓'索藑茅以筵篿兮，命灵氛为余占之。'所以筮字从竹……竹棍有两种，一种是一节，用来象征阳性，'—'象一节竹之形；一种是两节，用来象征阴性，'--'象两节竹之形，这和奇数为阳，偶数为阴的概念分不开的。三个竹棍摆成一个经卦，六个竹棍摆成一个别卦。爻和卦都是象竹棍之形。"（《周易杂论》）这样，高亨具体地描述了阴阳八卦源于占筮的情形，和朱说实质上如出一辙，所差的不过是一个说杯珓，点到为止；一个说竹棍，明白如画而已。

　　冯友兰的意见更干脆，他认为阴阳八卦之象是模仿占卜的龟兆，把《易》象说成龟兆的演变，根据何在，不得而知。蒋伯潜则认为八卦源于投掷筊牌的占卜，筊牌占法，与杯珓占法，除工具的材料有别之外，办法完全一样。仍不外是抛掷于地，视其正反，画出奇偶，抛掷三次，即得一卦。如"奇偶偶"为"下下"卦，凶；"偶偶奇"为"上"卦，吉（参考蒋伯潜《十三经概论》）。此外，还有于省吾的说法，他说："《易》卦起源于原始宗教中巫术占验方法之一的八索之占。……八索即八条绳子。金川彝族所保持的原始式八索之占，系用牛毛绳八条，掷诸地上以占吉凶。"（《周易尚氏学》序言）他把八卦看成八索之占。但他忽略了一点，即八卦由阴阳二象组成，八索未必成自二索（只有"八索九丘"，未闻有二索也）以八索之占解释阴阳八卦的来源，很不贴切，令人有迷途之感。

　　从上述各种占卜说中，可以看出一个耐人寻味的共同点，就是：对组成八卦的阴阳二象来源的探索，这些学者所使用的逻辑方法都是类比推理。朱氏说，初占无文，与杯珓相似；高氏说，犹如屈原所谓筵篿（竹棍）之占；蒋氏说，类似今日的筊牌。冯氏说，形似卜占的龟兆；于氏说，好像彝族的八索之占，云云，都是以古今的占术类比而作出的联想与推论。但无论哪一个类比，都是不完全的，而且是非本质的，都没有抓住问题的本质，而仅只以外形的相似，作了单线联系的类比而得出片面的结论。

　　那么，阴阳八卦的来源，亦即《易》象的来源，其本质问题是什么呢？关于这一问题，上述各种占卜说没有触及，性器、天文、地理、数字等说，也没有触及。而如不触及并解决这一问题，就无法说清阴阳二象的来源。

来源的几种学说

作为《易》象基因的阴阳二象，其来源的本质问题，不是其形象的形式来自何处，而是其形象的意蕴（概念）如何产生。宇内的万事万物，外形肖似而实质迥异的东西，比比皆是。明末大画家石涛仅据形似便将绘画的"一"划视为《易》象的"一"阳，从而立论曰画源于《易》。这就是这方面形式主义浅见的一个史例。上述阴阳二象来源的各种说法都有类似的弊病。

具体地说，性器说所举出的雌雄性器的摹象，表面上看，和八卦的阴阳二象极其相似。但据此便推想原始人（或许是伏羲氏）是依此画下了从洪蒙的太极中剖判天地的阴阳二象，这便是一种以脸谱论人物式的形式主义论点。为什么呢？道理很明显：原始人的性器摹写，性质属于蒙昧的性崇拜。而八卦的阴阳二象的性质却是阴阳之道，是放之四海而皆准的宇宙根本大法，亦即今天所说的对立面统一的规律。朱熹的《易》为占筮说是错误的，但在这一点上他说的很对。他说："伏羲之《易》，初无文字，只有一图，而天地万物之理，阴阳始终之变具焉"。（《朱子大全·答袁仲机》）在蒙昧意识笼罩下的性崇拜之象和"冒天下之道"的阴阳二象之间，横亘着难以越过的万水千山。从前者变为后者，不是量变，而是质变，不经过漫长的社会发展和智力发展，不经过思想的高度抽象和极度概括，绝不可能实现从性崇拜观念到宇宙规律范畴的质的飞跃。今天人们可以从世界各地发现不少性崇拜遗象，但人们尚未从中见到性崇拜一跃而成为哲学的踪迹。总之，这里存在着两个问题：一是性器记号所表现的性崇拜意识，跟八卦的阴阳二象所表示的宇宙根本大法的思想之间，在认识上性质不同，等级不同。前者是以本能为基础的蒙昧意识的表露，属于认识的低级层次。后者则是反映宇宙本质的智慧结晶，属于认识的高峰层次。二是性崇拜符号所表现的对象只是万事万物中的一点，而阴阳二象所涵容的则是所有的事物，二者相比，思维能力的高低与性质，迥乎不同。两者之间存在着难以突破的质的差异。

天文地理说的情况和实质，在这一点上基本类似。两说取象的直接性与片面性，都和阴阳取象的概括性与全面性有本质的差异。理由已见上述，无须再赘。但关于数字说和占卜说的难以自圆其说之外，却仍有补充说明的必要。数字说的中心，在于奇偶二数和阴阳二象外形相似，意念相关。但两者在本质上根本不同。阴阳二象可以包括奇偶二数，但反过来奇偶二数却不能包括阴阳二象。换言之，阴阳二象的外延广及相反相成的万事万物，宇宙间任何现象，无论是物质的或是精神的，无一不包括在阴阳二象的范畴之内；而奇偶只表现事物的量的一点，它当然也附属于阴阳的范畴之内。无论是结绳的单双也罢，书契的"Ⅰ、Ⅱ"也罢，草茎的"一、二"也罢，都离不开量的范畴，都不具有阴阳二象那样概括宇宙人间一切现象的外延。正如性器符号只反映人的雌雄关系的现象，天文地理说只反映大自然某种状态及其运行的某种情况那样，占卜说所反映的对象的片面性、狭隘性和局限性，同八卦的阴阳二象及以整个宇宙为对象而全面反映的无限广阔性，实质上根本不同，不可同日而语。具体地说，阴阳二象不仅反映人的雌雄，昼夜的长短，天地的清杂，自然的幽明和数字的奇偶，还反映君臣、父子、夫妇、贫富、美丑、战和、贤愚、正反等等，宇宙万物无一逸出其反映范畴。老子所谓"有无相生，难易相成，长短相较，高下相倾，音声相和，前后相随"（《道德经》第二章），指的正是"万物负阴而抱阳，冲气以为和"（同书第四二章）的状态，是对阴阳二象反映功能的无限性所作的正确的描述。由此可见，从反映范围的广狭来看，数字说也和上述其他说法一样，都是把不容对等相比的两类东西拿来从外形对等相比，这是它在逻辑上的错误。

最重要的仍是前面说过的概念的质的飞跃问题。这里需要着重阐明的是，原始人的数字思维的低级性和局限性。经过长期考察，法国学者列维·布留尔得出结论说："在非常多的原始民族中间（例如澳大利亚、南美等地），用于数的单独名称只有一和二，间或有三。超过这几个数时，土人就说：'许多，很多，太多。'"（《原始思维》）我国的远古时代，人们的数字观念，当然与此类似。虞翻所谓"物三称群"（《周易集解纂疏》），就含有此意。最具代表性的例子是老子所说的"道生一，一生二，二生三，三生万物"（《道德经》四二章），透露出远古人以三代表多数的数字观念。这种情况不但表现于人类的幼年时代，从儿童的幼小时期也可以约略见到。对智力始萌的幼儿来说，简单的个位数也要经过艰苦的学习才能掌握。所以，有的学者据此推想，在人类思维的发展史上会有一段悠久的年代，数字观念不超过三。

三曾含有类似"无限大"的性质。以后代发达的头脑来看，如此幼稚的思维似乎不可思议，但人类中无论哪个民族的数字观念都免不掉经过这样局限性极大的低级阶段。

远古时代人类的数字观念，不仅在量的方面如此狭隘，在质的方面也有很大的局限性。那就是求同舍异的抽象能力非常薄弱，往往不能在形成数字观念时完全舍去具体的形象。有些落后民族的数字观念，往往和事物的具体形象联系在一起，计数时说一个羊，两个鸡，三个猪等，而不会说抽象的一、二、三。幼儿的数字思维也有这个特点，只明白一个梨，两个蛋，三个糖，却不懂得独立的抽象的一、二、三。这是思维历史发展自身必然性的一种表现，无可疵议。

关于这一点《原始思维》作了深入的具体分析，它说："通常人们都是不作预先的考察，就认为下述的东西是合乎自然的事实：计数是从1开始的，各种数是通过对先前的每个数连续加1的办法来形成的。

实际上，这是逻辑思维在它开始意识到数的功能时所不能接受的一个最简单的方法。

"（只要有1，就能从无中引出一切）。然而不拥有抽象概念的原逻辑思维（作者把先逻辑思维称作原逻辑思维——笔者）却不是这样的。原逻辑思维不能清楚地把数与所数的物区别开来。这种思维由语言表现出的那个东西不是真正的数，而是'数——总和'，它没有从这种总和中预先分出单独的1。要使这种思维能够想象从1开始的、按正确序列排列的整数的算术序列，必须使它把数从其所表示的那些东西中分离出来，而这恰恰是它所办不到的。相反的，它所想象的是实体或客体的总和，这些总和是它按其性质及其数而得知的，数则是被感觉到的和感知到的，而不是被抽象地想象的。"

这段话是经过大量实地考察而作出的结论，足资信从。可见，想从原始人的先逻辑思维的头脑中导出一般抽象的数字概念，无异于缘木求鱼。

这里要探讨的问题，不在于这种数字思维的原始的低级性与局限性，而在于从这么低级阶段的原始的数字思维中，怎么可能产生那么高级的弥纶天地人三道的阴阳二象？没有高度的抽象概括的思维能力，怎么可能集中万事万物的共同本质并经过论证[①]而把它归结为阴（--）阳（—）两个对立统一、相反相成、并成为八卦基因的画像？换言之，从贫乏的幼稚的数字观念中怎么可能产生阴阳二象这一对"冒天下之道"的哲学范畴？也就是说，问题在于原始的数字观念"奇偶"，究竟在思维中通过什么道路，运用什么办法，克服自身的幼稚性和局限性，越过发展的中级阶段和量变过程，摇身一变而成为高级概念"阴阳"？数字说（也包括占卜的奇偶说）是回答不了这个问题的。显

----
① 适用于一切事物的阴阳概念，不可能来自完全的归纳，而必配以演绎的论证。

然它所主张的低级的奇偶转变为高级的阴阳，只有想象的同一性，而无现实的同一性，故此，八卦的阴阳二象产生于原始记数（或筮数）的说法，是难以成立的。

在诸说中受到支持最多的是占筮说。但他的命运和其他说法一样，难以成立。

首先，也是最根本的，八卦的阴阳二象和占筮的兆象，性质不同。无论类似杯珓的占具或竹棍的卜器，取其兆象的目的是取得神的预示，以先知未来的吉凶祸福。在原始时代，它是由巫或觋所通行的人神之间的桥梁之一。杯珓的正反和竹棍的奇偶，并非客观事物的概括反映，而是预示未来如何的兆象。但八卦的阴阳二象却不是这样。如上所述，它是全面概括万事万物内在矛盾的标象。任何对立面的统一体，都在它的涵盖之内，"吉凶""祸福"这两对概念也不例外。它的性质不是预测，而是反映。占兆的正反或单双会表示吉凶、祸福，而阴阳二象的内涵却不仅是如此简单固定的预测性质，它所表示的乃是万物生生不已、千变万化的普遍规律。

第二，占筮所获得的兆象，无论正反或单双，都是占具摆动而形成的机遇现象。而八卦的阴阳二象，则是概括万物的本质而形成的范畴。前者是偶然的产品，后者则是必然的结晶。

第三，阴阳二象逐渐演为八卦乃至六十四卦。它是《易》这一巨大的哲学体系兼辩证思维系统的基因。而原始的蓍草占龟卜及其他多样杂占，无论在世界何处，都无发展成为一门哲学的先例。因为，哲学讲规律，规律属于必然性范畴，而占卜术则是靠占具的随机变动，属于偶然性范畴。想从偶然的变动中导出必然性的哲学体系，那无异于缘木求鱼。从占卜兆象的大量统计中，能够引出的不过是大数法则之类而已，超不过概率论这种量的理论范畴。因此，李镜池先生认为，阴阳两个符号是用蓍草占卜时的偶然发现，在《周易》中也不见得有何意义。（转引自秦广忱《周易阴阳观的起源及其自然科学基础问题》载《周易研究》）这种简单的论断，不合乎思维发展的原理。

第四，正由于上述原因，由于机遇的偶然性的制约，占卜术所获得的兆象（正反、奇偶等及其形成的图像），并不具确定性，其命中率，从概率的理论来说，只有50%（吉或否）。对问卜者实际上只有碰运气、精神安慰、助长气势之类的心理效应，绝对不能成为事业和生活的指南。正如荀子所说："卜筮然后决大事，非以为得求也，以文之也。"（《荀子·天论》）"文"，就是《红楼梦》里贾珍为可卿办丧事时想要借个封号"风光风光"那样的意趣。相反地，阴阳二象所表示的阴阳变易之道，却不分时地，永远具有宇宙根本大法的功能，可使掌握它的人"无有师保，如临父母"（《系辞下》第八章）。对人的事业、生活与修养，尤其是对处于衰世困境的君子来说，它是最简明切要的指路明灯。

最后，为彻底划清占筮兆象与阴阳二象的界限，仍需重复上文，再强调一下：原始的占卜思维，属于非理性的悟性思维，它以命由神定，人由神使为前提，以不可测的偶然结果为依据，这是一种蒙昧的最低级的思维。而作为辩证思维体系《易》体基因的阴阳二象，则是熔铸图像与逻辑于一炉的高级思维。一为偶然的兆象，一为必然的法则：一在深谷，一在高峰。二者之间横亘着万难逾越的空间。试问，如此低级的卜筮兆象怎么经过质的飞跃而变为《易》象的基因？着实难以想象。

这是占筮说难以成立的关键问题。在这个问题上似乎尚未出现令人满意的答案，不但如此，而且有些学者好像对此有所忽略。古代的朱熹等是这样，当代的高亨等也是这样。

前文说过，朱熹一面认为"八卦之书，本为占筮。方伏羲画卦时，止有奇偶之画，何尝有许多话说？"另一方面又说："伏羲之《易》初无文字，只有一图，以寓象数，而天地万物之理，阴阳之变具焉。"（《朱子大全·答袁机仲》）。一面贬斥阴阳为占筮的奇偶二画，没多少话说；反过来又说它寓天地万物之理，具阴阳之变。而当门徒怀疑他的卜筮说，问他：伏羲画卦恐未是教人卜筮时，他反过来又说："这都不可知。但他不教人卜筮，画作甚。"（《朱子语录》卷六五）既说"不可知"，又说"画作甚"，含糊其辞，前后扞格。他就是抱着这种态度强调八卦阴阳源于占筮。至于以预测为目的的占筮兆象的奇偶数，如何能具"天地万物之理和阴阳始终之变"，或者如何发展到那个高度，两者之间有何内在联系，他却置之不论。

高亨的论调，一定程度上和朱熹有类似之处。一边说"八卦原来也是供占筮之用"，爻和卦都是占筮的竹棍的形象，一边又说"阴阳两爻的创造，反映了古人认识到宇宙事物的阴阳两性矛盾对立的现象。"以竹棍的奇偶测事，是占筮的初级形态。那时人类的认识还处于人神之间，思维能力还处于未能脱离具体事物的原始阶段，而能够认识到阴阳两性的矛盾，则需要相当发达的抽象思维能力。两者不能在同一社会群体中同时并存。在简单卜筮的初级思维和辩证的高级思维之间，绵延着充满生产实践、社会实践和思维实践的极其悠久的历史年代。如同原始的数字一样，原始的占筮兆象也绝不可能生出《易》卦的阴阳二象这样蕴涵宇宙大法的哲理。《易》卦阴阳二象的高度抽象性、概括性、灵活性和变化莫测的玄妙性，以及其后继续形成的带有永恒意义的多方面多层次的发展过程，表明在它的原始胎体内原来就蕴涵着无限深厚的广阔的哲理基因，说它具有宇宙全息的特性，也不为过。它和占卜小技在性质上内涵上思维等级上和功能上，有天渊之别。因此，朱熹的空洞的卜筮说和高亨的具体的占筮说，以及其他学者的类比占筮说，都不能"言之成理，持之有故"，都不能成立。

占筮说不但在理论上说不通，从历史实际来看，也站不住脚。古今中外世界上"三王不同龟，四夷各异卜"（《史记·太史公自序》），包括龟卜在内，形形色色的杂占杂卜，何止千百八种。试问，其中哪一个"蜕变"发展成为高深的哲学？哪一个登上了学术殿堂？哪一个能像《周易》这样，日益发扬光大？在古代，对占卜之道不但士君子鄙之为末技，为世俗所贱简，就连利用神道设教的君主，也不予以完全重视。司马迁曾说："文史星历，近乎卜祝之间，固主上所戏弄，倡优畜之，流俗之所轻也。"（《报任安书》）这种为人们所轻贱的占卜小术，如何得以生出如此博大精深如周易的学问？因此占卜之转为高深哲学，可以说，不仅于理不合，实际亦未曾有。

来源的合理探索

既然上述诸说都不能合理地说明《易》卦阴阳二象的来源，那么，究竟它的来源在哪里？怎样探索才是较为合理的途径？这一问题，由于没有直接的文化遗存可资查证，所以只好依据古代学者的有关文献，参照上古社会的历史情况，力求作出合乎逻辑的探索。上文的论述，为这一探索提供了依据的原则。那就是：

第一，《易》卦的阴阳二象，不是一事一物的象征，也不是数字与占卜的符号，它是象征宇宙万物的范畴。

第二，要想在认识中建立起这么深广的范畴，必须具备高级的思维能力，亦即观察、抽象、归纳、演绎、概括以及具有辩证性的思维能力。

从这两个原则出发来看，真正的阴阳二象的诞生，不会在远古的洪荒时代，或神话传说的时代。在结绳记事和占卜问神的原始人的头脑中，绝不会产生如此高级的辩证概念。应该说阴阳二象（从形式到内容）的出现，起码是在先民脱离蒙昧而进入文明的历史时期。传说认为它是伏羲所造，但伏羲何人，生于何时，已无迹可考。伏羲即使真是圣人，头脑也不能超越时代。

在这一问题上，孔子的首要观点是《易》象的八卦（当然以阴阳二象为基因），最初为伏羲氏所画，这大约是依据春秋当时普遍流行的传统说法而作出的论断。那么，伏羲这个圣人是怎样始创阴阳八卦，其创作意图是什么呢？孔子是这样阐述的：

"古者，包羲氏（即伏羲氏）之王天下也，仰则观象于天，俯则观法于地，观鸟兽之文，与地之宜，近取诸身，远取诸物。于是始作八卦，以通神明之德，以类万物之情。"（《系辞下》第二章）

这段话表明三点：一是表明画卦的伏羲其人是尊长，是圣者；二是叙述画卦的过程；三是说明画卦的目的。其中最重要的是第二点。画卦（始自画阴阳二象）的过程，实即理性思维运动的过程。伏羲观察天地鸟万物以及人身，然后画出八卦，从观察具体事物到画出抽象的八卦，其间的过程，孔子没有详说，只说了一个"取"字。这个"取"字，当然是意味着从事物中抽取共性，经过归纳、概括而后表之于两个形象："—"（阳）与"--"（阴）。在此基础上演画出八卦，乃至六十四卦。这就是所谓"观物取象"的认识过程，也是阴阳八卦概念形成的思维过程。孔子这段话还表明，观物的广泛性遍及天地人，无所不观，取象的深刻性达到宇宙万物的共同本质。这同前述天文地理说之宥于一事一类的观察取象与概念形成，有质的差别。

那么，画卦的目的亦即阴阳八卦的功能是什么呢？照孔子的理解，那就是"以通神明之德，以类万物之情"（同上），这里所说的神明，不是指天帝的神灵，也不是日神的别名。此处的神明是说"隐藏谓之神，著见谓之明，阴阳交通乃谓之德"（《周易集解纂疏·系辞下》）。意为阴阳八卦之象，具有表达神（阴）明（阳）交流变化之性的功能。此句中的类字，是分门别类之意，意为阴阳八卦之象能够分门别类地表达万事万物的情志。如

《乾》卦象天，《坤》卦象地，《坎》卦象水，《离》卦象火，等等。这是《九家易》和李道平的注释。虽是古注，却简洁地说明了阴阳二象的性能信其所组成的八卦的功用。前者象征相反相交、生成万物的阴阳二气，后者分类象征阴阳二气所组成的各类事物的情志。宋代史学家司马光说："圣人上观于天，下观于地，中观于万物而作《易》也。《易》道始于天地，终于人事。"（《易说》）是对观物取象的补充说明。

这里需要解释一下，八卦的《乾》（天）《坤》（地）《震》（雷）《巽》（风）《艮》（山）《兑》（泽）《坎》（水）《离》（火），似乎只代表八类事物，怎么能"类万物之情"呢？有的学者认为这句话是小词大用，这恐怕出于以今推古的误解。因为，前文说过，上古的数目观念曾以三为多，甚至为最多，老子所谓"三生万物"即其语义遗风的表现。《易》之八卦，由阴阳二象组成，原来是三画一卦，

八卦全是三画。三意味无限多，故而三画的八卦，自然可象征"万物之情"。这是一。其次，阴阳二象的三度组合，最大度是八次。八卦已穷尽了最大量，故而在画卦者思想中，三画的八卦便可象征所有类别的事物。孔子在《系辞》中说的这段话，并无人们误解的语病。上述孔子对阴阳八卦产生和形成来源的首要观点，大约是依据传统说法，如《礼记·祭义》所云"圣人建天地阴阳之情，立以为易"，从观物取象的角度作了阐述。用今天的话来说，它是按照主观反映客观的实际过程而提出的学说，属于哲学的性质。

但主张《易》象源于占筮，哲理为孔子所加的朱熹，不论其主张正确与否，在这个问题上却犯了前言不搭后语的语病。他一面强调伏羲画卦只为占筮，没什么道理，道理来自孔传。而谈到阴阳八卦的产生时，却唱起反调，大讲哲理。

他在《周义本义》（"本义"指易经本系卦书）《乾》卦卦义的

释文中说：

"……伏羲所画之卦也。一者奇也，阳之数也。乾者健也，阳之性也。……伏羲仰观俯察，见阴阳有奇偶之数，故画—奇以象阳，画--偶以象阴，见一阴一阳有各生一阴一阳之象，故自下而上，再倍而三，以成八卦。见阳之性健，而其成形之大者为天，故三奇之画名之曰《乾》，而拟之于天也。"

对《坤》卦卦义的解释是：

"'--'者，耦也，阴之数也。坤者顺也，阴之性也。……阴之成形，莫大于地，此卦三画皆耦，故名《坤》。"

又如对《艮》卦卦义，他是这样解说的：

"艮，止也。一阳止于二阴之上，阳自下升，极上而止也。其象为山，取《坤》地而隆其上之状，亦止于极而不进之意。"

从朱氏这些释例中可以看出，他对易卦原义的解说，纯是以孔子所述的伏羲氏仰观俯察、观物取象而形成阴阳二象范畴为立足点和出发点，对奇之阳性，耦之阴性，天健地顺山止的物性论断，无一不是在讲阴阳生化的义理，正是"有许多话说"。不是他所反复强调的"方伏羲画卦时，止有奇偶之画，何尝有许多话说"（《朱子语类·易类》）。而是如他在另一处所说："伏羲之《易》初无文字，只有一图，以寓象数，而天地万物之理，阴阳始终之变具焉。"（《朱子大全·答袁仲机》）上引三例足以表明，朱熹是从"易以道阴阳"的观点阐述卦象的成因及其义理，可以说是对孔子传义的发挥。这显然是以自语否定了自己所说的"八卦之书，只是为占筮设，到孔子方始说从义理"的论断，犯了自语相违的逻辑错误。从这里，可以更深入地看到八卦阴阳之象的哲学范畴，不可能从占筮符号的低级思维中产生。

除了从历史实际的角度对阴阳八卦的创作与形成作如上叙述之外，孔子又从逻辑思维的角度对阴阳概念的产生及发展为八卦的过程作了如下说明：

"……易有太极，是生两仪，两仪生四象，四象生八卦，八卦定吉凶，吉凶生大业。"（《系辞上》十一章）

所谓太极，即太一，也就是一。许慎说："惟初大一，道立于一，造分天地，化成万物。"（《说文》）古人把天地未分之前宇宙的混沌状态描绘为"一"，太极这个概念即指"一"而言。与此相应，"凡物之未分，混为一者。皆为太极"（司马光《易说》）。拿《易》来讲，它是阴阳混一的母胎，造化的本源，今人谓之"雌雄同体"。这就是所谓太极生两仪。仪是匹配之意，阴阳二象成双成对，故曰两仪。孔子说《易》有太极，但《易》中并无太极之象，太极（太一）大约是孔子用来表示阴阳二象来源的概念。[1] 也有人认为，太极云者，就是伏羲氏仿天而画下的头一笔"—"（阳象），有了"—"，再仿地而画下与一相匹对的第二笔"--"（阴象），从"—"（阳）到"--"阴"，就是孔子所说的太极生两仪。这也可备一说。

接着，从两仪中生出了四象，四象是阴阳二象的最大组合。具体情况是：阳上生一阳，谓之太阳；阳上生一阴，谓之少阴；阴上生一阳，谓之少阳；阴上生一阴，谓之太阴。这既体现阴阳二象的组合衍生，也与四季的展开相合：春为少阳，夏为老阳，秋为少阴，冬为老阴，体现出阴阳八卦形成的概念运动过程与宇宙起源和天体运行的物质运动过程符节相合的统一性。四象继续发展，其最大组合就成为八卦。亦即：太阳上加一阳组成三阳，是为《乾》卦，象天；太阴上加一阴，是为《坤》，象地；少阴上加一阴，是为《震》，象雷；少阳上加一阳，是为《巽》，象风；太阴上加一阳，是为《艮》，象山；太阳上加一阴，是为《兑》，象泽。少阳上加一阴，是为《坎》，象水；少阴

---

[1]《礼记·礼运篇》有云："夫礼必本于太一，分而为天地，转而为阴阳，变而为四时。"

上加一阴，是为《离》，象火。《乾》性刚，《坤》性顺，《震》性动，《巽》性入，《艮》性止，《兑》性悦，《坎》性陷。《离》性丽。阴阳二象如此运动发展，尽组合之能事，完成涵盖宇宙万象的八卦，其运动组合是自然的、必然的，是能行性的。用邵雍的话来说，就是一生二、二生四、四生八这样一个自然组合的衍生过程。这个二进制的八卦图，曾给16世纪德国哲学家莱布尼茨以很大启示，使他有所悟，而进一步开发出计算机的二进位制原理。

但苏东坡对此有不同的解释，他认为：

"太极者，有物之先也。夫有物必有上下，有上下必有四方，有四方必有四方之间，四方之间立，而八卦成矣。此自然之势，无使之然者。"（《苏氏易传》卷七）

这是从有物无物和物生后的形体上对孔子这段话所作的解说。它离开了阴阳的组合发展，恐非孔子原话的本义。孔子的话是从阴阳二象出生直到组成八卦的过程，从概念运动的数理逻辑角度所作的论述，应该看作是对上述观物取象说的一种补充。单用物体形成的方位来解释，那就大大降低了八卦的涵义、功能和价值。

孔子在《系辞》里所说的八卦，往往不仅指八个经卦，也指包括别卦在内的《易》体六十四卦。八个经卦仍旧一分为二，组成十六卦，十六卦再一分为二，组成三十六卦，三十六卦再一分为二，即组成六十四卦。六十四卦是八卦的最大组合，所以它能分门别类地显示"万物之情"，即无穷无尽的所有事物的情态。这样，从太极生两仪算起，经过七个步骤，得以形成《易》象的整个体系。这七个步骤，从形式到内容，构成一个有机联系的链条，在数理关系的逻辑上讲，其发展是顺理成章，毫无造作之迹。

不过，这里却出现了疑问：这个《易》象体系发展形成的原动力是什么？换言之，是什么力量推动太极生出两仪，并经由四象和八卦而发展成为六十四卦的《易》象体系呢？

回答这个疑问可以有哲学与非哲学的两个办法。哲学的答案有二：一是前文说过，《易》本源于效天法地，观物取象，所谓"广大配天地，变通配四时，阴阳之义配日月"（《系辞上》六章）。阴阳、四象、八卦乃至六十四，无非是宇宙万物由根底发展为千姿百态的过程在画卦者头脑中的反映。亦即上文所引伏羲从仰观俯察中"取"来而仿制的自然实际，故而无勉强人为之迹。二是从逻辑上看，太极内含阴阳，相反相成，必然由静而动，其连续的一分为二，是内在矛盾的运动所促成，衍展为六十四卦是势所必至，理有固然。所以说，顺理成章，并非造作。这两个答案，前者是讲主观对客观的概括，后者是讲概念自身的逻辑发展。从内在联系上说，二者可并为一个，那就是阴阳二象经七个步骤而形成八卦乃至六十四卦的过程，乃是客观世界内在矛盾发展过程在画卦思维中实际反映。故此，上述孔子的观物说和太极说在说明以阴阳为基因的《易》象的形成上，是合理的，深刻的。应该说，孔子的学说体现出历史与逻辑的统一。

关于阴阳二象相反相成，相交互变的情况，孔子谓之"刚柔相推而生变化"（《系辞上》四章）。但刚柔相推的动力，即促使阳变阴、阴变阳的动力又是什么呢？孔子也以观物说作了阐释。他说："仰以观天文，俯以察地理，是故知幽明之故。"（《系辞上》四章）陈梦雷对此作了深入恰当的解说。他认为孔子这段话的意思是"……穷理之事也。……《易》者阴阳而已。幽明、死生、鬼神，皆阴阳之变，天地之道也。……昼明夜幽，上明下幽，观此见天文幽明之所以然。南明北幽，高明深幽，察此见地理幽明之所以然，就天文地理而分言之，似天文明而地理幽，而天文地理中又各有幽明，如日月雷风，见于象者为明，其藏而不见处为幽。……以《易》之阴中有阳，阳中有阴，知天文地理中之幽中有明，明中有幽。阳极生阴则渐幽，阴极阳生则渐明，终古天地如此。知其所以然之理，所谓知幽明之故也"（《周易浅说》）。这段话把孔子关于幽明之故源于观物的道理，讲得相当透彻。可见，《易》象之阴阳相对相待，阴中有阳，阳中有阴，阳极生阴，阴极生阳，是天文地理的反映。其运动的动力是来自大自然的内在矛盾，不是来自于人为的造作。

以上，是符合哲理的答案，可视为正解。

当然，此外还有违反哲理的答案，其中主要是源于占卜的臆说，朱熹即作如是说。如前所述，他认为伏羲所画奇偶两画，是为教人卜筮。起初有占无文，与民间占卜的杯珓相似。据他的观点来说，八卦的阴阳二象只是占卜记录的奇偶标记，自然没有什么义理内涵。照他的说法，四象、八卦乃至六十四卦，就只能是由没有义理的占测之兆的标记生出来的。就是说，伏羲当初是依据这两个占测所得的空洞的奇偶标记，推出了四象、八卦乃至六十四卦。朱熹这种说法，是把反映宇宙大法的阴阳二象同乞求神谕的占测标记等同起来，是把深广的哲理范畴同浮浅的记事标记等同起来，是把记录偶然结果的占卜标记同蕴涵必然规律的概念等同起来，也是把相反相成相交互变的能动的《易》象（变易之象）同记录占测结果的被动的如同龟卜兆象那样的静定标记等同起来。试问，如此浅薄的源于占卜记录性质的奇偶标记（与自身同一的初级概念），怎样经过量的积累发展，在什么条件下发生质变，通过什么方式和道路，转化为涵盖万物的哲学念"阴阳"？这些静性的奇偶标记，怎样获得能动性而一分为二，通过上述六个步骤，衍为六十四卦的《易》象体系？促使占卜标记"奇偶"运动发展的动力是什么？其外在的动力当然是占卜行为，但占卜行为的数量积累，怎么能够改变占卜标记的性质而使它由普通概念跃升为哲学的高级范畴？同时，其内在动力又是什么？而如无内在动力，事物只能发生机械性移动，不会发生质变。这一系列的问题，古代的朱熹等当然回答不出，现代的高亨等恐怕也难以交卷。

由此观之，《易》卦本占筮而画，阴阳二象源于占筮，以及八卦成于占筮符号的组合等说法，无论从历史上，文献上或逻辑上说，都是不能成立的。

附录：作为参考，与此相关的问题可举出方形的观念。四形和四时的观念与数的观念一样，到形成为止都有一个艰难的历程。原始人起初不识数，后来逐渐发展到辨识一、二、三；对方形识别，也是如此。依据考古学的研究，原始人的时间观念和空间观念是经过一个混同的历程而后逐渐分开的。张劲松先生在《论中国远古的方形文化与八卦的起源》一文中作了如下的论述："上古人的日四时和年四时的分割模式反映了其时间观念同空间方位是混同的，或者说是合一的。这种混同在文化上是因为四方和四时都是以方形观念为母体的。在科学上是因为太阳在空间中同一位置的再现是周期性的，原始人凭长期观察已经认识到了这一点，故以太阳运行的四空间位置来标志循环的四时时间。"(《东南文化》1996年第2期) 张文以大量出土资料为依据，言之成理，持之有故，对认识原始人思维的先逻辑性，提供了重要线索。

另外，张文依据安徽省含山县凌家滩出土的新石器时代的方形玉片认为，八卦图源于原始人的方形文化，同时驳斥了性器说和蓍卜说。其文曰：

"……这便是含山方形玉片的原始八卦图。孔子（认为'八卦之德方以智'）和王嘉（晋人，著《拾遗记》，说伏羲坐于方坛上画八卦）的确揭示了方形（也即方坛）与八卦的秘密，较今日学者认为八卦始源于两性文化或蓍草卜而完全忽视了方形文化要强。"

张文主要内容是认为八卦本来有图,图源于原始人的方形文化。是否如此,本文认为尚需深入考虑,不愿妄加评论。同时张文的论题与本文所谈的阴阳二象的起源问题,虽有联系但不尽相同。然而值得注意的是,张文也不同意性器说和占筮说,这一点可资参考。

"变"是周易的灵魂

前文说过,以阴阳二象为核心的八卦、六十四卦体系,冠以《易》名,实在是个名副其实的绝妙的创造。因为它一言中的,如画龙点睛一般,勾画出《易》体的灵魂——变。

《易》的灵魂何以在变?变性自何而来?这一点,需要从《易》体变性的根源说起。

对《易》体稍加分析,便会看出,它以八卦为基础的六十四卦体系,是由阴阳二象交叠演变而成。

阴阳二象,乃《易》象体系赖以形成的"基因"。阴与阳是"一物两体"(张载《横渠易说·说卦传》),是对立面的统一体。一物而有两体,一个统一体而含两个对立面,便形成相反相成的状态,便成为运动变化的根源。所谓"一故神(两在故不测),两故化(推行于一)。两不立则一不可见,一不可见则两之用息"(同上)。大意是,《易》一物内含两体(阴阳),阴阳莫测,故而称之为"神"。由于阴阳两体在一物中运行,所以发生变化。没有两体,便现不出一物,一物不现,则两体的作用也便消失。张载这段话讲的是《易》象中阴阳两体互为其根,互交互迭,从而发生变化的关系。亦即阴阳二气既统一又对立的运动,是宇宙万有变化的根源。这个观点符合事物发展的辩证规律。有了这个根源,则生者不能不生,化者不能不化。《易》既属于"一物两体",以阴阳为基因,就不可避免地阳中有阴,阴中有阳,阳交阴,阴交阳，阳变阴，阴变阳，阳生阴，阴生阳，生生不已，变化无穷。

这一点，在易卦的象数上表现得十分简明。《乾》《坤》为对立统一体，象征天地，为《易》卦之蕴。《乾》象纯奇（阳），《坤》象纯偶（阴）。《乾》《坤》六位，都是三正，三不正，似乎不如人意，但倘若《乾》《坤》六位，都阳从奇数，阴从偶数，则卦象皆成为《既济》。如此，则《乾》《坤》消失，变化止息，唯余一失去矛盾与动力的呆体，与《易》象的本质完全相背。故而，《易》之变，实根于《乾》《坤》对立统一体爻位正与不正之争。无妨说，《易》之变即始于爻位阴阳不正。由此可见，阴阳之互依互反，乃《易》变的内在根源。

《易》的变性源于天地的变性

探讨《易》之变性，除上述内在根源外，不能不追索它的客观根源。关于这一问题，孔子在《系辞》中反复作了明确深入的解说。他说："天尊地卑，《乾》《坤》定矣。卑高以陈，贵贱位矣。动静有常，刚柔断矣。方以类聚，物以群分，吉凶生矣。在天成象，在地成形，变化见矣。"（首章）

——"《易》与天地准，故能弥纶天地之道。仰以观于天文，俯以察于地理……"（四章）

——"夫《易》，广矣大矣……广大配天地，变通配四时，阴阳之义配日月，《易》简之善配至德。"（六章）

——"崇效天，卑地法。天地设位，而《易》行乎其中矣。"

——"……《易》者，象也。象也者，像也。"

孔子这些话，从总体上看，中心思想是表明《易》的创作以天地为本。观察天地万象的情况和变化，模拟抽绎，而后画出卦象以及卦爻象的变化。诚如杨诚斋所说："……因彼之天地，定吾二卦为《乾》《坤》。因天地之卑高，列吾六位（爻位）之贵贱。因天地之动静，判吾九六之刚柔。因天地之间万物之聚散，生吾八卦之吉凶。因天地之示形象,见吾六十四卦之变化"(《诚斋易传》卷十七《系辞》)。确如上述,《易》的变性,即源于天地与万物的变性。天地万物以阴阳之道"生生不已",变化无穷,《易》也以阴阳为根,刚柔相摩,千变万化,莫可究诘。《易》既以天地为本,则天地变易的本性,自然成为《易》的本质属性。大自然有混元之气,《易》则有太极之说;混元之气分而为天地,《易》则由太极生出两仪(阴阳);大自然形成四季,《易》则由两仪生出四象(太阳、少阴、少阳、太阴);四季分为八节,八节分为十二月,《易》则有六十四卦,等等(用司马光说,见《易原》卷五《系辞上》)。可见,从根本上说,大自然的运动变化,是《易》的变性的蓝本。《易》象体系内在的变化,并非《易》作者主观臆造的产物,而是客观世界的规律性在《易》作者创造性思维当中合理的反映。

《易》的体系是在变化中形成的

《易》象体系的基因是阴阳二象。阴阳二象相交叠演变,排列组合,成为四象:太阳、少阴、少阳、太阴;四象再阴阳交叠,排列组合,而演变为八卦:乾、兑、离、震、巽、坎、艮、坤。

《易》象基础的八卦,就是如此阴阳交叠而演变形成。八卦进一步发展,排列组合,便形成六十四卦,其演变过程基本上是这样。孔子所谓"《易》有太极,是生两仪,两仪生四象,四象生八卦"(《系辞》十二章),即指此而言(《系辞》所谓八卦,往往含六十四卦)。

这是孔子在《系辞》里关于《易》象在阴阳交叠的演变中形成的第一个说法。孔子的第二个说法是,《乾》《坤》是作《易》者效法天地之象,如同天地能生成万物,《乾》《坤》也能生成其他《易》卦。六十四卦的体系,就是以

《乾》《坤》为父母而在交叠演变中形成的，故而孔子把《乾》《坤》称为"《易》之蕴"。意为《乾》《坤》如同思想宝库，其中蕴藏着六十二卦的宝物，经过《乾》阳《坤》阴的交叠演变而开发出来。在同样意义上，孔子又称《乾》《坤》为"《易》之门"，《乾》刚《坤》柔不断地相摩相荡，如同左右两扇门，不停地"一阖一辟"（《系辞》十一章）。经过这样的演变，整个六十四卦体系得以形成。

这是孔子在《系辞》中关于《易》体在演变中形成的另一个说法。

这两个说法表面不同，实际上是一个观点的两种说法，是从不同角度说明《易》体的根基及其演变形成的过程。不过，这两个说法都只点明《易》体的根基及其演变的结果，至于演变的具体情况，则语焉不详。《系辞》只说《乾》《坤》为"易之蕴""易之门"，但对六十二卦如何从《乾》《坤》的交叠变化中逐一形成，却并未细述。仅在十翼之一的《说卦》中，孔子作了简单的解答。

《说卦》是这样叙述的：

"《乾》，天也，故称乎父。《坤》，地也，故称乎母。《震》一索而得男，故谓之长男。《巽》一索而得女，故谓之长女。《坎》再索而得男，故谓之中男。《离》再索而得女，故谓之中女。《艮》三索而得男，故谓之少男。《兑》三索而得女，故谓之少女。"

孔子在《说卦》中的这种说法，给《乾》《坤》为"易之蕴""易之门"之说法作了具体补充，为《乾》《坤》生六子的卦变学说，提供了文献根据。这种说法，属于《易》卦变的范畴。当然，这种卦变的理论，并不严谨。比如，《乾》《坤》相交为何一定要先生长男《震》，而不先生长女《巽》？如果说这是父系思想的合理表现，那是就它的社会根源而言，并非指它体系内部的原动力。所以，《乾》《坤》生六子以《震》为首之说，并非逻辑的必然展开，只是人造的义理模式。但大体上能够较为顺理成章地具体表明《乾》《坤》为《易》体父母的观点。到了宋代，苏轼和程颐继承此说，用来解释《易》体的生成。苏轼说："凡《易》之所谓刚柔往来相易者，皆本诸《乾》《坤》也。《乾》施一阳于《坤》，以化其一阴，而生三子。凡三子之卦，有言刚来者，明此《坤》也，而《乾》来化之。《坤》施一阴于《乾》，以化其一阳，而生三女。凡三女之卦，有言柔来者，明此本《乾》也，而《坤》来化之。"（《东坡易传》）程颐说："卦之变，皆自《乾》《坤》""《乾》《坤》变而为六子。"（程颐《易传》）如此，《乾》《坤》生六子而演变为六十四卦的卦变学说，尽管在《易》学界未达成共识，却具有一定的权威性。此外，还有虞氏卦变、荀氏卦变、李氏卦变等学说。虞翻之说的要点是，《乾》《坤》二卦交叠，生出《复》《临》《泰》《大壮》《夬》《姤》《遁》《否》《观》《剥》十卦，连同《乾》《坤》二卦共十二卦，称为十二辟卦。其他五十二卦皆由此生出。荀爽之说则以《乾》《坤》生六子之论为基础，认为六子卦又生出八纯卦以外的五十六卦。李挺之卦变有二图：一曰"变卦反对图"，以为《彖》传所言卦变皆以反对为义。二曰"六十四卦相生图"，以为《乾》《坤》为六十四卦大父母，《复》《姤》为六十四卦小父母。如此等等，《易》体生成的卦变之说，不一而足。何者为《易》六十四卦体系演变形成的脉络与关系的正解，很难断定。但无论哪种卦变学说，从起点到终点，都是以"变"的思想为中心，与孔子的易学观点若合符契。孔子在《系辞上》里给《易》作了界定，他说："生生之谓《易》"（五章）。意思是，一阴一阳，互相交叠，千变万化，无有穷尽。郭雍解释说："自《易》而生《乾》《坤》，自《乾》《坤》生八卦，八卦生六十四卦，而后二篇之策当万物之数。所谓生生之谓《易》也。"（《家传易说》）他以

"生生之谓易"的观点来阐述《易》体的演变形成，非常恰当。

上述情况说明，从《易》学的始祖孔子开始，在所有《易》学家思想中，"变"是《易》的本性，《易》体彻头彻尾是在"变"中演化形成的。

序变、数变、卦变、爻变及其他

周易的变性除表现于上述易名和易体形成以外，也表现于卦序系列的安排。上经始于《乾》《坤》，终于《坎》《离》凡三十卦。下经始于《咸》《恒》，终于《既济》《未济》凡三十四卦。总体六十四卦，从始至终，都以"二二相偶，非覆即变"（孔颖达《周易正义》）的方式排列。"二二相偶"，意为两卦配成一组，六十四其配成三十二组，一组一组地排成一个系列。构成一个有机联系的体系。"非覆即变"，是指三十二组卦序所依据的卦象或阴阳关系运动的方式。"覆"，是说一组两卦的卦象在排列上互相颠倒。如《屯》与《蒙》为一组，《屯》象上水下雷。继之以《蒙》，《蒙》象，上山下水，是由《屯》象颠倒而成。亦即，《屯》象倒过来即成《蒙》象，依此方式排列卦序。"变"是表示一组两卦卦象的阴阳完全相反。如《坎》与《离》一先一后，卦象的阴阳完全相反。卦序系列中，《泰》与《否》、《随》与《蛊》、《渐》与《归妹》、《既济》与《未济》四组。既是"覆"，又是"变"。《颐》与《大过》、《坎》与《离》、《中孚》与《小过》、《乾》与《坤》纯属于"变"。其余二十组均属于"覆"。以上《易》体序变，是以卦象及其阴阳关系的运动为演变的依据，可称为结构上的演进。与此同时，六十四卦配成的三十二组《易》卦，在形成序列的演进过程中，前后彼此之间，也有义理上的联系。《序卦》传就是从义理方面论述了六十四卦系列之间的联系，它是就传统卦序的排列顺序所做的阐述。另外,十翼之一的《杂卦》所讲,是另一个卦序。它大体是从"二二为偶"的各组卦之间正反意义的联系上对卦序作了阐述。如"《乾》刚《坤》柔,《比》乐《师》忧。《临》《观》之义,或与或求。……《震》,起也;《艮》,止也。《损》《益》,盛衰之始也。……"云云,画龙点睛式地表明了卦序当中各组卦之间相反相成的义理联系。总之,在《易》体形成过程中,卦序是在"变"中所构成;是在结构之"变"与义理之"变"的交融中所构成,而且义理之变是"变"的灵魂。

这样,弥纶天人之道的周易的"变"性,在其序列中便有明显的表现。伴随卦象阴阳之变的展开,天人的义理之变跟踪展开。有的表现时代之变,如《屯》《蒙》之变。有的表现时运之变,如《泰》《否》之变。有的表现时势之变,如《剥》《复》之变。有的表现进退之变,如《遁》《大壮》之变。有的兼及数义,如《需》《讼》之变,既为争利之变,又为自我修养之变。从卦序系列的义理来看,仅以上经而论,从《乾》《坤》到《泰》《否》共十二卦为一节。其间经混蒙、开发、动乱之变而后达到安定兴旺、繁荣之变,经过《否》的逆转之变后,又进入《同人》《大有》《谦》《豫》《随》文明高潮之变,而后由《随》的随波逐流而堕入《蛊》的腐败之变。再经过《临》《观》的宣教访察之变,于是乎转入《噬嗑》,发生大动刑狱,扫除邪恶之变。疾雷骤雨之后,需要修整文饰,以调济世风,遂必有《贲》之变。《贲》极则反,继而邪侵正,入于邪盛正衰的《剥》之变。阴剥阳至极点,而阳不尽,于是乎阳复生,是为《复》之变,到此又十二卦,是为一节。如此治治乱乱,向前发展。卦序之变在逻辑上反映出它和历史之变的统一性,在历史哲学上给人以深刻的启示。

这一系列繁杂的时势、人事与伦理之变,在占卜类书中,只有周易才有。其他的，如《太玄经》《易林》《梅花术》《火珠林》等等，其主要变化只具有简单的占测意义，别无深奥的多层内涵。

周易的筮法也根植于变化，谓之数变。所谓"天数二十有五，地数三十，凡天地之数五十有五"。"四营而成易，十有八变而成卦"（《系辞上》九章），等等。其间，五十有五之数变产生七、八、九、六之数，如此再变而成爻，爻备而成卦。在筮法这一连串数变中，特别值得注意的是，周易之爻用九、六而不用七、八。"阳动而进，变七之九，阴动而退，变八之六"（《周易集解纂疏》引《乾凿度》语）。依筮法，九、六为老阳、老阴，七、八为少阳、少阴，老变少不变。据说，夏商之占用七、八，取不变之数。到文王演《易》，始用九、六之数，以变者为占。——是否如此，无从稽考。但"周易以变者为占，故称九称六"（《同书》引郑玄注），周易《乾》《坤》二卦于六爻之外，附有"用九""用六"

各一条。表示："《乾》惟用'九'故能变，《坤》惟用'六'故能化。阳变阴化，以成六十四卦、三百八十四爻，此皆用九用六者为之也。"（《同书》疏引刘注）这足以证明，从筮数上考察，"变"也属于周易的本性。回过头来再想想夏商占用七、八转为周易占用九、六之说，会从中领悟出一个重要的道理。即：真正的占卜植根于天命神谕，测知来事，必有定数。占无一定，何须用占？所以用七、八不变之数，完全合乎占卜定理。反之，周易之改以变为根本，则使用九、六变数，以反映人事之变，也是符合事理的。如此说来，以数之变求卦爻象之变，以卦爻象之变观卦爻辞之变，从观卦爻辞之变中悟事理之变，从而窥来事之几微，以为君子谋而为小人戒；周易以占筮为形，变性为本的教化性质，昭然若揭。

周易的卦变，可分为两种：一种是八卦及六十四卦形成之变，即《易》体形成之变。另一种是占筮时的卦象之变，即"本卦"变成

"之卦"之变。如《左传·僖公十五年》载，晋献公嫁女于秦，问前途如何，筮遇《归妹》（兑下震上）之《睽》（兑下离上），《归妹》为本卦，上六（阴）变为上九（阳），成《睽》，是为之卦。本卦变出之卦，也属于卦变，也就是俗语所说的变卦。

其实，无论哪一种卦变，多数情况主要是源于爻变，卦变自不必说，卦变之中除卦序之变外，其他卦变归根结底大多来自卦爻的阴阳之变。无论是《乾》《坤》生六子说，《复》《姤》小父母说，或其他学说，都是如此。孔子《系辞》所谓"爻者，言乎变者也。"（上三章）王弼《明爻通变》所谓"爻以示变"，都指出爻的作用在于变。所谓卦变，不过是阴阳爻按一定变数互为消长所起的卦象的变化而已。

周易的卦爻之变，在一定意义上统而言之，有两个特点：一是形式的多样性，二是内容的广衍性。一个卦可以有多种变化，形成多种思想。举例来说，《损》的正面形象是山与泽的结合，山上泽下，主旨是损下益上，谓之《损》。这是《损》卦形式与内容的一个层面。其倒复形象变成《益》，风与雷结合，风上雷下，主旨变成损上益下，谓之《益》。相对于《损》来讲，《益》是《损》的形式与内容的又一层面（看到正面的《损》应想到覆面的《益》）。可视为对立统一的两个层面。普通较高的思维是到此为止，踏步不前。但《易》变到此却并未停止，仍继续深入。除正覆两面外，《损》还有相错（一名旁通，即阴阳相反）之象，成为泽山的结合，是谓《咸》卦。其主旨是阴阳交感而万物化生。对《损》来讲，可从中引出脱损求益之道：必感应人心而行，不可急躁勉强。这是《损》卦形式与内容蕴涵变化的第三个层面。同时，《益》也有错卦，是为《恒》卦，由《震》与《巽》组成，主旨为做事要有恒心，从中也即可引出脱损求益之道在于要有恒心之理。这是《损》卦形式与内容蕴涵变化的第四个层面。如此，一损《卦》而蕴涵变化的四个层面，正可谓内涵深厚，变化多端。但其变化到此，仍未饱和，还蕴藏更多的模式。仍以《损》卦为例，卦象由山泽组成，上山下泽，下为内卦，上为外卦，一个六爻卦含有两个三爻卦，这是《损》卦的外型。如果进一步对这个外型进行再分析，便可以发现，内外两卦中还含有另外两卦。除了初、二、三、爻构成《泽》，为内卦，四、五、上三爻构成《艮》，为外卦以外，同时二、三、四爻还可以构成一个三爻卦《震》，三、四、五爻又可再构成一个三爻卦《坤》。合到一起，又组成《复》卦。从中可引出损极必反，好自为之的思想。这种分析与综合的卦爻之变，叫作互卦，又叫互体。互体之中又有互体如包体、环互、伏互、兼互、连互等等花样很多，显示周易卦象与意义的多变性。有些学者认为互体不是周易的本义，只是汉代以后《易》学者的杜撰。这种看法表明，这些学者对周易内涵的深奥，包括象的多变性，体会不足。为什么从其他经书，甚至占卜类书中，不能引申出这么多形式与内容的变化，而只有易经才能如此？可见互体本来就是《易》象结构多重性与多变性的一种表现，毋庸置疑。所以有的《易》家认为互体也是《易》中之一义，是有道理的。如果《易》体的"基因"中无此"密码"，则互体之类便无从产生，无法被引申发挥。此外，更重要的是上述以《损》卦之变为例而生出的看问题的思维方法。对一个卦，可以从正面、覆面、错面、互面等四个侧面亦即从变化中去观察、体会、分析与综合，自然会得出更为深入而透彻的认识，也才符合周易思维的本性。应该说，这是较之"一分为二"更为全面的立体的思维方式。看卦应如此，看事变自然也应如此。表面上说，这属于对占筮卦变的观察方法，实质上说，这却属于辩证逻辑的思维方法。这种思维方法不仅为一般浅层的占卜小术所无，便是普通的哲学和逻辑学也不具有。对此越深入探索，越感到周易的深奥，越深入研究，越感到其他占卜书的浮浅。

对周易的变易性质，孔子知之甚深。他有段名言："《易》之为书也，不可远，为道也屡迁，变动不居，周流六虚，上下无常，刚柔相易，不可为典要，唯变所适。"(《系辞下》八章)这段话一面揭示周易为道屡迁、变动不居的本性；一面又指出，学《易》用《易》的正确态度应该是："不可为典要，唯变所适"。意思是，学《易》用《易》（包括施政、立业、修身、齐家等），不可把它看成死规矩，必须采取随机应变的态度，灵活运用。这样，就在易经同其他典籍（包括占卜书类）之间，划出一条界线。举例来说，汉人扬雄所著的占筮书《太玄》，就不是唯变所适，而是作出了大量典要：排定三百五十四赞当昼，三百五十四赞当夜，昼吉夜凶，吉凶之中又自分轻重，等等。其无理无变的占断，读起来令人头痛。而周易则不然，有时阳爻居阳位而吉，有时阳爻居阳位而凶，阴爻亦复如此，吉凶不定，适时而变，与世事的千变万化，如出一辙。由此也可以看出，就其本性来说，周易是一部反映天人之间运动变化基本规律的地地道道的哲理书，占筮乃是其寓理的形式和用以出理的方法之一。

最后，还有一个重要问题必须交代明白，那就是："变"虽是《易》的本性，但本性并非单一地独自为政。它包含变与不变两个对立面，是"变"与"不变"的统一。这个"变"是在一阴一阳之为道这个不变的宇宙规律的基础上形成而运行的。前面说过，《易》有变易、不易等多重涵义。此处着重谈它的变义，未涉及其他。但变易与不易的对立统一关系，却应铭记在心，不能忽略。

推天道以明人事

有如上述，《易》由原始的阴阳二象，经四象、八卦、三画卦、六画卦，发展到六十四卦；加上文辞和筮法后，躯体已相当庞大。其中必有一个合理的序列，借以贯穿其内在的有机联系；没有这个序列，就不能形成一个思想体系或一个功能机体。《易》的序列，就是六十四卦的卦序。

但是《易》的六十四卦，不是只能形成一种序列。依据卦间内在关系的不同，可以形成多种不同性质的序列。哲学性质的序列和占卜性质的序列，是其中常见的基本的两大类。

周易的卦序十分鲜明地表现出它的哲学性质。

周易六十四卦次序的安排和安排的方式，完全符合孔子所说的"通神明之德，类万物之情""和顺于道德而理于义，穷理尽性至于命"的创作主旨，充分体现出推天道以明人事的功能。六十四卦分为上下两篇，上篇三十卦，下篇三十四卦。上篇始于《乾》《坤》，终于《坎》《离》；下篇始于《咸》《恒》，终于《既济》《未济》。其卦序的安排有如下两个特点：

第一，遵循一阴一阳之为道的宇宙大法，依据对立统一的原则，将六十四卦并为三十四对，再按照相反相成的条理，以非覆（综）即变（错）的反来覆去的方式，安排卦象的演变，依据相因、相成、相反的关系安排卦义的次序。如《乾》《坤》、《坎》《离》、《泰》《否》、《损》《益》、《既济》《未济》等等，皆为相对的统一体。《乾》变《坤》，则象之阴阳和卦义之健顺，都转向反面。《屯》变《蒙》，则卦象翻覆，卦义相因而进（物生必蒙）。《蒙》变《需》，则卦象上复，卦义相因而进（物稚不可不养）。《萃》变《升》，则卦象翻覆，卦义相反而进（聚而上者谓之升），如此等等。大体上表现出象的运动与理的运动的统一。当然不可能也不应该表现为象理运动的绝对一致，因为那种绝对一致是人为的，违反阴阳之道变化无穷的性能。

第二，依据天地造化和天人合一的原理安排上下经的卦序。以阴阳互变为经络，组成一个井然有序的蕴涵天地人三道的宏阔的范畴体系。其首尾与中部的有机联系，表现出历史的真实性与哲理的深奥性的统一。

对此，唐代《易》学家孔冲远引用《乾凿度》的分析，说：

"案《乾凿度》云：'孔子曰：阳三阴四，位之正也。'故《易》卦六十四分为上下，而象阴阳也。夫阳道纯而奇，故上篇三十，所以象阳也。阴道不纯而偶，故下篇三十四，所以法阴也。《乾》《坤》者，阴阳之本始，万物之祖宗，故为上篇之始而尊之也。《离》为日，《坎》为月，日月之道，阴阳之经，所以始终万物，故以坎离为上篇之终也。《咸》《恒》者，男女之始，夫妇之道也。人道之兴，必由夫妇，所以奉承祖宗，为天地之祖，故为下篇之始而贵之也。《既济》《未济》为最终者，所以明戒慎而全王道也。"（《周易正义》）

关于易序的精义，王夫之有段名言，他说："……列《乾》《坤》于首，以奠其经，要《既济》《未济》于其终，以尽其纬，而浑沦无限、一实万变之理皆具，此周易之所以合天也。"（《周易外传》）

天地之前是什么

易序所蕴天人之道的构架，大体如此。但还有个要点，需要补充说明。一是周易的开端，耐人玩味，不可等闲视之。它不从《乾》卦开始，而从《乾》《坤》二卦开始，以体现阴阳相反相成而生万物（亦即衍生六十二卦）的变化性能，这一点前边已经详说，不必再赘。此外还有个疑问：为何从天地开始，而不从天地以前开始？这一点，古人也有解释。干宝说："天地之先，圣人弗论也，故其所法象，必自天地而还。"李道平疏曰"今《易》首《乾》《坤》，止取始于天地者，以天地之先，圣人弗论，其沦于玄虚也。"（《周易集解纂疏》）的确如此，宇宙间人所能见的最巨大的物体是天地，万物由此而生。至于天地由何而生，无法知晓。对不知者，只好存而不论，"不求知所不知者，智也"（《春秋谷梁传》）。作《易》

者安排卦序时，把《乾》（天）《坤》（地）放在开端，而不向前追求，就是这样一种重视现实的明智态度。倘若《易》作者是巫、觋之类的神学家，说不定会在《乾》《坤》之前求其本始，以神为祖，也未可知。二是，天地离不开水火，人间也离不开水火，水火贯通于天地人之间，为生命的源泉。故而周易上经始于天地，终于水火。天地之象"《乾》《坤》"为夬姤（三阳三阴）完全相反，水火之象"《坎》《离》"为趋羑（《坎》为二阴一阳，《离》为二阳一阴），也完全相反。以阴阳关系而言，周易上经是始于阴阳之反，又终于阴阳之反。这个阴阳相反的水火关系，一直持续到周易末尾。周易末尾为《既济》《未济》。《既济》的意思是"已成"，《未济》的意思是"未成"。《既济》的卦象是䷾，表示阴阳相反的水与火形成阴阳相成的关系（一阳与四阴、二阴与五阳、三阳与六阴，相应相合），全名曰"《水火既济》"。《未济》的卦象是䷿，表示水与火阴阳相反而不相应的关系，全名曰"《火水未济》"。这一情况表明，周易始于阴阳相反的乾坤而终于阴阳相反的而或应或否的水火。可见，水火为天地的灵魂，也是人间的命脉。易经六十四卦经过互卦的集约之后，只剩下《乾》《坤》《坎》《离》四卦，表现出宇宙间天、地、水、火的重要性。邵雍以《乾》《坤》《坎》《离》为先天八卦的四正卦，正是这个意思。另一方面，更有启发意义的，是周易六十四卦的次序安排，生动地符合大自然的本质面目，深邃地蕴涵着哲学道理。还有一点，是上述《乾凿度》引文讲得不清之处。引文末尾说："《既济》《未济》为最终者，所以戒慎而全王道也。"这是从有助于政治修养上所作的解释，不够贴切。因为"《既济》《未济》"的范围极其广阔，包括天地人所有事物，不限于"戒慎"与"王道"。其实质涵义乃是遍指宇内一切所有事物运动、发展、变化的阶段性。《既济》为前事之成，《未济》为后事之始，终继之以始，始继之以终，终始相继，无穷无尽。这才是事物发展阶段性的真实面目，表现此种哲学的创作，才符合历史前进的辩证法。易序之始于"乾坤"，终于"既济未既"，其深刻的哲理性端在于此。这不是一般的哲理，而是已达到宇宙观的高度。对此，孔子的解释耐人寻味，他说："物不可穷也，故受之以《未济》终焉。"（《序卦》）说得很对：事物是不能找到尽头的，是不能停止不前的。那么，作易序的怎么办呢？最好的办法，就是以表示终继以始的卦作为周易的"尽头"。周易卦序的意蕴十分丰富，从中可发掘出各种各样的哲理。如王安石的《易象论解》（《临川集》卷六十五）从中找出修身治国之道，杭辛斋的《卦象进化之序》（《学易笔谈》二集卷四）从中绎出人类社会进化的步骤，等等。以上所述，只是其荦荦大端。但即此亦足见，从卦序说，周易的基本性质也属于哲学著作，绝非士君子所鄙而流俗所轻的占卜数术所可比也。

六十四卦的占卜性序列（不入经传的八宫卦序）

六十四卦的排列次序，从来就不是一个。《周礼·春官》记载，大卜掌三易之法：夏曰"连山"，始自《艮》卦；殷曰"归藏"，始自《坤》卦；周曰"周易"，首卦为《乾》卦。三者开端不同，内涵自然不同。整个序列也唯以相同。可见，六十四卦早就有至少三种不同的排列次序。可是，关于连山、归藏的具体情况，遗迹太少，其卦序的内容如何，对占筮有何作用，无从知晓。只有周易，可以明确看到，其整个卦序（不是卦变）只含哲理意义，并无占卜测事的性能。

表现占卜功能的六十四卦序，最具代表性的，是汉代《易》学占卜派的主要人物京房（君明）的八宫卦序。其内容是把六十四卦分为八宫，以《乾》《震》《坎》《艮》

《坤》《巽》《离》《兑》八纯卦为统师，各统七卦，八宫共六十四卦，始于《乾》卦，终于《归妹》卦。其表如下。

乾宫八卦

乾、姤、遁、否、观、剥、晋、大有

震宫八卦（以下卦象略。爻之阴阳变仿《乾》卦）

震、豫、解、恒、升、井、大过、随

坎宫八卦

坎、节、屯、既济、革、丰、明夷、师

艮宫八卦

艮、贲、大畜、损、睽、履、中孚、渐

坤宫八卦

坤、复、临、泰、大壮、夬、需、比

巽宫八卦

巽、小畜、家人、益、无妄、噬嗑、颐、蛊

离宫八卦

离、旅、鼎、未济、蒙、涣、讼、同人

兑宫八卦

兑、困、萃、咸、蹇、谦、小过、归妹

八宫卦序分宫的原则是依据《乾》《坤》相交分别生出震、坎、艮和巽、离、兑六子的学说。各宫首卦表示本宫各卦的性质，如《乾》宫表示天阳的健性，《坤》宫表示地阴的顺性，等等。各宫内其他七卦顺序推演的原则是阴阳递变。如上举乾宫那样，首卦是六爻全阳；二卦则是初爻变阴，成《姤卦》；三卦是二爻变阴，成《遁》卦；四卦是三爻变阴，成《否》卦；五卦是四爻变阴，成《观》卦；六卦是五爻变阴成《剥》卦；七卦则不能依此递变，否则变为全阴《坤》卦，性质就全变了。所以，七卦的爻便翻回来把四爻变为阳爻，造成《晋》卦。第八卦则将第七卦的下三爻都恢复首卦的阳性。《乾》宫卦序演变的情况如此，其他各宫的卦变与《乾》宫相同，可以类推，不必赘述。这是一个完全人为的卜筮性质的卦序。大约始于唐代的火珠林占法（即今尚在流行的文王课六爻占法），就是继承了京房易的八宫卦序。（据杭辛斋《学易笔谈》讲，"八宫之序或谓出于《连山》，《连山》为夏代占筮之书，或许八宫卦序来源于上古占卜之遗著。"）

下面，将《易》序与八宫序对比，概述其内涵差异。

甲：周易卦序

（一）序列：

上经《乾》《坤》（天地）……《坎》《离》（水火）——下经《咸》《恒》（夫妇）……《既济》《未济》（终始）。

（二）涵义：

1. 宇宙的缩影；天地为万物之本，水火为万物之需；夫妇为人世之本，终始为万物之节。

2. 卦名对待，显示阴阳相反相成的宇宙规律。

3. 是蕴涵哲学伦理学思想的宝库。

乙：八宫卦序

（一）序列：

将周易六十四卦序列按《乾》《坤》生六子之义，分为乾、震、坎、艮、坤、巽、离、兑八宫。每宫统率七卦。

（二）涵义：

1. 按卦爻阴阳之变引起卦变的原则安排卦序，一定程度上反映事物运动变化的能行性、条理性和有序性。

2. 把周易双双覆变的卦序，变成单一排列的卦序，使周易丧失反映事物对立统一规律的性质，下降为抽象的人为公式的阴阳变化图。

3. 始于乾（天）而终于归妹（嫁女），是适应阴阳爻变形式需要的产物，既脱离实际，又无义理可言。

4. 为唐代创建的火珠林（文王课）占法提供基础，把蕴涵天人规律的巨作周易六十四卦序列，降低为验否不定的占卜末技的卦列，把周易卦序内涵的多重性，变为占卜卦序列的单一性。

由上述对比可见，八宫卦序之占卜性与周易卦序的哲理性相比，其高低不啻霄月之差。以至"经学家素鄙为术数，而不入于经传"（杭辛斋《易楔·卦气第八》）。正如王夫之指出的那样，京房易是以"人为之巧""强于自然生物"，"天地间无有如此整齐者，唯人为所作，则有然耳"（《周易外传》）。

帛书《易》序的占卜性

此外，长沙马王堆三号汉墓出土的帛书周易，也和传世周易的卦序截然不同。其卦序（卦象略）如下：

1 键（乾）2 妇（否）3 掾（遯）4 礼（履）5 讼 6 同人 7 无孟（无妄）8 狗（姤）9 根（艮）10 泰蓄（大畜）11 剥 12 损 13 蒙 14 蘩（贲）15 颐 16 箇（蛊）17 赣（坎）18 襦（需）19 比 20 塞 21 节 22 既济 23 屯 24 井 25 辰（震）26 泰壮（大壮）27 余（豫）28 少过（小过）29 归妹 30 解 31 丰 32 恒 33 川（坤）34 柰（泰）35 嗛（谦）36 林（临）37 师 38 明夷 39 复 40 登（升）41 夺（兑）42 夬 43 卒（萃）44 钦（咸）45 困 46 勒（革）47 隋（随）48 泰过（大过）49 罗（离）50 大有 51 溍（晋）52 旅 53 乖（睽）54 未济 55 筮盍（噬嗑）56 鼎 57 筭（巽）58 少潛蓻（小畜）59 观 60 渐 61 中复（中孚）62 涣 63 家人 64 益

帛书周易卦序所依据的原则是，把八卦按阴阳排列成乾、艮、坎、震、坤、兑、离、巽，依次作为上卦，再按乾、坤、艮、兑、坎、离、震、巽的顺序轮流配合，作为下卦。这样，便凑成六十四卦的序列。显然，这又是另一种机械的数字组合。也和八宫卦序一样，人为地另行排列六十四卦卦序，以致排除了周易原有卦序的天地人三道的义理精蕴。

然则，帛书《易》序是怎么问世的呢？具体详情，无从臆测。但最大的可能恐怕仍和八宫卦序一样，是出于占卜的需要。这从其卦名用字与传世周易有不少出入一点，也可以看出。有人认为这是由于同音假借，恐怕不对。因为卦名是卦旨的标志，周易的象与义，和卦名有密切关系。卦名字义之变，不能不影响卦的内容。如以"狗"代"姤"，以"妇"代"否"，以"箇"代"蛊"，以"夺"代"兑"，以"川"代"坤"等等，完全丧失了周易原卦的微旨奥义，显得粗俗不堪。由此可以想见，帛书周易安排卦序时，只管卦名字音，不管卦名字义，只要标示卦象的字音不差，便满足排列的需要。它是完全抛弃周易内涵而只玩弄象数形式的做法。在汉代来讲，这显然是占卜术片面发展所致。此外，据传宋代象数派易学大家邵雍所编写的通俗卦本《易数一撮金》，其中六十四卦卦序就与帛书周易基本相同。由此可见，帛书周易是秦汉之际占卜术士为了占筮之便而编制出来的。所以，它的非哲学性质，与今日市井寺庙的杂占，并无二致。

从上述两类卦序的对比中，可以明确地看出，仅就卦序一端来讲，周易的基本性质也是属于哲学，而不是属于一般的占卜。

周易出自圣人之手

据孔子讲，周易兴起于殷末周初。所谓兴起，也许包含创作之意，主要是指给六十四卦和三百八十四爻系以文辞（卦名、卦辞、爻辞）和安排卦序。周易作成之前，八卦及六十四卦早已存在，夏之《连山》，殷之《归藏》都是如此。《连山》《归藏》二书既作为筮书通行了两个朝代，恐怕不会只有筮法、卦象而无相应的筮辞。据汉代思想家桓谭讲，《连山》为八万言，《归藏》为四千三百言（转引自杭辛斋之《愚一录易说序》）顾炎武《日知录》也提到这个问题。他举例说："左传僖……十六年战于鄢陵，公筮之，史曰吉。其卦遇《复》曰：'南国戚射其王，中厥目。'此皆不用周易，而别有引据之辞，即所谓三易之法也。"他据此判断，周易之前的筮书，或《连山》或《归藏》，已不止有卦，而且有辞，但别有文辞，与周易不同。周易的卦爻辞及其卦序，是殷末周初的作《易》者重新创作的,并不是继承故旧,连书名也是另起炉灶,而非袭用。

传统的说法,周易作者是周文王。不管这个说法对不对,周易的作者必是才德出众的圣人,而非一般的大卜史官,则是没有疑问的。理由如下:

第一,虽然伏羲所画之卦,"寓有义理在内"(皮锡瑞《经学通论》),"《易》冒天下之道,羲皇之图尽之"(吴世尚《庄子解序》),但那毕竟只是一些图象,义理深蕴其中,若无大智大慧,便看不清,也挖不出,无从引申阐发,而创成体系完备的书。这一点,把周易同《连山》《归藏》试作对比,便可看出。虽然三者号称"三易",但后二者的内容似乎远比前者浅薄,除留下一些占卜的蛛丝马迹外,在周代就已式微。可以推想,原因大约在于它们的作者都是卜史之类沟通人神意志的人物,才疏学浅,不能彻底通晓六十四卦卦象体系的内蕴,未能做到如文王那样把它内蕴的义理阐发出来。而只在它的浅层面上下功夫,发掘和发展占卜功能,终于沦为数术,未能登大雅之堂。

其次,周易作者(假定为文王)对传统的六十四卦体系,不仅阐发其固有的义理,而且有所加工,有所创新。最明显的是卦序,他把《归藏》开端的《坤》《乾》改为《乾》《坤》,一序之差,产生翻天覆地之变:由"亲亲"的殷道变为"尊尊"的周道,反映出社会关系的根本变革。怪不得韩宣子在鲁国见到《易象》和鲁《春秋》,不胜赞叹:"吾今乃知周公之德与周之所以王也。"(《左传昭公二年》)竟把周革殷命的成功和《易》象(即周易)的功能联系起来。可见,文王创作周易,是在原有卦象的基础上进行改造,使它成为周王朝的国家哲学。

文王作周易的创造性,也表现在缀辞行文的原则性上。周易的文辞,从卦名到卦辞、爻辞,都经过精心的思考与安排。虽然外表上隐譬、寓言、铭语、诗歌杂然并陈,又夹以占辞断语,有如百货店的杂货一般，但实质上却是文辞与情理象数融为一体，贯以统一的创作原则。总起来讲，这原则就是，推天道以明人事。具体说，就是贯彻阴阳变化之道，扶阳抑阴，扶正抑邪，心怀忧患，警戒世人，以度"衰世"。这种创作原则与思想感情，孔子有深切体会，他所谓"作《易》者其有忧患乎"（《系辞下》七章），"于稽其类，其衰世之意邪"（《同上》六章），"是故，其辞危"（《同上》十一章），"其旨远，其辞文，其言曲而中，其事肆而隐"（《同上》六章）等等，表明他读周易时深深感到作者满怀忧患心情，以充满危机与曲折的文辞，表达出末世的艰难。孔子的体会正确地表现出周易作者的创作原则和思想感情。对孔子的话，韩康伯解释说："有忧患而后作《易》，世衰则失得弥彰。爻繇之辞，所以辨失得，故知衰世之意邪！？"（《系辞》韩注）解释得很恰当。由此可见，周易的创作（卦序与文辞），是有一定的原则和强烈的思想感情的，是

有倾向性的，绝不是杂七杂八的文辞的凑合。

周易不是占辞大杂烩

但是李镜池先生经过多年研究后却认为，周易是周王朝卜史之官的编著，不是圣哲的独力创作。他说："这些掌握占卜的卜史，在占卜之后，把占辞记在策上藏起来，年底做一次总结，计算有多少灵验的，有多少不灵验的。……周易就是从这许多材料里选择出来，又经过分析和组织，编成这样一部占书。"（《周易探源》序）

这种观点，抹杀了周易天人之道的创作原则和忧世患俗的道德情操，把周易这部深蕴哲理，极具个性，以辩证思维观察宇宙人生的古代奇书，贬低为占卜记录的大杂烩，把具有超群智慧的周易作者，说成专事占卜的神职官吏，和上述孔子《系辞》的观点以及两千余年来几千家《易》学者的观点，大相径庭，完全是脱离作品实际的论断。仔细想想，生活于春秋时代的孔子，

距离周易成书的年代总比后人较近，关于周易的传闻不能不知之甚详。从《系辞》来看，孔子对周易作者极为尊敬，对周易其书极为赞颂，而对于占筮，他认为只是圣人之道"辞、变、象、占"中最末的一端。孔子的所有言论中，没有一处表示周易是卜史占卜记录的汇编。

周易在汉代被古文经学家列为群经之首，在《书》《诗》《礼》《乐》《春秋》等儒家经典中，周易内蕴最深，最难解，超过老子《道德经》。有的学者认为，不但孔子儒家思想源于周易，老子的道家思想也源于周易。清代学者吴世尚就持这种观点。他在《庄子解·序》中说："易之妙，妙于象……《老》(《老子》)之妙得于《易》，《庄》(《庄子》)之妙，得于《诗》，而大旨归于《老子》；则皆原本于《易》也。"

已故国学家钟泰先生说得更明白，他在《庄子发微·逍遥游第一》中说："庄子之言，多取象于《易》而取义于《老》。取义于《老》，人或知之，取象于《易》，则知之鲜矣。……又当知，《庄》出于《易》《老》亦出于《易》。若不明《易》，不能通《庄》，即亦不能通《老》。……故吾尝谓学者，不可不先明《易》，以此也。"

当代思想家南怀瑾先生，也在《易经杂说》中表示出类似的看法，这种看法是有理有据的。举例来说，儒家的尊君子抑小人的思想和中庸、谦、恒等思想，即源于周易的扶阳抑阴、中贞、谦退、恒久等思想。《老子》所谓"万物负阴而抱阳，冲气以为和"的思想，亦源于周易的阴阳之道。《庄子·逍遥游》的"北冥有鱼"，取象于周易的《中孚》卦，"化而为鸟"取象于周易的《小过》卦，等等。由此可见，周易这部在中国历史上出现最早的经典，的确够得上中国学术之流的源头。周易的作者，应是比老聃、庄周，甚至比孔子智慧更高的圣人，绝非巫觋之辈的卜史所能望其项背于万一。周易其书乃是以辩证思维熔天地人三道于一炉的哲理巨著，可为齐家治国、进德修业的指南。虽然，它同时也具有占筮的形式、内容和功能，但那仅是它的非本质层面，它绝非贞神问鬼的占卜末技之书所可伦比于万一。倘若依从朱熹、李镜池等的学说，那我们只好说，中国学术江河源头是卦书，开造源头的人是算卦先生，那岂不是理之所悖，史之所无，海大的痴语，天大的笑话吗！

关于周易与占筮的关系，其说不一。孔子只说易有圣人之道四：辞、变、象、占，未说明占在周易中占什么地位。以朱熹为代表的一些学者认为周易本来就是占筮之书。王弼、程颐等则把周易视为哲理书，不谈其占筮问题。《四库全书》总目提要的观点是《易》寓教于占筮，把占筮视为言道的形式，等等。那么，占筮与周易的关系究竟如何？怎样才是符合实际的？为了继续搞清周易的本性，有必要对《易》占作深入的观察与探索。

周易的两重性

周易是由辞、变、象、占所构成的巨大的范畴体系，从形式到内容，它蕴涵诸多层次，从全体上大略划分，可分为人谋层次和鬼谋层次。周易的体系是这两个层次的统一，这就是周易的两重性，两重性是周易的最大特点。

但是这个两重性的特点并不是周易的优点，而是它的弱点。这个弱点的根源在于，在此二重性相反相成的关系中，横亘着不可调和的性质矛盾。具体说，人谋的义理（哲理、伦理）属于必然性的理性结晶，鬼谋的占筮则属于偶然性的灵感反应，性质根本不同。同时，人谋的义理是经验的总结，有确实可靠性的指导性，已为历史所证实。而鬼谋的占筮，则属于"感而遂通"的巫术，只有概率性和机运性，而无准确的可靠性和指导性，也已为历史所证实。这是水火不相容的两种东西。这两种不相容的东西，虽然有其相成的一面，但若想把它们融于一炉，不论采取何种方式，总是免不了难以融合的矛盾与斗争。不过，历史的发展是辩证的，周易正是借这种以占筮外貌蕴涵义理的弱点躲过了秦火而得以流传下来，弱点反而变成了"优点"，发人深省。

在周易中义理与占筮有相辅相成的关系，——尽管这种关系是勉强的，不自然的。首先，周易既可用于说理，又可用于占筮，这是相辅相成关系的主要表现。其次，占卜断卦要凭借义理。例如：《国语·晋语》记载，春秋时期秦穆公欲出兵援助晋公子重耳返国主政。有人为重耳占筮，卜问前景，得了《泰》卦。占者认为吉利，理由是："是谓天地配。'亨，小往大来。'今及之矣。"意思是说，《泰》卦象是《坤》地在上，《乾》天在下。地气下降，天气上升，天地互相配合。卦辞所谓"小往而大来"，是说《坤》阴上去而《乾》阳下来，这是上下相交，万象亨通的形势，问卜者赶上了这个好局面。筮者是这样依据卦象和卦辞所涵的义理，作出了吉利的占断。这种场合，象辞是前提，占语是结论。理与占是相辅相成的，无占则理无所归，无理则占无所据。

但是，占与理的相成，往往牵强附会，勉为其难。如《左传·昭公七年》记载，卫襄公逝世后，大夫孔成子对立元为君还是立絷为君，难以决定。于是筮问周易，遇到《屯》之《比》卦（《屯》初爻由阳变阴，成《比》）。《比》卦的卦辞为"吉，原筮：元（亨），永贞无咎。……"左传有亨字，今本无）。占者看见爻辞有元亨二字，认为元指卫公子元，亨是享（谈亨为享），便断定公子元应享有卫国，说："元亨，又何疑焉？！"如此仅据爻辞与人名的偶合和亨享二字的貌似，便硬行作出占断，可谓极尽牵强附会之能事。这种做法并不符合周易以理占断的精神，不但不是占理相辅相成的表现，而且是占理相离相悖的表现。占卜的大多数属于这一类。越是低级的占卜，越是如此。实际上，这一类占筮，表面上像是讲理，骨子里已与道理无关，只是单纯的占术而已。邵雍说得好："天下之数出于理，远乎理，则入于术。世人以数而入术，故失于理也。"(《观物外篇》)的确，就实质来说，与理相离相悖之占术，不属于周易的范畴，而属于巫术中的小道末技。

如上所述，由于性质不同，周易的理与占之间虽也有相辅相成的时候，但多数场合是相离相悖的。双方的分歧、矛盾、斗争乃至分裂，是根本的、经常的、起决定作用的。除了上述例子外，还有一些相关的历史资料，可以说明这一点。

（一）《左传》《国语》里，周易用于占筮的，共计十四条，用于论证事物的，共计六条。其中除《左传·昭公二十九年》史墨引用《乾》《坤》两卦爻辞证明龙的存在，并无人事意义外，他如《左传·宣公十二年》记载，晋国知庄子引用周易《师》之《临》的爻辞和卦象，据以推论彘子违反军纪，军队散漫，征战难行而必陷于败局。《左传·昭公元年》记载，医和引用周易《蛊》卦名和卦象来解释晋侯精神昏乱的"蛊疾"。《左传·襄公二十八年》郑国的游吉引用周易《复》之《颐》(《复》上六变而为《颐》)爻辞"迷复，凶"，据其理而论断楚康王不修政德、骄横贪狠，必遭凶险。《左传·昭公三十二年》记载，史墨依据周易《大壮》雷在天上的卦象，论证君臣易位乃自然的规律，如此等等。这种做法表明，大约成于殷周之际的周易流传到春秋时期，在其占与理的矛盾斗争中，双方本性的差异，已由分歧形成分离，义理已在一定情况下把占筮排除，而成为周易的主人。义理与占筮同居而以义理为主，人谋与鬼谋并用而以人谋为重的周易两重性，这时已发展到一定弃占筮而讲义理，用人谋而废鬼谋的地步，成为一重性的指导人事的哲理书了。

（二）《左传·僖公十五年》记载，晋献公嫁女伯姬于秦国时，曾以周易筮得《归妹》之《睽》

卦,史苏断为不吉。惠公继位为秦所俘,遂归咎于献公,认为:"先君若从史苏之占,或不及此夫。"对此,韩简论说:"龟,象也。筮,数也。物生而后有象,象而后有滋,滋而后有数。先君之败德,及可数乎?史苏是占,勿从何益?"《诗》曰:"下民之孽。匪降自天,噂沓背憎,职竟由人。"大意是,人的灾祸,并非来自上天,而是自作自受,献公的无德,招致如此恶果,占卜不起什么作用。

显然,这是用伦理道德的因果关系来解释人的命运,把占卜置于无用之地。就周易的两重性矛盾来说,这表明理胜于占,人谋排除了鬼谋。

(三)《左传·襄公九年》记载,鲁成公的母亲穆姜与大夫叔孙侨如私通,欲废成公。举事未成,穆姜被迁于东宫。初迁之际,她曾用周易占问,遇到《艮》之《随》卦。史官依据"《随》,无故也"(见《杂卦》)的卦义,认为"君必速出"(很快迁出,恢复原地),为吉利。但穆姜却信理不信占,有自知之明,知道自己做了坏事,必受恶果,与《随》卦意义不合,吉占不切实际,无济于事。她说:"是于周易曰:'《随》,元、亨、利、贞,无咎。'元,体之长也;亨,嘉之会也;利,义之和也;贞,事之干也。体仁足以长人,嘉德足以合礼,利物足以和义,贞固足以干事。然故不可诬也,是以虽《随》无咎。今我妇人而与于乱。固在下位而有不仁,不可谓'元'。不靖国家,不可谓'亨'。作而害身,不可谓'利'。弃位而姣,不可谓'贞'。有四德者,《随》而无咎。我皆无之,岂《随》也哉!我则取恶,能无咎乎?必死于此,弗得出矣。"穆姜认为恶行而得吉占,与《随》卦义理相悖,故而言自己必食恶果,绝不会恢复原位。史实证明,她的解释和推理胜过了占断。

这段史实首先表明,占筮之所谓"神以知来"的"来",可靠的只是知来卦的占辞而已,不一定知来事的实情,占验于否,并不可靠。其次，它表明周易以义理为主，其义理（元亨利贞之类）是建立在道德规范之上的，违背道德的恶事，虽占得吉，也因不合义理而无效。"占"的验否，要看是否合"理"。占应服从于理，而不是理受占的支配。第三，它表明占与理之间有不可调和的对抗性。如同美国人类学家罗伯特·路威所说："……那些超自然的力量的行动，全不顾及道德原理，在科学方面瞧不起它，因为它蔑视我们的因果观念。"（《文明与野蛮》）在这里，穆姜所依从的道德原理，战胜了超自然力量的占筮。第四，它透露出类似"未占有孚"的思想，亦即恶有恶报，望之可信，无须占卜，占卜多余。第五，穆姜把"元亨利贞"作为四德加以界定，完全是排除《易》占而就《易》理所作的解释。客观上说，这等于把周易视为伦理典籍，而不视为占书。因为如把"元亨利贞"作两句看，意思就变成"大通，利于守正（或利于占问）"，便成为占断的卦辞。而看成包含四个并列概念的一句时，就变成穆姜所说的伦理大道。这一点很要紧，它是周易划为哲学还是占书的分水岭之一。主张周易为占书的都把它断为两句，而孔子却在穆姜之后把它视为一句，解作四德。孔子是否从穆姜的话中得到启发而为此，无从查考，但穆姜的为人、身份和智力，不可能作出如此深刻的体会，恐怕是袭用当时的传统观点或流行解释。不管怎样，由此总可以看出，在孔子心目中周易主要是一部哲学性质的书。

（四）《左传·昭公十二年》记载，鲁国大夫南蒯将谋反，投降齐国。以周易占筮，遇到《坤》之《比》。《坤》五爻动，变为《比》。五爻辞为"黄裳，元吉。"南蒯以为是大吉之占，便告诉子服惠伯，并说依此卦兆看，打算开始行动，征求惠伯的意见。

惠伯答复说："吾尝学此矣，忠信之事则可，不然必败。外强内温，忠也。和以率真，信也。故曰：'黄裳元吉。'黄，中之色也；裳，下之饰也；元，善之长也。中不忠，不得其色；下不共（恭），不得其饰；事不善，不得其极（终）。外内倡和为忠，率事以信为共，供养三德为善，非此三者弗当。且夫《易》，不可以占险，将何事也？且可饰乎？中美能黄，上美为元，下美则裳，参成可筮。犹有阙也，筮虽吉，未也。"

惠伯这段话的主要思想是劝阻南蒯谋为不轨。大意是，我学过周易，知道它用来占问忠信的善事是可以的，不然必败。'黄裳'是美的象征，'元'是善之最，只有符合'黄、裳、元'三者的好事，才可求占。这方面有阙欠，筮辞虽吉也不顶事。惠伯这段话对'黄裳，元吉'的解释，虽然不无牵强之嫌，但中心论点却是明确的，就是周易占善不占险。占问恶事必败，断辞吉也无效。这鲜明地表现出周易以义理（中、贞）为根本的原则性和以道德为标准的占筮观。汉人贾谊说："《易》者，察人之精德之理与弗（不），循而占其吉凶。故曰：《易》者此之占者也。"（《新书·道德说》）这段话揭示出道德原则是周易占卜吉凶的依据。

综合上述四例，可以得出如下结论。

第一：从殷周之际成书，到春秋时期为止，流传了几百年的周易，其内在的义理与占筮的对抗性矛盾，已经突出地显现出来：从义理胜于占筮、控制占筮，进而走上排除占筮的道路。后来的孔子重视《易》理而慎于《易》占，破天荒地有系统地把周易推上哲学伦理学的轨道，当然不完全是独出心裁。除了周易本身义理内涵的作用以外，上述三例那种理胜于占的传统思想，恐怕也有一定影响。

其次，上述三例，如单从占筮作用的角度来看，自然可归结为占筮的不验或为不验辩护。但从周易两重性的高度来看，这三例也可以说是周易本性的表现。扶阳抑阴，为君子谋，不为小人谋，这是周易的本质属性。这种属性既存在于周易的义理内涵之中，也表现于周易的占筮作用之上。所谓儒家的道德占筮观，不过是周易这种义理为主的本性在占筮上的表现而已。所以，儒家的占筮观实质上就是周易本身的占筮观，如斯而已。

再有，细看上述三例的理胜于占，可以悟到，周易的理与占的对抗性矛盾斗争的前途，必然发展为分道扬镳。因此，《易》学在发展的道路上从汉代起逐渐分裂，产生以占筮为主的象数派，和以内涵为主的义理派，各自从相反的角度对周易进行解释、阐述和推进，各自作出性质不同的成果。这种学派产生的根源，就在于周易本身理占两重性的不可调和的矛盾。由此观之，周易由原来不与《诗》《书》《礼》《乐》同列而进展到六经之首，成为封建王朝的国家哲学，虽有外在因素的作用，但本质上仍是其内在两重性的斗争中理胜于占的必然结果。

《易》占的两重性

提起占字，人们立即想到占卜。这是对的，合乎占字的本义。《尔雅·释言》疏谓占字为："视兆以知吉凶也。"意为审视龟甲灼裂的纹兆，推以测知未来的吉凶。也就是说，盛行于殷商时代的龟卜活动，原来谓之占。周易采用蓍卜后，仍袭用旧称，也谓之占。龟占的过程分为灼甲、观兆、占断三阶段，统称之曰"卜"。筮占的过程也由揲蓍求卦、观象玩辞、占断吉凶三阶段组成，统称之曰"占"。周易《革》卦九五爻辞所谓"大人虎变，未占有孚"中的占，就是指此而言。

但《易大传》中的四个占字，却不完全是这种卜筮的意思。孔子所说："君子所居而安者《易》之序也。所乐而玩者，爻之辞也。是故，君子居则观其象而玩其辞，动则观其变而玩其占。是以自天佑之，吉无不利。"（《系辞上》三章）一般都按"以卜筮者尚其占"的占义加以解释，实际上并不恰当。这个占字，并不是占的本义，不是卜筮的意思。这一点张载早已在《横渠易说·系辞上》中对孔子这段话作注释时提出了异议。他说：

"占非占筮之谓。但事在外可以占验也。观乎事变斯可以占矣。"第一句是结论,二三句是理由的论述。为什么他一反旧解,断言孔子所谓"动则观其变而玩其占"的占不是指占筮说的呢?① 二三句的论述,又是什么意思呢?为了弄清这一问题,需要回过头来对孔子的原话的涵义作深入的玩味与探究。因为张载的论断,来自对孔子原话的体会,双方的意念是息息相关的。下面对孔子原话试作剖析与阐释。

孔子原话是由六句组成的复合句。头两句的意思是,君子不时潜心探究的是周易卦序爻序蕴涵的阴阳消长的法则,乐于玩味的是卦爻的文辞。第三句是说。因此君子平时独处时,就观察周易的卦象并玩味其文辞。第四句的"动",是和第三句的"居"相对而言,居是指静处,动是指行动。意思是。行动时便观察卦爻的变化,而玩味其爻辞的占断,捕捉其行止进退之几,以趋吉避凶。结句是说,故此,能够遵循天道行事②而得到佑助,获得吉无不利的效果。这五句话,简明扼要地表达了孔子对周易学以致用的基本方法与基本观点。同时从这个侧面也反映出周易辞、变、象、占的重要性及其功能。首先是关于序的概念。所谓序,就是"事理当然之次第"(朱熹《周易本义》)。从上经《乾》《坤》——《泰》《否》——《坎》《离》,到下经《咸》《恒》——《损》《益》1——《既济》《未济》这样一系列天人之道的演变序列,从《复》《临》《泰》《大壮》《夬》到《乾》《姤》《遁》《观》《剥》《坤》,这样阴阳消长的卦变之序,就是周易的卦序。"居而安",是说平时潜心埋头于《易》序的钻研,就能体会到宇宙人间的架构及其演变的规律和人世正邪二气盈虚变易、极而必反的法

---

① 按:张载一般地并不否定占字的卜筮本义,也不否定其占验效能。这一点,和孔子相似,此处的异议是针对特殊的问题。

② 在《系辞上》十二章中孔子说:"佑者助也,天之所助者,顺也。"

则,从而"利用安身"(《系辞下》五章)进德修业。序,也包括爻序在内。平时居处,仔细观察卦内各爻之序,身临其境,也可以得到启发。正如《周易正义》所说:"若居在《乾》之初九,而安在'勿用'。若居在《乾》九三,而安在'乾乾',是以所居而安者,由观《易》之位次序也。"

总之,设身处地察看卦情爻序,便可悟出"进退存亡而不失其正"(《乾》文言)的行动之计。同时,卦序爻序又是与卦辞爻辞紧密结合的,观序必玩辞,才能获得相应的效果。而辞义深奥隽永,细细玩味,其乐无穷,故曰:"所乐而玩者爻之辞也。"若据程颐的说法,辞为《易》的关键。他说:"吉凶消长之理,进退存亡之道,备于辞,推辞考卦,可以知变,象与占在其中矣。"(《遗书》二十五)

但是,《易》序《易》辞皆源于象,象为《易》的本体,是《易》的意蕴宝库,故而观序玩辞的同时,还要观象玩辞,才能体会其中的精义。例如,不懂得天夬、火羑象上下合成的象义,就不能明白《同人》这一卦名的涵义。不懂得《坤》象的性质及其初六爻象的地位,就不会真正理解"履霜,坚冰至"这一爻辞的本义和诫义,等等。所以必须通过观象玩辞,才会领悟易理的真谛。

以上所述是关于潜心学《易》的方法与效果。从中也反映出《易》象、《易》序、《易》辞三者所组成的周易这个巨大的哲学体系,对人们进德、修业、安身、解疑具有重大的指导意义。但这是指平居静处时而言,而在"有所兴为"(司马光《易说·系辞上》)时,又当如何从周易中找到趋吉避凶的途径呢?孔子认为必须"观其象而玩其占"。对这句话,一般的解释向来都是说,若要有所作为而找不到合适的办法或不晓得结果的吉凶时,便可向周易问上一卦,观察其卦爻的变化并玩味其占辞(包括爻辞),便可以如愿以偿。例如虞翻说:"谓观爻动也,'以动者尚其变','占事知来'故玩其占。朱熹所谓'占，谓所值吉凶之决也。'"（《周易本义》）正是指卜筮所得卦爻辞的占断而言，有了吉凶悔吝的占断，或有了表示这些倾向的爻辞，便可从中发现行动的指南。这是传统的理解，和上述张载之说，大相径庭。张氏断言："此非卜筮之谓也。"从根本上驳斥了一般的说法。接着，他解释自己的观点说："但事在外，可以占验矣。观乎事变，斯可以占矣。"指观察客观事物（事在外）的变动情况，作为占的前提，这就给占赋予了新的意义。虽然，他没有具体说明这个观察事变而可占并可占验的"占"，究竟是指什么说的，但从"观爻动"之变转为"观乎事变"，其间便产生性质的差异。前者显然是占卜性质；后者呢，张载没明说，但话里言外，它是意味着：依据周易所提供的宇宙人间的规律，观察事变的具体情况，结合本身的条件，然后从相应的卦情爻辞中找出适宜的行动指导方针。以今语来阐释，大体就是这个意思。

如果张载在这里所说的占，含有这样的意思，那它便和占筮之占貌同而神异，不是一回事了。因为它以事理占，而不以筮数占。就是说，它不经揲蓍求卦，而以实情取卦，观乎事变与卦爻之变，从中悟出行止进退之策。所谓"动则观其变"，并不一定是占筮得卦后观其动爻之变，而是直接依据《易》理与实情，就相应的卦情，观其爻变而玩其占辞。周易的占辞，义理深厚，卜筮时可玩，居处时也可玩。如果把孔子的原话，从安序、玩象、观辞到玩占，全面综合，细细思绎，便能体会到这里只有理性思维的"人谋"，并没有"感而遂通"（《系辞上》十章）的"鬼谋"。由此观之，张载所说的"占非占筮之谓"云云，可能符合孔子原话的本意。所谓"玩其占"，恐怕仅指玩味《易》卦的占辞，而非指筮得的占断。清代象数派易学家李道平认为穆姜以《艮》之《随》的《随》卦象辞，联系本身事态占测未来，是所谓"自占"（《周易集解纂疏·易筮遗占》注疏）。实际上这种自占，虽也结合卦辞，但其内容纯粹是依据事理对本身恶行后果的推断。如果说它也算一种"占"的话，也只能说属于《易》的"理占"范畴，而不能说它属于《易》占的"筮占"范畴。就是说，它不是真正的占卜性质，在《易》占的两重性中，它可以算是一种"不占之占"。

关于这种不经揲蓍的观象玩辞之占，宋代易学家程大昌有过精辟的论述，他说："曰君子观其象而玩其辞，动则观其变而玩其占。象在占前，则得其辞而玩之者，常以仁义为准则也。当于仁义则举，不当则不举，此为深得刚柔节适之妙也。若然者，设使性命大谬，虽不逢吉，亦常无咎也。公治长'邦有道不废，邦无道不戮'，其祸福之制也，在己而不在人也。则夫玩占于既动之后，以较玩辞于未动之先者。其贤否智愚，相去远矣。此卦筮之微旨也。"（《易原·二十六·春秋时取卦不以占》）

这段话道破了周易象辞的"微旨"和孔子观象玩辞的奥义，非常深刻。

但是，许多《易》学家对孔子的话却承袭旧解，认为是指占法而言。朱熹之外，来知德也是其中之一。但他的注释却不那么简陋，他一方面说"辞因象而系，占因变而决，静而未卜筮时，《易》之所有者，象与辞也。动而方卜筮时，《易》之所有者，变与占也"（《易经集注·系辞上传》）。仍把此处的占解释为占卜之占。但另一方面接下去又说：《易》之道，一阴一阳，即天道也。如此观玩，则所趋皆吉，所避皆凶，静与天俱，动与天游，冥冥之中，若或助之矣。故曰自天佑之，吉无不利。"这段话的主要观点是说，把握周易一阴一阳之道，即可趋吉避凶。从这个观点推论，则《易》道可以知来，占筮却未必知来，占筮只是《易》的外貌和功用之一，属于术数，其本身并不蕴有《易》的内涵。精于占筮者，如巫史之辈，未必深通《易》理，而通过潜心学《易》，观序玩辞、观象玩占而把握《易》道精髓的人，应该能做到不占筮而"占事知来"（《系辞下》十二章），也就是在"知以藏往"的基础上"神以知来"（《系辞上》十一章），这样分析的结果，来氏的话又反过来否定了占筮为知来的必要条件。来氏话的后半部，可以说是对孔子原话本义的必要阐述。

这样看来，在孔子的《易》学思想中，周易的"占"不一定是卜筮的占，也可以是推理的占。既可以"占"筮以知来，也可以"占"理以知来。这样看来，孔子所说的"占事知来"似乎也和卜筮之占，有所不同。

单从字面上看，"占事知来"也许应解释为占筮以知来，但如果联系上文，细加琢磨，便觉得未必尽然。上文是："夫《乾》，天下之至健也，德行恒易以知险。夫《坤》，天下之至顺也，德行恒简以知阻。能悦诸心，能研诸侯之虑，定天下之吉凶，成天下之亹亹者（句中"侯之"二字为衍文）。"大意是：《乾》卦表现天理最为刚健的精神，其德行是永恒平易而知道险难。《坤》卦表现天下最为柔顺的精神，其德行是永恒简易而知道阻难。这种易而知险、简而知阻的德行，学习起来能使人心情愉快，能研磨人的思维，若把握其中的道理，便可据以判定天下万事万物的吉凶得失，成就天下奋发向上的功业。简言之，这段话主要是说，如能把握《乾》《坤》所代表的《易》理阴阳相成、刚柔相济的精神，便可判定吉凶，成就大业。这个观点是下文的前提，下文"是故，变化云为，吉事有祥，象事知器，占事知来"是结论。这个结论，是由这个前提推出来的。结论的意思不能超出前提，既然前提所说全属《易》理、人谋，并非占筮、鬼谋，则结论也应如此。凭《易》理已能"判天下之吉凶"，那么又何须赘以占筮呢？故此，作为结论，"是故。变化云为，吉事有祥，象事知器，占事知来"，应译为：因此，事情的变化、人们的言行，无论吉凶，都有朕兆（"祥"是先兆之意）。观察事物的现象，便可知其形成的来由；推测事情，便可知其将来的情况。其中，占事知来的"占"，即"非占筮之谓"，是依据前提所说的足以判定一切吉凶的《易》理而作出推测之意，和前述"观变玩占的"占"，其推理测事之意是一致的，只是前者是反映占辞而测事，此处则未明及《易》辞而已。这一点来知德的解说很好，他说："圣人则神以知来，即其易简之理，而知其未然之来。此谓圣人未占筮而知险知阻也。"（《易经集注》）朱熹虽认为《易》是占书，但也承认深通《易》理的圣人"有事则神知之，随感而应，所谓无卜筮而知吉凶也"（《周易本义·系辞上》十二章注）。孔子的推理知来，正是如此。

在人类进入文明社会以后，在预测行为当中，据理测事总是占主流地位。正常情况下，占卜测事总是处于从属的参考地位，尽管如此，由于主客观矛盾的种种限制，占卜活动却始终没有退出历史舞台。如前所述，孔子对《易》占的态度，如同对鬼神的态度一样，并不明朗，给人以一种若有若无的感受。这里有种种原固，但历史局限性的具体反映，当然也是原固之一。在《系辞》中，孔子虽然一方面说"以卜筮者尚其占"肯定占筮为《易》道之一，并颂扬其功能为"极数知来"，为天下之"至精""至变""至神"（《系辞上》十章），以专章介绍其筮法，但说来说去却不涉及占验的实例；另一方面又以更多篇幅、更重言辞赞颂周易辞、变、象所蕴含的天人之道，把掌握《易》理中"知几"——知"动之微、吉（凶）之先见"的能力，颂之为"神"（《系辞下》五章），从而使"神以知来"的占筮之"神"，变成"彰往察来"的理性之神，变成在"智以藏往"基础上"知来"的推理之神，亦即杨诚斋所谓"圣人穷极天下之理而得其深，研究天下之微而得其几，聚于一心之精而谓之神"（《诚斋易传·系辞》）。这样，孔子既讲"动则观其变而玩其占,"君子见几而作,不俟终日"(《系辞下》五章),又说"君子将有为也,问焉而以言"(《系辞上》十章),把推理测事和占卜测事都作为知来的手段而并用。这并非一般的逻辑矛盾,而是当时传统思想的反映。《尚书》洪范篇说:"谋及乃心,谋及卿士,谋及庶人,谋及卜筮。"孔子大约承袭了这种思想,形成所谓"人谋鬼谋,百姓与能"(《系辞下》末章)的观点,从而对推理知来和占事知来,一并予以肯定。可见。孔子口中"占事知来"的占并不是一重性的,而是两重性的,可谓卜筮之"占"与推理之"占"的混合体。

话虽如此,在正史上孔子生平并无卜筮之占的实录,只有推理之占的记载。《论语》记载,子张问:"十世可知也?"孔子说:"殷因于夏礼,所损益可知也,周因于殷礼,所损益可知也。其或继周者虽百世可知也。"(《为政》)孔子这种据旧制变革历史以推知后代礼制的推论预测,便是观变而玩占知来的一个实际的注脚。

经过长期观象玩辞、观变玩占而精于《易》理之后,自然能做到不用占卜而神以知来。古往今来,许多例子足以为证。

对这个问题,程大昌也曾在《春秋时取卦不以占》一文中,通过占例作了论述。他说:

"春秋之世,有得《易》意者,不待致筮求卦,而遂以己意说卦,至其事吉否,率皆如言,则直伏理为筮焉耳。子太叔知楚子之将死也,意取《复》《颐》二繇而知之也。医和推《蛊》以言晋疾也,亦非筮而得之也。知庄子之举《师》《临》以言晋军也,史墨子以《大壮》而言鲁难也,卦非出于筮,而事情曲中。则仁义当否,固可以回转阴阳也。是理也,圣人则既以明言之矣,而人不察也。"(《易原》)

他举出《左传》中的一些不经揲蓍求卦,只据《易》象辞所含义理,结合事态,析绎占算,推断吉凶的用《易》之例,进行分析,从而作出"不占之占"古已有之的结论。

为节省篇幅，其所举古例，不能一一详述，下面，仅就其中二例，略加说明。

（一）《左传·昭公元年》

"晋侯求医于秦。……医和视之，曰：'疾不可为也。是谓：近女室，疾如蛊。'……'淫溺惑乱之所生也。于文，皿虫为蛊，谷之飞为亦为蛊，在《周易》，女惑男，风落山，谓之蛊庚。皆同物也。"

这段文字是说，医和为晋侯诊病。他认为病人好色过度，精神昏乱，已不可救治。病情如同食器里或谷物里生了虫子，谓之"蛊"。然后他以周易《蛊》卦的卦象进行占测，说周易的卦象表明，这是女人（姤为女之象）迷惑男人（夬为男之象）之象，也是风吹倒山木之象，此之为《蛊》。

这是医和运用周易卦名卦象对病人的后果进行占（推）测的事例。

（二）《左传·宣公六年》

"郑公子曼、满与王子伯廖语，欲为卿。伯廖告人曰：'无德而贪，其在周易《丰》䷶之《离》䷝，弗过之矣。'"

这是伯廖对曼满妄想为卿的占测。他说无德而居高位，这种情况的后果，周易已有占断。那就是《丰》之《离》卦，《丰》上六爻由阴变阳，成为《离》，上六爻辞为"丰其屋（高房大屋），蔀其家（搭着凉棚），阒其户（窥视其庭），阒其无人（寂静无人），三岁不觌（三年不见人影），凶。"这描写一个无德的贵族人家，遭到横祸而形成的悲惨景象，伯廖认为，用周易这一卦爻辞来推算，无德而有野心的曼、满必然会遭到这样的下场。

这也是引用周易爻辞进行占算的事例。

必须补充说明：一般认为，这只是引用古德铭言以证明推论者的观点，不属于占事知来。这一看法并不完全正确。因为，在春秋时代人物的思想中，周易既充满义理训诫，也具有神妙的测事功能。故此，上举两例以卦象爻辞为据，亦可见其占卜性质。故此，引用易象辞测事，除以为论据外，当然包含占算的意味。

下面，再举两个后代的事例，以见一斑。

第一例是诸葛孔明的《乾》之计。

孔明才智出众，胸怀大志，在群雄割据、天下扰攘之际，隐居南阳，韬光养晦，自号卧龙，静待时机。"卧龙"之象，实即《乾》初爻"潜龙"之象的变形。以龙德自居的孔明，当时机未到，尚无机遇之际，正仿佛龙潜于地下，不宜出头而应"勿用"的情况，故而静卧待时。一旦刘备三顾，时机已到，立即一跃而起，成为军师，正相当于《乾》二爻"见龙在田，利见大人"的景象。而积功进升，跻身高位之后，面对内忧外患，周旋于刘氏宗族之间，则"终日乾乾"，"或跃在渊"，以"一生唯谨慎"的态度，立身行事，而免于过咎。和《乾》九三、九四爻的形象，非常相似。孔明的修身立业之计，是否

源于《易》理的钻研，正史并无记载。但他隐居待时而以"卧龙"自号，出山后立身行事的态度与《乾》卦爻辞的"潜、见、乾乾、跃"的步骤与精神若合符契。从这一点来看，说他的人生大计与他对《乾》卦的观变玩占有一定关系，也不算过分。至于后来他以功德殊胜而升任丞相，又急于北伐而失败，情况与《乾》九五、上九之"飞龙""亢龙"之象，也颇相似，那就不是属于观象知来的性质，而是事实上的不谋而合了。总之值得深思的是，《乾》卦的结构简直就是孔明的人生结构，可见周易确有人生指南的作用。

第二例是《困》卦的解困之计。

据《周易与中国现代化》一文的作者朱高正介绍，他在台湾高雄市参加立法委员选举时，曾从周易《困》卦卦辞中得到深刻启示。他认为，《困》卦卦辞："困，亨，贞。大人吉，无咎，有言不信。"……对处在困境中的人，大有帮助。因为处于困境的人，固然有志难伸，但若能

坚守正道，则含藏脱困致通之道。然而唯有大德之人处困之时，才能进德修业不辍，以静待天命。故能吉而无咎。至于小人遭困，常为求脱困于一时，而偏离正道无所不用其极，反使自己困上加困。这就是"君子固穷，小人穷斯滥矣"的道理。而大凡处困境之人，其所持见解特难取信于人。因此，君子处穷困之时，应静默自持，时然后言。于是，本着对《困》卦卦爻的体悟，他"乃以'大人'自许，谨以'有言不信'为鉴……深入各社区，与当地民众直接接触，纵然遭受他人的污蔑与攻击，亦不改其志。终于摆脱重重围困，在选战中脱颖而出，顺利高票当选。"（《金景芳九五诞辰纪念文集》297页）

上述两个实例说明，周易不一定通过占筮测事知来。也充分可以通过哲理测事知来。后者的可信性与测验性，当然大大高于前者。所以孔子所说的"观变玩占""彰往察来"以及"数往者顺，知来者逆，《易》逆数也"（计算往事是顺当而容易的；预知未来是逆料，比较难）云云，是对《易》道的深切体悟，绝不是空话。深通《易》理的荀子也说过："善为《诗》者不说，善为《易》者不占，善为《礼》者不相，其心同也。"（《大略篇》）对此，杨倞注谓："皆言与理冥会者，至于无言说也。"善为《诗》者与《诗》心同，善为《易》者与《易》心同，善为《礼》者与《礼》心同，心同就是精神相同，亦即"与理冥会"（默契）。能精通《易》道，与《易》理冥会的人，自然能做到观变测事，未"卜"先知。

《易》占的独特性

前文说过，占字的本义是"视兆以知吉凶"，原来指的是灼龟裂甲，察其兆象以测吉凶。后来"占"的外延扩大，筮占的一切均被包括在内。卜字的本义与占字相似，故而举凡观兆测事的活动，都称为占，卜，或占卜。

但是虽说古今中外一切占卜都

属于观兆测事的社会行为，周易之用于占卜基本上也属于这个范畴，却与其他各种各样的占卜有巨大差别。《易》占的特性十分突出，突出的程度甚至达到似占非占的境界。

依照占卜的原理和事实来看，严格地说，古今中外所有一切占卜，真正的占卜，都必须以测定（占断）为准则，离开测定的"定"字，就谈不到什么占卜，占卜也便毫无存在的意义。占卜的"定"有三：神定、命定、占定，可谓"三定。三定之中，以神为主，命由神定，占便如此。换言之，必须神有定力，命运才会一定，而只有命定，占卜才能据以判定吉凶。反之，如无神力的主宰，命运游移不定，占卜又凭什么作出断定呢？无定的占卜，又何以准确地预知未来的吉凶祸福呢？而不能预知来事的"占卜"，又怎能算作真正的占卜？在这个问题上，《礼记·曲礼》中有一段，说得十分确当。它说："卜筮者先王之所以使民信时日（吉日——时运）敬鬼神，畏法令

也。所以使民决嫌疑，定犹疑也。故曰：疑而筮之。"这段话的中心观点是一个定字，亦即通过占卜使人民相信时运之"定"数，尊敬鬼神之"定"力，畏惧法令之"定"威，从而心悦诚服地顺从，以解除疑虑和犹豫不决。如若剔除"畏法令"的牧民内容，就其他意思来看，这段话是从占卜的作用上揭示出它的本质，可视为占卜的精辟界说。

由此可见，神定、命定、占定之三定，实为一切占卜的前提和必要条件。典型的史例是龟卜，如"壬申卜，贞王田鸡，往来亡灾。王稽，曰吉。获狐十三"（转引自郭沫若《中国古代社会研究》），其中，壬申日灼龟甲，观其裂纹，进行占卜。断辞曰"亡灾"，曰"吉"，曰"十三"，皆为确定之语，并无游移模糊。在殷代来说，这是卜师通过灵龟与神交接，从而获得的预告。占卜之以"定"为准则，于此可见。

又如汉代占卜大师焦延寿所撰写的《易林》，"以一卦演为六十四

卦，各系以繇辞，所卜亦多有验"（《四库全书简明目录》）。《后汉书》记载，东汉五年，京师干旱，汉明帝以《易林》占卜，占辞为："蚁封空穴户，大雨将集。"翌日，果然下起大雨。卜者解释说，雨前蚂蚁封穴，故为大雨之兆，这段记载表明，《易林》的占卜也是以确定的断语回答贞问。而蚁封穴户为大雨的前兆固然是事理的表现，但占卜何以能获得此兆，却非人谋所能及。依《易林》的思想来看，这仍是神所命定。换言之。神将命定下雨的信息，通过占卜的断语，告知问卜人，以解其"疑"。所以，必须以"定"为准则，倘若含糊其辞，断以"或将大雨"之类，那便失去断义而无以解疑，只是模棱两可的推测，而不是预断吉凶的占卜，可见定性实为占卜的生命，

照占卜的原理讲，对未知的断定，应该巨细无易地准确。典型的史例，可举三国时代管辂的事为代表。《三国志》记载，管辂与魏群太守钟毓讨论周易，曾为他占卜出生年月日，一言中的，毫无差错。钟毓惊愕之余，未敢求管辂卜其死期，以免担忧。（《魏书·方技传》）

这样具体而准确的占断，才符合占卜的本性。占验与否，尤当别论，其占断必须体现神定命定的定性，才算是真正的占卜。

关于这一点，在占卜术最完备最流行的纳甲占法（火珠林占法）中，叙述得最清楚。依《卜筮正宗》的占法介绍，占卜时，首先要祈祷说："天何言成！叩之即应，神之灵矣，感而遂通。今有某姓，有事关心，不知休咎，罔释厥疑。惟神惟灵，若可若否，望垂昭报。"这样祈祷后，才能掷钱占卜。这一规定表明，这种占卜是获得神示的媒介，问卜人前途命运的或可或否或休或咎，会得到神的"昭报"，即明确地告示，以解除疑问。所以，这种占法也必须以"定"为准则。

由上述可见，一般占卜，只要是问事解疑的，其占辞都离不开"三定"，都必须有定性。模棱两可与含糊其辞，不符合占卜之所以为

占卜的本性。

在这个问题上，有个传说的故事，可以给人们很大的启示。据说，唐代的预言大师李淳风和袁天罡二人推背以预言未来，号曰"推背图。"未来无穷，预言的推背动作，自亦不停。忽然有个旁观者手里捉住一个麻雀，问他们二人："你们能推出来事，请推推，这个麻雀是死的，还是活的？说是死的，我就放了它，让它飞走；说是活的，我就捏死它，怎么样？"李、袁二位预测大师立即大吃一惊，只好停止推背预测。因为预言只能说将来一定如何，不能说将来也许如何；只能说非此即彼，不能说亦此亦彼。

这个传说未必真实，但它表明一个定理，那就是占卜对未来的预测，都必须有确定性。否则，就丧失其占卜的性质。

但是，恰恰在这一点上，周易的占卜却与一般的占卜，大有不同。如前所述，周易并非殷周之际由巫史之类为沟通人神关系的占卜而写成的书。它大约是文王那样的圣者，处于衰世，怀着深沉的隐忧，为阐明天人之道，教诫世人，"使人知所向避"，而在既有六十四卦基础上以占筮面貌写成的"法律之书"（张载《横渠易说·系辞上》），如其书名所示，《易》为变义，占法用九、六变数，而不用七、八定数（传说夏商占卜用七、八，表示确定不易，文王演《易》改用九、六，表示变易）。《周易会通》总论谓，"说本贾、郑、服、章诸人"。由此也可见，周易之占言变不言定。并且，以理为本，据理占断。故而与卜辞之类的单纯占卜，性质迥异。"三定"的准则，对《易》占并不适用。

众所周知，《易》辞不言占，也不言神。有占字，是说"未占"，有鬼字，是地名或状辞，与神鬼无涉。有"自天佑之"之句，其天字是指自然规律，不是指人格天。同时全部《周易》，从始到终都以一阴一阳之道为核心，讲说进德立业、守正祛邪的人事道理，处处表现出吉凶由人、命由人定的思想，没有一处透露出听天由命的意思。同时，其占辞是依卦爻象与辞象所含义理而推出的，多含警告劝诫之意，仅能为问卜者指出类似"注意事项"那样的行动方向。因此，由神定、命定、占定合成的"定"性，可以说，在周易的占筮中，若有若无，极不明显。这一点，即使断言周易为卜筮书、源于卜筮而且"施用亦在于卜筮"的李镜池先生，也有所察觉。他说："占卜有一套贞卜兆术语（案：即占辞——本文作者），如卜辞的亡尤、亡灾、有祟等，周易的无咎、利贞、元亨、悔亡等。但周易用贞兆词和卜辞不同之点不在于术语差别而在用法。卜辞每事一卜，吉凶分明，吉是吉，凶是凶。周易却有吉凶连言的……"接着，李先生还举出好几个例子证明这一点。约言之，他认为卜辞占断分明，周易则否。他所说的"吉凶连言"，实际上是说或吉或凶，不能确定。用本文的话来说，就是卜辞之占断明确有"定"，而周易则含糊无"定"。下面举个明显的例子，试作探究。

（一）《否》六二爻辞"包承，小人吉；大人否，亨"。大意是六二以阴柔居阴位，过顺而佞，善于笼络上方的群阳，承迎谀媚，以求度过否运。对于小人来说，这是吉道。而身为大人者，处此否境却不应为小人的"包承"所惑，应当安于否境，守正不移，身虽陷于否困，而道则依然亨通。对大人来说，这是处否境的正当之计。

这段爻辞，表示吉否相反的两歧占断。在否塞的世道中，小人以顺承为吉，大人则以守道为亨，因人而异，没有一"定"。朱熹所说："占者小人如是则吉，大人则当安守其否而后道亨。"这里的大人，显然是指道德高尚的贤者，而非指高官，因为只有贤者才能困于否境守正而亨。小人自然指道德卑下的人。小人之吉，于大人则凶；大人之亨，于小人则凶。周易占辞之吉凶，以人格的高低为准，不是一概而论。

但这两可两不可的占辞,却不免使问卜者为难。自己是小人呢,还是大人?小人的顺承之道,固然可免于受困而获平安之吉,但不如大人身否道亨之可贵。周易很多占辞(包括爻辞)就是依这种扶阳抑阴、祛邪扶正的思想作出占断,以回答问卜者(或学习者)的疑问。这是一种因人制宜的灵活不定的答案,是在讲处于否境中如何做人的道理,并非真正的关于吉凶祸福的占断。这属于飘忽不定的辩证思维,和卜辞吉凶分明的形式逻辑式的占断,根本不同。

(二)《屯》九五爻辞:"屯其膏,小贞吉,大贞凶。"这段占辞的大意是,九五处于尊位,居中得正,应恢宏博施,以膏泽惠及臣民;而不应囤积其膏,吝啬其施。这种正固不苟的做法,用于财物出纳之类的小事,吉;用于泽洽臣民的大事,凶。

在这段占辞里,吉与凶相对并列。或吉或凶,因情而异。整个占辞,与其说是回答卜者筮问来事的占断,不如说是对占卜者(或读者)行事方针的指导与劝诫。吉凶与否,由占卜问事者以自己的行为作出选择,占辞不予断定。

(三)《临》六三爻辞:"甘临,无攸利。既忧之,无咎。"

临字的原意是以上视下,引申为治理、监督、领导等意。甘字是以甜言蜜语取悦于人。六三处于下卦的最上方,阴居阳位而不中不正,又是下卦《兑》的主体。兑为口舌、为喜悦,所以六三有居于临人的高位而以甜言蜜语取悦于下之象。如此作风,对监督部下来讲,没有好处。这是占辞的第一层意思。另一层意思则是,如果六三能认识到甘临的错误,而忧虑戒改,便可从"有咎"转变为"无咎"。这一占辞,表现吉凶双方发展转化的辩证思想,纯系经验的总结,毫无神定、命定和占定的意味。同时,此占辞只对领导层的问卜者有参考意义,对被领导阶层来说,并无决疑、测运的作用。

(四)《家人》九三爻辞:"家

人嗃嗃，悔厉吉；妇子嘻嘻，终吝。"

此爻辞大意为，九三以阳性而居阳位，刚强太甚。以此态度治家，过于严厉，使全家有"嗃嗃"的愁怨之声。如此，虽难免悔恨、紧张之虞，但从结果来看，却是吉祥的。反过来，如果治家松懈，妻子儿女嘻嘻哈哈，终于会招致羞辱。这个占辞也是由两个假言论式组成。若是前者，虽悔厉而终吉；若是后者，则终致于吝。或选择前者或选择后者，由问卜者依理自决，《易》占不加定论。神、命、占三者，在这里都不为问卜者做主，做主者是理，是讲理的人。

（五）《遁》九四爻辞："好遁，君子吉，小人否。"

这一爻辞，吉否相反，因人而异。来知德的注释简明得当。他说："九四以刚居柔，下应初六，故有好而不遁之象。然《乾》体刚健，又有遁而不好之象。占者顾其人何如耳。若刚健之君子，则有以胜其人欲之私，止知其遁，不知其好，

得以遂其洁身之美，故吉矣。若小人，则徇欲忘反，止知其好，不知其遁。遁岂所能哉！故在小人则否也。"（《易经集注》）可见，这一卦爻的占辞，吉否不定，要看问卜者"其人何如"。这和其他占卜术，迥乎不同。其他占卜术，都直截了当地回答占问者的疑问，占断其吉凶祸福，绝不以占问者的身份与道德为转移。因为，以身份与道德为转移的占断，是违反占卜之所以为占卜的"三定"原则的，是无占卜必要的。

上举五例，充分表明周易的筮卜，一不由神（天），二不由命，三不由占。其占辞是超乎这三定而循理因人作出的占断。这种占断，虽然披着占卜的外衣，实质上已越出占卜的范畴，成为依照哲理伦理法则推出的判断了。

非理勿占

《易》占的第二个特点是亦理亦占，占依于理。前文反复讲过，周易具有理占的两重性。从理的角

度来看，它是哲学，可供学习，从中获得天人之道，以为人生向导。从占的角度看，它可供占卜，据理以预测未来。占是出理的形式，理则是占的内容。占以理为据，据理出占。理胜于占，占制于理。理可独立自足，占则倚理而立，非理无占。

《易》理可分为道理与义理两类。前者为天道，即宇宙自然的规律；后者为人道，即人事的伦理法则。再具体些，可分为三类：一是道，即事物规律；二是德，即道德原则；三是义，即行为准则。周易的经文，包括卦名、卦辞、爻辞，都充满这些内容，爻辞中的占辞当然也不例外，无一句有所偏离。总体看来，循道循德循义，既是周易作为哲学的特点，也是周易用于占筮的特点。

在这一点上，自古迄今史学界似无歧见，义理派不消说，象数派也有类似的看法。孔子首先提出周易内含天道、地道、人道，以义理为周易的本质。王弼继其后，扫象谈理，至唐宋孔程之后而发扬光大，其中张载的观点颇有代表性。

他说：“《易》即天道，独人于爻位系之以辞者，此则归于人事……因爻有吉凶动静，故系之以辞，存乎教诫。使人动则观其变而玩其占……使人知所向避，《易》之义也。”又说：“天下之理，斯尽因《易》之三百八十四爻变动以寓之人事，告人以当如何时，如何事，如何则吉，如何则凶，宜动宜静，叮咛以为告戒。”（《横渠易说·系辞》）

张载这段话的要点是说，周易蕴涵天道人事之理，随爻占以为教诫。这完全符合周易的作意、本质和功能。它表明，循道循德循义，是《易》学和《易》占的特性。这一点不仅义理派作如是观，象数派也有类似的观点。占卜大师京房就说过：“《易》所以断天下之理，定之以人伦，而明王道。”（《易传》）另一象数大师虞翻也说："……《易》广大悉备，有天地人焉。故称备也。""阳在道门，阴在义门，其《易》之门邪？""神以知来，故名忧患；智以藏往，故知事故。作《易》者其有忧患乎？"干宝也属于象数派人物，他也说："……《易》道戒惧为本。所谓以终始，为无咎也。……大夫之从王事，则夕惕若厉……妇人居室则无攸遂也。虽无师保切磋之训，其心敬戒，常如父母之临己者也。"（以上见孙星衍《周易集解·系辞》引文）综合看来，这些偏重象数重视占卜的易学大家，也继承孔子《易大传》的思想，对周易性能作出了一些类似义理派的阐述。总而言之，两派易学家都持有"《易》之为书，推天道以明人事"（《四库全书总目提要》）的观点，只是在针对周易"理"（内容）与"占"（形式）的关系地位和功能上，侧重点不同，以致分道扬镳。

为此，强调周易为占书的学者，也都不否认它的理占二重性，朱熹便是这样。他写《周易本义》，目的在于申明周易的本质是占筮之书，所以着重从占筮的角度讲周易。但由于占依于理，非理无占，故而同时也不得不依理讲占。举例来说，对《乾》象之"元亨利贞，"孔子视为一句，解作"四德"，所谓"元者善之长也，亨者嘉之会也，利者义之合也，贞者事之干也"（《文言》）。只讲其理，未及其占。朱熹认为原来不是这样，原是"元亨，利贞"，两句。本义是，"元，大也；（按："元"无大义）亨，通也；利，宜也；贞，正而固也。"并讲其来由和主旨说："文王以为乾道大通而至正，故于筮得此卦而六爻皆不变者，言其占当得大通，而心利在正固，然后可以保其终也。此圣人所以作易，教人卜筮而可以开物成务之精意。"（《周易本义》）朱熹还认为《乾》《彖》元亨利贞，就是为占筮而设，讲四德之义理，是始于孔子（案，穆姜时已有四德之说，朱熹所云非是，详见前文）。但仔细看一下朱熹的解释，便会发现，他也在讲义理。他所谓"乾道大通而至正"，当属于哲理的天道；"必利在正固，然后可以保其终"

当属于人事的教诫。合起来看，依然没越出以孔子为首的义理派所说的周易"言天道而明人事"的范畴。不同的是，朱熹是从占筮的角度讲义理，孔子、张载等则是从义理的角度讲占筮。其根本区别，端在于此。值得注意的是，由于主张占筮所需之理大大小于"冒天下之道"的义理，在占理关系上如侧重于占，势必缩减义理的发挥，发展下去，必将如焦延寿、京房、郭璞之流，脱乎理而堕于术，为世人所鄙。

关于理与占的关系，主张《易》本占书的李镜池也在《周易探源》中略有涉及。他说："编著者用贞兆词已经把它的意义推广，贞兆不单是为贞兆用，而是跟上下文所说的事理联系起来。说是说，不光是贞兆词，而是事理的说明和判断。"接着举出《乾》九三爻辞（包括贞兆词即占辞）加以分析，以为例证。李先生这段话含有三个观点：一是占辞的意义已扩大，不限于占断。二是占辞与事理联结。三是占辞一身二任：既表示占筮的结果，同时又是事理的说明与判断。这三个观点合起来，主要意思就是理占结合，亦理亦占。而占既已成为事理的说明与判断，它便得服从于事理，而变质为"出理"的手段。违理之占乃至无理之占，也便成为没有内容的"空壳"而失去存在的价值了。说来说去，李先生的观点便不得不归纳为理胜于占，非理无占，而与本文的观点不谋而合了。但这样一来，李先生所再三强调的《易》本占书的观点，却不得不陷于自我推倒的窘境了。

关于占理融合、非理无占的实例，上文已讲了一些。为进一步彻底说明这一问题，下面再以《乾》卦全经为例，加以阐释。

首先，再深入说一下《乾》的卦辞"元亨利贞"。前文介绍了孔子在《文言》里和朱熹在《周义本义》里对它的涵义所作的两种解说。前者是从理的角度讲理，后者是从占的角度讲理。表面看，双方讲了许多，实际上义犹未尽。同是孔子的解说，《乾》《彖》传与《文言》却不一样。《乾》《彖》传以"万物资始，乃统天"释"元"义，以"云行雨施，品物流行"释"亨"义，以"大明终始，六位时成"释"利"义，以"乾道变化，各正性命，保合太和，乃利贞"释"贞"义。《彖》传这种解释，与上述《文言》的解释，虽有内在联系，但具体内容显然不同。不过，这两种不同的解释却有个共同点：都把"元亨利贞"分别断开，当《乾》天的"四德"对待。而《文言》的解释往下又出现波动，冒出第三种说法："《乾》元者，始而亨者也，利贞者性情也。"把"元亨，利贞"视为"二德"。忽而一，忽而二，忽而三，如此解说，是否意味着孔子的思想言论出现了矛盾。或者采集旧说，"述而不作"，以致产生前言后语不一致的现象？对此，本文同意尚秉和先生的看法。对一文多解现象，他解释说："唯此四字（案，指元亨利贞）义蕴宏深，非一解所能尽。"对所释前后不同现象，他的看法是，"此无他，《乾》健之德，不可名言，似必再三释，方能毕其义蕴也"(《周易尚氏学》)。尚氏的见解，异常精辟，符合概念运动的法则。近现代哲学，于此都有定论。黑格尔指出，具体概念和抽象概念不同，它有多种规定性，一种解说不能毕其义。"元亨利贞"乃表现天德的具体概念，意蕴深奥，必须四面八方加以解释、描述，才能表现其全貌。孔子是大哲人，所想的问题几乎全是关于天人之道的大事，所思考的概念，也大多是内涵深厚的具体概念，只能从多方面以多种语言（直述的、描模的或譬喻的，等等）进行表述。例如他对"仁"的概念，就不是一个说法。忽而说"夫仁者，己欲立而立人，己欲达而达人"(《论语·雍也》)，忽而说"克己复礼为仁"(《论语·颜渊》)，忽而说"居处恭，执事敬，与人忠"为仁(《论语·子路》)，忽而说："刚毅木纳，近仁"(同上)。但究竟何者为仁，孔子在《论语》里说了好多次，也没有一个明确的定义。使颜渊感叹的所谓"仰之弥高，钻之弥深，瞻之在前，忽焉在后"(《论语·子罕》)的情况，也许正是指此而言。孔子以这种全面的思维方法来讲解《乾》天之德的具体概念时，自然会反复阐发而呈现前后不一致的状态。但这不是分裂的不一致，而是多样性的统一。

孔子从阐发天人之道的大局出发，讲解周易始基的《乾》德，故而发掘发挥出《象》传、《文言》那样成篇大套洋洋丽丽的哲理与伦理。相对地，朱熹则从占卜的功用出发，对《乾》德作了简单的注释，而其所讲的天德人诫之理，完全包含在孔子所讲的大道理之中，除了硬说周易本义为占筮以外，并无新意。由此可见，在周易中不但占自理出，而且占义远小于义理，如果说占义也属于义理，它只能说是义理当中一个小小的组成部分。

下面，再从非理无占的角度对《乾》卦爻辞试作分析。

《乾》卦取象于龙，以龙德比喻君子、大人之德。全卦卦情是指示君子、大人在《乾》健的局面下，如何效法天道，发扬龙德，应付各种境遇与时机，有所作为。

初九爻辞是"潜龙，勿用"。

《易》卦六爻，初二爻为地，三四爻为人，五六多为天。《乾》卦象天，为纯阳之体，刚而且键。初爻属于地下，为阳气方萌，尚需涵育隐伏之象。龙为阳象，此际处于地下渊中，宜于养精蓄锐，静待时机。不宜出潜，有所施展。这是"潜龙，勿用"的大意。

必须指出，这个爻辞既是天人合一的义理教诫，也是天人合一的卜理占断；既是哲学，又是占卜。在哲学上是以"潜龙"之象喻理，以"勿用"之辞教诫。在占筮上，也以"潜龙"之象喻理，而以"勿用"为占。占理为一而功用不同。但占的功用依赖于理，有斯理，方有斯占。而理（含教诫）则独立自足，不依于占。

另外，作为哲理，这一爻辞适用于一切人，处于斯境和不处于斯境的人，俱可引为教诫。而作为占辞，则对象可能很窄，若非具龙德的君子而是无德的小人或一般人，占得《乾》卦而初爻动，其占辞又当如何理解？这一点经文没有直说，而揆之于《易》为君子谋而不为小人谋，则小人于此只好莫知所措了。故而从应用看，《易》占的范围也大大小于《易》理。

九二爻辞是"见（现）龙在田，利见大人"。九二以刚中之德，值阳气上升之际，应勿失时机，出潜离隐，有所作为。二爻为地上，亦即田野。潜龙出现于大地，故曰见龙在田。大人为大德之人，龙出潜而现大德，宜于晋见九五尊位的大人，亦即宜于施展才德，为尊者赏识，以求进益。从占筮讲，爻辞中的"见龙在田"是喻理之象，"利见大人"是依象理作出的占断。从义理讲，则全属君子立业进身之道。——"利见大人"云云，不过是借用占辞的形式而已。和初爻一样，占卜对象也有限制。正如来知德所说，"占者有是德，方应是占矣。"倘非见田之龙，则无见大人之利。

九三爻辞是"君子终日乾乾，夕惕若厉，无咎"。九三爻属于人位，按上下卦来看，是下体之颠。具有龙德的君子，由隐而现而跻于上下之交的高位。以阳刚之体居于阳刚之高位，过刚不中，易受挫伤。在含有危险的时空中，善处之策是终日小心谨慎，勤奋不懈，直到深夜，仍警惕不已。这样，虽处于险厉之地，也可无咎。这是九三爻的大意。

无咎是周易占辞，经文中凡九十三见，足见其用处之频。"咎"，意为灾害，轻于"凶"而重于"悔""吝"。原义是本来有咎，但由于悔改而转为无咎。孔子所谓"无咎者，善补过者也"（《系辞上》三章），即是此意。《乾》九三的占辞"无咎"，不是像卜辞表示那样，或其他占卜的"吉""凶"那样，非此即彼，决然表示神定命定的祸福，而是依据前文"终日乾乾，夕惕若"所表现的勤奋戒惧的处世规律推论出来的，意为君子或任何人（包括占者）处此多危有咎之地，若能照此行事，当可化有咎为无咎。

这样，从占卜看，无咎是循"终日乾乾，夕惕若"之理而作出的占辞，只适用于君子中的问卜者。而从义理来看，无咎则是依前文规律所推出的结论，属于立身行事之道，是对任何人都适用的教诫，其广泛意义当然不限于君子或占者。

《乾》九四爻辞是"或跃在渊，无咎"。意思是，或者进而上跃，或退而居渊，进退随时，当可无咎。

九四爻以阳性而居于阴位。阳性志于进，阴位则利于守。以卦体论，九四爻处于下卦之上，上卦之下，迫近于九五尊位，是多事之地，尤需谨慎从事，以为进一步的飞腾做好准备。或跃或伏，以试其力；或进或退，磨炼待时。如此见可而动，自可无咎。

九四爻辞内，无论以推理或以占卜论，"或跃在渊"都是前提，无咎都是结论。只是后者把推理的结论，作为占卜的断辞而已。情况与前三爻并无二致。

《乾》九五爻辞是"飞龙在天，利见大人"。阳爻居于五位，故曰九五。九五为尊位，以朝廷论，是为君位。龙自四位跃上五位，刚健居中，又高处尊位，飞黄腾达，有飞龙在天之象，是德高望重的大人居于君位，天下人莫不乐于仰望。这是九五辞象的涵义。

"飞龙在天"的象义是"利见大人"的理由，"利见大人"是"飞龙在天"的后果。其理占关系和前四爻相同。至于问卜者的局限性问题，由于以龙为象，故而此爻尤为突出。宋太祖曾问大臣王昭素，占得此爻的人若非君主，如何对待。王答以"若臣等占得此卦，陛下是飞龙，臣等是利见大人。"朱熹认为答得最好（《朱子语类》）。可见龙象乃君主专利，其他人占得此爻，并不适用。

《乾》卦上九爻辞是"亢龙，有悔。"

阳气升至上位，已达巅峰。极进过高，恰似盲目冒进不留余地的龙象，故曰"亢龙"。以人事而言，这比喻其德如龙的人物，跃居尊位后，若志得意满，知进而不知退，必将走上极端而遭受物极必反规律的惩罚，陷于有悔的窘境。物极必反是宇宙人间事物运动的铁的规律，违反这一规律必定有悔，也是必然的法则。周易里有不少辞象表现这个道理，"亢龙，有悔"是第一个。孔子从多方面对它作了阐释：一曰"盈不可久也"（《象传》），从事理层面作了解说。二曰：贵而无位，高而无民，贤人在下位而无辅，是以动则有悔也（《文言》），从政治层面作了解说。三曰"穷之灾也"（同上），从哲理层面作了解说。四曰"知进而不知退，知存而不知亡，知得而不知丧"（同上），从政治修养层面作了解说。可见，在孔子思想中，"亢龙有悔"这一辩证思维的形象命题，占有如何重要的地位。

就周易本身的思想来看，"亢龙，有悔"可具有三种性质和效用：一是哲理命题，以事物定律教人；二是伦理命题，以生活法则教诫；三是占卜命题，据不易之理为占断。总之，自占而言，情况与前五爻并无差异。

用九："见群龙无首，吉。"

六十四卦中，唯《乾》《坤》在六爻外分别附有断语"用九""用六"。这是说在筮数中：七、八，是少阳、少阴是不变数；九、六，是老阳、老阴是变数。《易》占讲变，用九、六，不用七、八。六十四卦中《乾》卦六爻皆为老阳，故曰"用九"，这是"用九"第一义。《乾》卦爻皆为老阳之九，九必变而为老阴之六，将成《坤》卦。这是"用九"第二义。九数为阳之变，用九谓善用阳刚之德，巧使阳刚之变，刚柔相济，调节适中，因时利变，防止过亢之害。善于用九，而不为九所用，这是"用九"的第三义。综合此三义，系以"见群龙无首"之辞象，而断之以"吉"。群龙指《乾》阳变为《坤》阴，是先刚后柔，刚而能柔，顺其自然，不假造作，故而为吉祥之道。

《乾》六爻占辞皆不言吉，惟用九言吉，可见周易对善于运用阳刚变化之道，如何重视。同时，用九的爻辞占辞表明，它所蕴涵的基本上是天人之道的哲理，并不是乞求神谕的占卜。

也许正由于这个原因，孔子也便从哲理的高度联系政治伦理对用九的涵义作了如下阐释。

一曰"乾元用九，乃见天则"（《文言》）。意为《乾》卦的"用九"，表现出天的法则，亦即阳刚为本，刚柔适中，适时变化，有节有序，无过亦无不及的天体运行规律。《乾》六龙之潜、见、乾乾、跃、飞、亢，都是贯穿阳刚进取与阴柔节制相结合的"用九"精神。

《文言》这一条，是孔子从天道的层面对用九的本质所作的阐释。

二曰"用九，天德不可为首也"（《象》传）。意为用九表示，《乾》卦所表现的天德，在于刚而能柔，尊而能谦，进而能退，绝不逞强争先，亢进为首。孔子认为，这是周易借天德以明人事的告诫。

这表明，"用九"的意义绝不仅限于占卜，而是立身行事进德修业的至理要诀。老子"不敢为天下先，故能成器长"（《道德经》六十七章）的辩证思想，说不定就是来源于用九的"群龙无，首吉"。有些学者认为老子思想源于周易，笔者认为，老子以阴柔为贵的思想体系，和周易以阳刚为贵的思想体系并不一致。只是老子的许多辩证命题，却与周易一脉相通。

三曰"乾元用九，天下治也"（《文言》）。意为执政者如能以乾元用九的思想和措施，刚柔相济，治国安民，必能大获成功。这是孔子从政治角度自用九的内涵中发掘出来的道理。

如上所述，孔子从自然规律、人事法则和政治方略三个层面，对《乾》卦"用九"的义理内涵作了发掘阐述。占法方面和前六爻一样，其占辞"吉"，是据"群龙无首"之理所推出的结论，是义理所生，而非天神所定。

以上是以《乾》卦为例，逐爻

讲述了义理为本的理占关系。六十四卦,卦卦如此,每卦都是在以象喻理,表达一定情境下的天人之道和立身行事之则。如果把每卦的内涵集中展开,予以表述,将成为六十四篇哲理论文和伦理指南,周易的本性也将昭然若揭。下面仍以《乾》卦为例,试作铺写。

《乾》道论

《乾》是天阳的表现。它禀赋元、亨、利、贞四德。元为万物的始基,众善之长,亨为众美的会通,利为众义的汇合,贞为干事的正固。天道如此,人道亦应如此。君子行此四德,乃合乎《乾》道。合乎《乾》道的君子,体具天的阳性,其德智如龙,其行藏如龙。时机未至应潜伏养晦,不可盲目出动,妄为施展。时机一至,应脱潜离隐,现身于世,如龙之出于渊而跃上田野,崭露头角。此时此际,应展现德才,广获令誉,上取尊者的赏识,以利于进身立业。

在业有所成、位有所进之后,切勿乐而忘忧。应依《乾》道行事,小有成就而尚奋进之时,身处上下之交的中间地位,前途辽远,荆棘尚多,稍有疏忽,便会陷入险难而前功尽弃。唯有小心谨慎,兢兢业业,自强不息,朝夕警惕,才是对处险境的善策。

当德业进展而跻入上层之际,切勿以迫近大成而有所松懈。应审时度势,返身自省,或进或退,静待时机,不发则已,发必有中。犹如龙之或跃或伏以待腾飞之机,一飞登天。因此际所处地位虽已超出下层,但属上层底位,而且接近权力中心,乃多疑多惧之地。以《乾》道论,这是以阳居阴,其位不正。所以,更要深思熟虑,切勿妄动。这样,自然可以平安无事。

当天时地利人和三美具备,飞黄腾达之机已经成熟时,德智出众、功业超群的大人终于登上九五尊位。如同养精蓄锐、实力充沛的龙,飞跃上天,英姿雄健,万人景仰。

《乾》道九五,刚健中正,是

体现天德的尊位,是建功立业、大展宏图的理想地位。踞此位者,应本《乾》健精神,以天下为己任,勤政爱民,选贤任能,励精图治,广施博惠。如斯则天下敬仰,百姓拥戴,犹如飞龙在天,普降甘霖,泽洽四方,普天之下,莫不景仰。若不肯如此,或反其道而行之,则前途当然凶险,无可置疑。故而九五,虽是《乾》道黄腾达的尊位,但前途如何全在人为。空言吉凶,于事无补。古语云:"满招损,谦受益。"登上尊位的人应体天道乾乾、极而必反之则,夙夜匪懈,居安思危,以持盈保泰;切勿骄傲自满,得意忘形,妄自尊大,不知进退,违反中道,以致闯入极端,招来灾害而后悔莫及。犹如飞天之龙,得意忘形,盲目冒进,窜入太虚,招致陨落之灾,悔之晚矣。所以,此时此际的良策是,应如群龙以矫健的姿态飞腾天上,却并无出首争先的丑态。这样,自然可常保吉祥。

总括上文可见,进身立业之善策,必须遵循《乾》天之道,终日乾乾,健行不息,能刚能柔,知进知退,动静行藏,不违时宜。养晦而不忘进取,居尊而能致谦和。时时返身修德,切勿强作众首。如此立身行事,自然吉无不利。

所谓天人合一之《乾》道,如斯而已。

以上,是笔者依据《乾》卦蕴涵的义理而写成的一篇短论。容或阐发有所不足,而基本道理并无乖离之处,纯依《乾》卦之理立论,可以说是一篇地地道道的哲学短文。至于文笔如何,则尤当别论,与本文题旨无关,不必计较。仅此一例,周易的哲理本性,便赫然显现。同时,周易之占,除依附于此理之外,并无独立地位,理大于占,非理无占,当可不言自明。

如果依此办法,将周易六十四卦的内涵完全铺开,写成文章,从义理层面看,将成为六十四篇哲理、伦理的指导性论文;从占卜层面看,将成为六十四篇上占未来学的推理性文章,而周易全经也将成为条理清晰、内容深厚的人事百科全书。

当然，这里引申发挥，也许难以避免，但基本思想仍源于周易。正如从石头里生不同孙悟空一样，从真正的占卜书中，绝不能阐发出如此深厚而实用的义理。由此观之。周易非理无占的哲学性，也便昭然若揭。

非德勿占

英国的人类学家罗伯特·路威教授，对原始文化作过专门的调查与研究。他在谈到预言和占卜时说："这是个含有无数个未知数的方程式，要你解答。……足下的生死祸福就看你能不能找到正确的答案。"（《文明与野蛮》，吕淑湘译）这句话，可以视为占卜之道的普遍释义。这和我国古人所说的占卜"决疑"以趋吉避凶，是一个道理。古今中外一切所有的普通占术之道，皆是如此。

但是除此之外，占卜之道中还有一种非寻常的特殊情况。那就是罗伯特·路威教授补讲的另一句话："倘若你依着历古先贤定下的路径走，你就可以得到幸福。"（同上）这是说，为人之正道若用之于占卜，便成为遵循传统道德而趋吉避凶的占断准则。所谓周易的非德勿占，即是此意。

可是自龟卜以来的占卜，只依占兆为求卜者测事解疑，并不讲什么义理道德。但周易的占卜，却迥乎不同，既循理而占，又循德而占，融德理于一炉，数往知来，作出占断。前文所述穆姜筮遇《艮》之《随》，虽得"元亨利贞无咎"的吉辞，却因己身之败德而不信。她认为周易此占于理不合，不会灵验，这在客观上也表现出周易自身非德勿占的本性。这一点，前文所举南蒯的占例，说得非常清楚。惠伯所谓"忠信之事则可，不然必败。"《易》不可以占险"等语，表明《易》占与一般占卜不同，不是有问必应，而是有德者应之，无德者不应，占善事可以，占险恶（坏事）则不可。《易》占的门前，有一条节制问卜的道德界限。这个道德界限，源于周易内在的道德性质。

周易作为一部推天道以明人事的警世指南,饱含古圣先贤进德修业的教诲,这是贯穿于周易辞、变、象、占四道中一条不易的原则。无论观象玩辞,观变玩占乃至占事知来,都不能背离。背离这一原则,就丧失周易的灵魂,纵然名为《易》占,实质上已脱出周易的范畴而沦为《火珠林》《梅花数》之类的末技小术了。这一点,古人早有明确的论断。

《礼记·少仪篇》记载:"问卜筮曰:'义与,志与?''义则可问,志则否!'"

这段问答,据郑玄注解,意为:"大卜问来卜筮者也。义,正事也;志,私意也。"这是说,卜官问前来求卜的人:"是占卜正义的事呢,还是占卜私欲的事?"可问正义的事,不可问私欲的事。对这段关乎占卜的名言,明清之际的思想家顾炎武特别欣赏。他在《日知录》卷一中谈《卜筮》时,举出这段话加以阐释说:"子孝臣忠,义也,违害就利,志也。卜筮者,先王所以教人去利怀仁义也。"意为卜筮是古代圣王教诲人们除去私利而心怀仁义的手段,也就是对占卜问事,设立正邪的界限,以导人向善为宗旨,对民众进行道德教化。顾炎武还进一步依据周易《革》九五"未占有孚"的道理,认为有些必然的义理"不待卜而可知",并进一步阐发说:"其所当为,虽凶不可避也。"(同书)他又引用屈原在《渔父》中所说"用君子之心,行君子之义,龟策诚不能知此事"予以赞扬。这样,卜筮周围便以仁义为准绳设立了门限:一则本身非德不占,二则合德者又不必占,大大缩小了占卜对象的范围。由此观之,所谓儒家的道德占筮观,并不符合一般占卜为人"决疑"的原旨,不是对占卜测事功用的加强,而是对它的削弱。实质上,可以说它是道德教化在占卜领域的延长。至于这一道德占筮观起源于何时何地何人,则难以稽考,无从判定。殷商龟卜之观裂兆占事,简单"决疑",当然谈不到道德为界。《连山》《归藏》二占书，情况不明，但依据只言片语的佚文来看，似乎以占卜为主，道德的占卜学说，也难从那里产生。大约只有象辞俱备、体系完整、义理深厚、非理无占的周易出现，才有可能从中产生道德占筮的观点。上举第二例中惠伯说过"尝学此矣"，这句话表明，从殷末周初周易成书到春秋时代几百年间，周易在正规的传授过程中大约一直是伴随着道德占筮的门风，非德勿占。至于上举第一例穆姜之从理不从占，是否也受到这种占风的影响，则不得而知。但有一点可以肯定：《礼记·少仪》所谓"义则可问，志则否"与惠伯所谓"《易》不占险"之间，其基本精神具有一致性，则是不言而喻的。

这里有一个相关的问题，需要顺便说清楚，有的学者认为占卜家常以道德为掩饰占卜不验的遁辞。对于以卜为官的巫史或卖卜为生的术士来说，这种现象当然不足为奇。可是周易的德占，却与此根本不同。因为它的扶阳抑阴，为君子谋不为小人谋，以中贞为基石的思想，控制它的占卜；而非理无占，循理而占的结果，必然导向于非德勿占。应该说道德占筮观是周易内涵义理在占筮层面上发展的合乎逻辑的必然结果。当然，同时也是周易作者忧患意识和教化思想的自然表现。

"德"是周易辞、变、象、占的核心。孔子对此深有体会。他在《系辞》中对占卜只作筮数的介绍和空洞的赞颂。而在论卦时，对"德"则反复作具体的发明。他说："《履》，德之基也。《谦》，德之柄也。《复》，德之本也。《恒》德之固也。《损》，德之修也。《益》，德之裕也。《困》，德之辨也。《井》，德之地也。《巽》，德之制也。"（《系辞下》七章）把《易》卦视为德的化身。他认为，当初圣人著作周易时，是"观变于阴阳而立卦，发挥于刚柔而生爻。"而卦和爻的内涵和功能则是"和顺于道德而理于义，穷理尽性以至于命。"（《说卦》首章）就是说，六十四卦三百八十四爻无一处不充满天人合一的道德义理，道德义理是周易思想体系的本质。依孔子这种观点来看，周易占卜之非德勿占，自是理所当然。"无恒"为非德之轻微者，孔子对其后果尚且断言"不占而已矣"。若是奸淫等败德勾当，依孔子的易学思想来说，自然是无须占卜而恶果自明，"未占有孚"（《革》九五）是理所应当的。

在这个问题上，苏轼在南省（尚书省）"说书"（讲经）时，曾对惠伯讲解南蒯所占《坤》之《比》五爻辞所说的"供养三德为善"问题，进行解答。他首先说：

"《易》者，圣人所以尽人情之变，而非所以求神于卜筮也。"

对周易为人事变化之书而非占卜性质，作了界定。然后接着分析说："自孔子没，学者惑乎异端之说……使夫伏羲、文王、孔子之所尽心焉者，流而入于卜筮之事，甚可悯也。"

他慨叹，自发扬《易》理的孔子死后，学周易的人被邪说所迷惑，使伏羲、文王、孔子三圣殚精竭智所创造的天人之道的周易，沦为占术。这表明，他认为周易根本不是占卜书，而是哲理书。循此基本观点，他对南蒯之占进行具体分析：

"其卦遇《坤》之《比》，而其繇曰：'黄裳元吉？黄者，中之色也；裳者，下之饰也；元者，善之长也。夫以中庸之道，守之以谦抑之心，而行之以体仁之德，以为文王之兆，无以过于此矣。虽然，君子视其人，观其德而吉凶生焉。故南蒯之筮也，遇《坤》之《比》而不详莫大焉。"

这段话，以明确的语言道破了周易的德占原则，亦即占断之吉凶在其人，在其德。如若非其人，非其德，如南蒯之流的乱臣，占得"黄裳元吉"这样表达至善的"文王之兆"，反而不祥之至。

他继续阐述说：

"夫以南蒯而得文王之兆，安得不狂惑而丧志哉！故曰：供养三德为善。又曰：参成可筮。而南蒯无以胜之，所以使后世知夫卜筮之不可恃也。"苏轼依惠伯之说，作出解释。大意是说，所谓三德，是指黄、裳、元。"黄"表中庸之道，"裳"（下之饰）表谦抑之心，"元"表体仁之德。这种高贵的品德，只有先圣文王足以当之。南蒯这样败德的之人占得文王的德兆，焉能不得意忘形，以致丧心病狂，而一败涂地？故而还是专心致志地修养三德，以求进益，是为良策。只有具备三德的人占得三德之爻，才担当得起。南蒯的为人担当不了，所以无效，从而使后代人由此看出占卜并不可靠。

接着，他又以同样观点对穆姜之占进行分析，说：

"穆姜筮于东宫……其繇曰元亨利贞。而穆姜亦知其无以当之。故左氏之论《易》，唯南蒯、穆姜之事为近正，而其余者，君子所不取也。"（以上引号所括，均引自《东坡续集卷九·问供养三德为善》）

苏轼认为，穆姜有自知之明，知道自己的行为之恶，不足以当爻辞之吉。他并且总结说，《左传》中左丘明谈周易占筮，只有谈到南蒯、穆姜之占时，观点近于正确，其他均不可取。意指《左传》其他处谈周易，都只讲占法占验，不讲其人其德，偏于卜筮小术，不合乎仁义道德，没有价值。

苏轼上述言论，是在先秦时代惠伯所表述的德占基础上对周易的儒家道德占筮观作了进一步的发挥，并在断定周易哲理性质的同时，表明占卜不足为恃和它对道德的依附性。

源于周易中贞之道的非德勿占，在占卜史上是一种特殊的叛逆现象，而在易学史上则值得大书特书。所以千古以来周易各派，无论象数派或义理派，都予以赞成。李道平虽注重象数和卜筮，但亦借注疏抒发了道德占筮的思想。在穆姜占例的案语中，他说：

"无是德而有是占，虽吉犹凶。……姜氏以《象》辞自占，其言允矣。"

他认为姜氏是以己身恶行与象辞吉占相对比而自卜其恶果，这正是符合情理的道德占筮观。

对南蒯之占,他的案语更为尖锐、具体。他说:

"凶人而获吉占,不惟不祥,且有咎。姜氏筮《随》,犹能识此。南蒯之智,不逮(及)妇人,其及于乱,宜矣。"

他先把两个坏人的非德之占作一比较,作出结论,然后据经典之言加以批判,说:

"且少仪云:问卜筮曰:'义与?志与?义则可问,志则否。'凶人为恶,谋及卜筮,鬼神犹将诛其志,其肯道(导)人以不义之行乎!"(《周易集解纂疏》)

尊重占卜之道的李道平,并不否认鬼神对占卜的支配。但他却进一步认为鬼神也要受道德的支配,不仁义的占问,虽然法力无边的鬼神也要反对,绝不告诉人如何做坏事。他把周易非德勿占的原动力,推向鬼神也要遵守的道德准则。其实他这个观点古已有之,并不新鲜。《尚书·大禹谟》所谓"朕志先定,询谋佥同""鬼神其依,龟筮协从"云云,即含有鬼神所支配的占卜也须依人循理而行,不能妄自断定的思想。

周易循理而占,循德而占的特点,汉代思想家贾谊在《新书·道德说》中也已表述得明明白白。他认为儒家六经,都是"德之理"的体现,只是层面不同。《书》(《尚书》)是"著德之理于竹帛",令人观阅。《诗》(《诗经》)是"志德之理而明其旨",令人缘以自成。《春秋》是纪"往事之合德之理与不,合而纪其成败,以为来事师。《礼》是"体德理而为之节,文成人事"。《乐》是"《书》《诗》《易》《春秋》《礼》五者之道备,则合于德矣,合则欢然大乐矣"。关于周易,他的论断是,"《易》者考察人之精德之理与弗(不),循而占其吉凶,故曰:'《易》者,此之占者也。'"简而言之,贾谊的观点是五经皆德,而《易》为德占。德占的办法是仔细考察问卜者的思想言行是否合乎道德之理,然后循此而占断其吉凶。"这番话和本文这里所说的周易非理非德不占和循理循德而占，基本思想大致相同。所差的，就是他似乎把周易看成合乎德之理的占卜书，而本文则认为周易是寓德与理于占筮面貌的哲学书，这一点是不同的。

在这一问题上，孔子的体会仍是最深刻的。在他看来，周易的本质是义理之书，周易的占筮也是义理之占。他所讲的吉凶，和一般占卜所说的吉凶，根本不同。他认为，周易的吉凶是"失得之象"表现于卦爻辞上（《系辞上》二章）。周易的卦爻辞完全是表达天人之道的义理，所以他把吉凶视为卦爻辞所表现的失得之象，就等于说，吉凶是德义的得失，吉为德之得，凶为德之失。孔子这种看法，和一般占卜术所谓吉凶，本质不同。一般占卜术的吉凶，是祸福之意，有福为吉，罹祸为凶，光以有利与否为标准。而孔子所谓周易的得失，则是以合德与否为准绳，亦即是非之意。这一点孔子在《系辞下》一章中讲得更明确。他说：

"吉凶者，贞胜者也。"

这句话有几种解释，来知德讲的最确当：

"贞者，正也。圣人一部易经，皆利于正。盖以道义配祸福也。故为圣人之书。术家（指占卜术士）独言祸福，不配以道义。如此而诡遇获禽，则曰吉，得正而弊焉，则曰凶。京房、郭璞是也。胜者，胜负之胜，言唯正则胜，不论吉凶也。如富与贵可谓吉也，如不以其道得之，不审乎富贵，吉而凶者也。贫与贱可谓凶矣，如不以其道得之，能安乎贫贱，凶而吉者也。"（《易经集注·系辞下》一章）

这段话解释"吉凶者贞胜也"之意，将《易》占吉凶之缘于德义，而以贞正为胜的特性，讲得明明白白，与孔子的仁学思想完全一致。同时，也在客观上把《易》占与一般占卜的原则差异，显示出来。关于这一问题，义理学派大师王夫之也作了透彻的论述。他说："《易》之为书，言得失也，非言祸福也。占义也，非占志也。"这是继承上述孔子以得失释吉凶和《礼记·少仪》占义不占志等观点，从道德修养上看待周易的占筮。他又深入解释说："《易》不为小人谋诡至之吉凶。于其善，决其吉，于其不善，决其凶。"以善恶为吉凶的标准。亦即：《易》占是依据道德趋向的原理，预示善行恶行的发展后果，从而"占事知来"。不像一般占卜那样，只计祸福利害，不问道义。他并且把《易》占与一般占卜加以对比，得出结论说："周易之占与后世技术卜占之书，贞邪义利之分，天地悬隔，于此辨矣。"（以上引文均见《周易内传·系辞上》）王夫之这一论断，基本观点是正确的，但说法还不够严谨。应该说，不仅后世占卜术书如此，前代大概也不例外。殷商之龟卜及梦占星占和其他杂占术，都是计利不计义，问祸福而不问善恶，都是小技末术。

故此，高亨先生所谓"周易的写作目的，在于适应卜筮的要求，预测人事的吉凶""周易是一本筮书，筮是人们要预知人事吉凶，向天神请示的一种巫术"。（《周易杂论》）云云，就是单从外部形式和功能形式上来看周易，以致忽略了它的哲学本性，忽略了它以理与德为准则的占筮特点，把它和"单问吉凶不问是非"，请求神谕，依宿命占断的一般占卜术，混为一谈，不能不说是思之未深的疏漏。

程大昌曾经考察用《易》之源。他认为《易》源于河图、洛书之数，乃着重从数和占筮上讲解周易。即使如此，他也对周易持人文主义的道德观点。在"圣人不专用占"，一文中，他说：

"《易》之为书，不为卜筮设，然而无蓍以出卦象，则临事不知卦之所择也。故圣人立教之道，则常置仁义于阴阳刚柔之间，不专取成乎卦象也矣。"（《易原》卷八第二十五章）

这段话的要点有三：

（一）周易一书不是为卜筮而作；

（二）以蓍数演算引出卦象，以为临事玩象观占；

（三）圣人以周易设数，主要是通过阴阳刚柔宣扬仁义。

其中，前两条表明周易的本质是义理书，而以占筮为手段。末条表明周易的占筮带有仁义设教的性质。接着，他又引用《左传》当中依据义理进行占测而皆"曲而中"（详见前文）的事例以为证明。

程氏此文，主旨是依据《易》涵和《易》用来论证义理道德为《易》占的准则。简明扼要，道破了周易与《易》占的道德特性，和孔子《系辞》当中的观点是一致的。但孔子对《易》占的道德性质，没有明确的论述。程氏之说，应视为孔子《易》学的后续发展。

在这一点上，古代高层次的占卜人士当中也有些人持类似的观点。如汉代占卜大师司马季主就讲过："夫卜者，必法天地、象四时、顺仁义。伏羲作八卦，周文王三百八十四爻而天下治。"（司马迁《史记·日者列传》）把周易的占卜提到体现自然规律、人伦纪律和治国方略的高度，加以重视，而并不把它仅仅作为占测祸福休咎的微枝末技，加以对待。这表明司马氏这样著名占卜家，对周易及其占筮的神髓，知之甚深。在这方面，还有一个鼎鼎大名的占卜大师管辂，其言论也值得一叙。

据《三国志·魏志》记载，管辂精于《易》占，测事如神。但他与一般术士不同，不是仅仅就事占事，决疑了事；而是在占卜的同时，对求占者进行道德劝诫。

安平太守王基请管辂为他占卜。管辂从卦象测卜，指出王家会出现妇人生儿而死、床上有大蛇衔大笔及乌鸦与燕雀共斗等三个怪现象。他在表述占卜后果时，除告诉王基"三事不为吉祥"外，又劝他说："愿府君安身养德，从容光大，勿以知神奸（怪异）污累天真。"（引自《管辂传》夹注《辂别传》）把养心修德寓于占卜，以为趋吉避凶之道。值得深思的是，王基"少好读《易》，玩之已久"，但不甚了了，自从接近管辂，论《易》问卜之后，他反倒认为深不可测，以致

"藏周易，绝思虑，不复学卜筮之事"（同上）。看来，为了精于卜筮而钻研周易，恐怕是南辕北辙，走错了道路。

管辂表现周易道德占筮特性最显著的例子，是他应吏部尚书何晏之请，占问是否可位至"三公"（太尉、司徒、司空）。何晏并说连夜梦见青蝇数十集于鼻上，驱之不散，不知何意。管辂答说：先圣辅佐明王，天下太平，是履行正道的祥瑞，不是占筮能表明的事情。他首先把问题排除于占卜界外，然后晓之以道义：

"今君侯位重山岳，势若雷电，而怀德者鲜，畏德者众。殆非小心翼翼，多福之仁。又，鼻者《艮》，此天中之山，高而不危，所以长守贵。今青蝇臭恶而集之焉。位峻者颠，轻豪者亡，不可不思害盈之数，盛衰之期。是故，山在地中曰《谦》，雷在天上曰《壮》；《谦》则裒多益寡，《壮》则非礼不履。未有损己而不光大，行非而不伤败。愿君侯上追文王六爻之旨，下思尼父（孔子）《彖》象之义，然后三公可决，青蝇可驱也。"（同上）

这样，管辂专就青蝇集鼻的梦兆，以周易《谦》《壮》二卦之象，从道德上加以分析，对何晏作了教诫，并无一语涉及占卜。对此，与何晏共坐的邓飏、丁谧觉得奇怪，便问："君见谓善《易》，而语初不及《易》中辞义，何故也？"管辂应声答说："夫善《易》者，不论《易》也。"这句话，和荀子所谓"善为《易》者不占"之意，一脉相通，含义很深。大意为《易》者天人之义理，谈义理等于谈《易》，无须在义理之外更论《易》义及《易》占。何晏对此似乎有所领悟，于是"含笑而赞之：可谓'要言不烦'。"同时对管辂上述告诫，表示感谢，说："'知几其神乎'？古人以为难。交疏而吐其诚，今人以为难。君今一面而尽二难之道，可谓'明德惟馨'。"（《同上》）何晏不愧为一代名士，能以"知几"与"明德"融为一体来对待管辂的道德《易》说与道德《易》诫。虽然他未能急流勇退而终召杀身之祸，应了管辂的占测，但他对管辂之言的理解，却可谓合乎《易》占的个中三昧。

上述管辂论《易》和行占的史例，虽属个别的事例，但却小中见大，生动地表现出周易以德义为占的特点和优越性。

以德为占与以理为占相结合，形成周易占筮的基本特性，它与其他占卜截然不同之点，主要在此。其他占卜以神为占，听从神命神定，不以德理为准。《易》占也讲神，但不是其他占卜所讲的主宰命运的人格神，而是孔子所说的"阴阳不测之谓神"（《系辞上》五章），是指揲蓍求卦过程中莫可测定的偶然性而言。亦即经过四营十八变的蓍数运化，是阴（偶）是阳（奇），只能偶然适会，事先谁也无法测定，这种人智所不能预料的几遇，叫做神。与一般所谓鬼神之神，根本不是一回事。但另一方面，从《易》占的整个过程来说，"神"这个步骤又是必需的一个环节。正如上述程大昌所说，蓍数是"以出卦象"

的手段。不过，它的功能也仅此而已，对《易》占的性能与意义并不起决定作用。如上所述，起决定作用的，是与理融为一体的德，"神"不过起一种导入与启发、近似"几"的作用而已。故此，在《易》占三个环结"占之以神、占之以理、占之以德"当中，前者虽起导入作用，但归根结底要以后者为基准。凡是违背后二者的，都被《易》占视为无效。穆姜和南蒯的占例，便是明证。——纵然"神占"导入上好的卦爻，结果仍由于违反理占德占而无效。

但是反过来，只有结合事态观象玩辞，以理德为占而弃神不用，是否可行？依据述孔子所谓"不占而已矣"，荀子所谓"善于《易》者不占"，以及管辂占卦言不及《易》，只凭义理等论事的史实来说，无神之占，在周易来说，是可能的，有过的，有效的。它体现出真正的《易》占的深层的精髓，可以说，这是最高层次的占，只有深通事理而又精于《易》道的人物，才能有这样的本领。

未占有孚

前述占的两重性，表面上是谈孔子的易学思想，实际上是谈周易内涵在孔子思想中的反映。孔子在《系辞》里所讲的人谋与鬼谋，除在《尚书》洪范篇里可以找到其来源外，在周易中也可发现其温床。

占是周易的面貌，也是周易的用途之一。孔子说它是周易的四道之一，即是指它的面貌及其用途。除了揲蓍求卦的筮法是外加的，可以不计外，单就其文辞，特别是占辞，如吉、凶、悔、吝、利涉大川之类来看，周易就呈现出占筮的面貌。尽管如此，但仔细观察起来，在这个占筮的面貌背后，却蕴涵着积贮于辞、变、象之中的渊奥的天人之道。天人之道是世界的普遍法则，据以测事，有其推理的必然性，乃是人谋。但占筮之术却凭著数的适运求卦，属于偶然的性质，是为鬼谋。正如王夫之所说，"神祠之筳卜也，何承天之棋卜也，火珠林之钱卜也，皆听其适然而非有

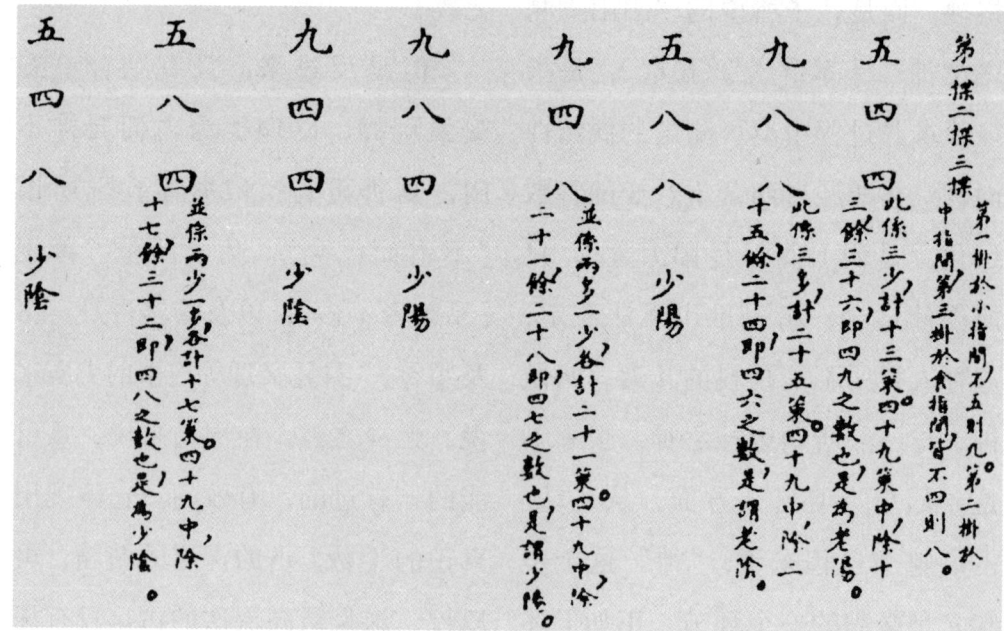

揲蓍之法图，出自元·张理《大易象数钩深图》。揲蓍为古代占卦的一种方法

则也，尊鬼之灵以治人……"(《周易外传·系辞上传》第四章)。适然即偶然，则即法则。尊鬼之灵即尊重鬼谋的偶然适会，借以测知未来。一切占卜皆是如此，《易》的筮占当然也不例外。这样，周易便是以偶然性的鬼谋面貌，蕴涵必然性的人谋之道，把性质不同的两种东西统合成一种东西。然而在测事致用的功效上，人谋总是高于鬼谋。鬼谋的应用范围及其可靠性，大大低于人谋。也许由于这个原因，周易通篇不涉及占验，亦无占验之例。孔子从不谈占验及其实例，恐怕也是来自对周易的体会。如前所述，精通《易》理的人，遇事无需占筮，只要"观变玩占"，便可彰往而察来。国学大师章太炎于此深有感悟，他说："传曰：'夫《易》，彰往而察来，开物成务。'六十四序虽难知，要之记人事迁化，不越其绳，前事不忘，故损益可知也。"(《易论》)前述诸葛孔明能预见立身行事的损益，就是依据文王藏于《乾》卦中的历史人物的经验教训。

周易"辞、变、象"本身，也充分地表明这一"不占之占"的特性。例证很多，俯拾即是。《乾》初九之"潜龙，勿用"，上九之"亢龙，有悔"，《坤》初六之"履霜，坚冰至"，六四之"括囊，无咎无誉"；六五之"黄裳，元吉"；《蒙》六三之"勿用取女，见金夫，不有躬，无攸利"；《师》《象》之"贞，丈人吉，无咎"，初六之"师出以律，否臧咎凶"；《泰》九三之"无平不陂，无往不复，艰贞无咎"，等等，等等，都是久经历史考验的人事法则，当其时、当其事，顺之则吉，逆之则凶，借以推测事变，当可收知来的效验，较之"偶然碰撞"的占筮，其高明实不可以道里计。因此，从周易的发展史来看，它之所以为六经之首而日益发扬光大，并非由于占筮的功用，而是由于占筮面貌背后所蕴含的彰往察来的哲理功能。整个周易具有两重性，既可用于鬼谋的占测，又可用于人谋的推测。就这一点来看，说周易是中国上古时代的独特的未来学，也未为不可。

最有趣的是，朱熹等视为占书的周易，其中却含有勿需占卜的思想，那就是《革》卦九五爻辞"大人虎变，未占有孚。"《革》卦的内涵是变革，正如孔子在《象》传中所歌颂的那样，"天地革而四时成，汤武革命，顺乎天而应乎人。"九五的辞象，是描写一个伟大的圣人为除弊济世而进行政治变革，以阳刚中正之德，居于尊位。推陈出新，光辉灿烂，其文采之焕然一新，如虎之健而且美。这种顺天应人的新政变革，已经过民众的认可（六二"己日乃孚"），与众人反复商讨过的（九三"革言三就"），其正确性受到民众的信任，已不成问题，所以不需要占卜。张载所说的"不卜而孚，望而可信"（《横渠易说·下经·革》），正是《革》九五"未占有孚"的涵义。"未占有孚"虽是简单的"四个字"，却蕴藏深厚的内涵，从中透露出周易对占筮的态度。在周易的思想中，第一，不占而孚表示占筮的应用是有限度的，不是任何事都是占筮的对象。就是

说，不言自明、不问可知或已成定局的事情，不需要占卜。众所周知，宇宙人间的万事万象虽纷纭繁杂，变化无穷，但社会生活中不言自明之事与不问可知之情，却占大多数。诸如昼夜的循环，季节的转移，政治的运行、生产的活动乃至人伦的互动，等等，一般情况下都依一定规律、规范进行，秩序井然，杂而不乱。不出新问题便无须占卜。相比之下，疑而待决的事情，毕竟是少数大事。就国家来讲，诸如天灾、人祸、战争、外交、政变、民生之类；就个人和家庭来讲，诸如进学、修业、生计、婚丧之变；只有这类命运攸关的大事，而且是疑而不决的，才值得占卜，以测吉凶而寻求前进之计。《周礼·筮人》所谓"凡国之大事，先筮而后卜"，即是此意。其中有些虽是大事，但后果明显，不成问题的，荀子所谓"以贤易不肖（以贤臣代替劣臣），不待卜而后知吉"（《荀子·大略篇》），便是这种事情，也无须占卜。有些关于前途命运的大事，早

已定局的,也是如此。如李白《送友人入蜀》诗中所谓"升沉应已定,不必问君平"(严君平为汉代占卜名家),就属于这类事情。还有些大事已箭在弦上,不能不发的,也只能一发了事,不待占卜。至于志士仁人之洁身自好,贞固不移者,其前途祸福,更无须占卜。前述屈原《卜居》所谓"用君之心,行君之意,龟策诚不能知此事",便是最好的例证。

依据上述,从"未占有孚"的爻辞可以想见,在周易看来,占卜的对象有一定范围,不是凡事都需要占卜。

其次,"未占有孚"的爻辞还透露出一个关键性的重要信息:在周易看来,奋斗胜于占卜,人谋胜于鬼谋。这一点,整个《革》卦表现得很具体,整个周易表现得更清楚。

《革》卦的全部卦爻辞,从头到尾都在论述政治变革获得成功的大道理。卦辞"已日乃孚,元亨,利贞,悔亡",大意是变革的关键在于获得民众的信从,变革顺天应人,除弊立新,民众信从,遂成大通局势。然必坚持正道,始利于变革而无悔恨之虞。这段话表明了《革》卦的卦义,揭示出政治变革的指导方针。初九之"巩用黄牛之革"(以黄牛之皮包扎),比喻变革之初,要谨慎准备,不可妄动。六二之"己日乃革之,征吉,无咎"(时机已至,开始变革,奋勇前进,吉祥无咎),说明变革的时机与决心的重要性。九三之"征凶,贞厉。革言三就,有孚"(前进,凶。坚持下去,危险。要暂停下来。对变革策略反复研讨,然后施行,始可获得民众的信从),这是强调变革过程中要注意检查成效而慎重调济策略。九四之"悔亡有孚,改命吉"(变革即将大成,悔恨消亡。受到民众信赖而革命创制,吉祥),表示变革要依民众信赖而期其大成。九五之"大人虎变,未占有孚",喻示新政光辉灿烂,德信彰著。上六之"君子豹变,小人革面。征凶,贞吉",是说变革后君子的面貌也焕然一新，犹如斑豹皮文之蔚然变新。庶民也改变倾向，顺随新政。此时，继续前进，则有凶险。静居守正，可获吉祥，就是说改革成功之后要注意守成，防止冒进。六位爻辞，以比喻加告诫的方式，阐明了变革各个阶段的行动方针和注意要点。总观全卦，完全是讲变革之理与变革之计，完全属于纯理性的人谋，并无半点灵感的鬼谋。同时九五爻辞又以"未占有孚"的论断，表明人谋为成功之母，人谋之成就，无须鬼谋，人谋胜于鬼谋。所谓"谋从众，则合天心"（引自程颐《易传·损》六五注》），合于天心，当然胜于鬼谋。

  周易的卦辞爻辞，从头到尾，没有一处直接涉及占筮行为和占验事例。只有一个明面的占字，还是讲的"未占"。《系辞》和《说卦》所谈的筮数、揲蓍以及取象等，是外加的解释材料，不属于经文本身。虽然《巽》九二之"巽在床下，用史巫纷若，吉，无咎"（以阳刚退居阴位，如伏于床下，过于自卑。但如能效史巫以诚心盛言沟通人神，申命行事，自可吉而无咎），其中的"史"大约指卜史（按《周礼》，史掌占卜），但那是曲折地借譬喻理，表达申命行事的巽顺之情，与占卜并无实际关系。此外，还有《损》《益》二卦爻辞涉及卜龟，但也不是讲占卜和占验的。反之，极有可能是对占卜功能的轻视。具体情况是，《损》六五爻辞和《益》六二爻辞基本相同，主体都是"或益之，十朋之龟，弗克违"，前者断为"元吉"，后者断为"永贞吉。""吉"的理由是，《损》之六五，处于尊位，以柔顺的性体，虚中自损而与下位的六二阳爻相应，表现出身居尊位而屈己待人的作风。如此，必将得到众人拥戴，因而受益，这是必然之理。纵然是宝贵的十朋之灵龟（用来占卜），也不能违背。《损》《益》相伴，《损》倒过来即是《益》，《益》六二相当于《损》六五。六二以柔顺之体处于中正的下位，虚心从众，且与尊位九五遥相应合，如此行事必将受益，也是必然之理，纵然灵龟之卜，也不能违背。侯果谓之"人谋允协，龟墨不违"，崔憬谓之"龟之最神贵者以决之，不能违其……义"程颐谓之"众人之……公论必合正理，虽龟筮不能违也"，等等，一些名家作如是解，大意相同。虽然此外还有别解，但此解甚合《易》义。倘此说为正解，则表现出周易经文本身对占卜的效能并不持迷信的态度，而具有人谋为主，人谋胜于鬼谋的思想。

由此看来，孔子似乎对周易的此种精神有所领悟，他所谓"不占而已矣"，说不定也许如《四书集注》所说："君子于《易》，苟玩其占，则知无常之取羞矣。其为无常也，盖亦不占而已矣"（杨氏注）。意即无恒者必将蒙羞，不占可知。另外，在《系辞》和《说卦》中，孔子在大讲《易》理的同时，虽对占筮也作了介绍和赞颂，但说来说去只是一些空话，如同《易》文一样，具体的占例占验，毫未触及。其缘故，如从周易所蕴藏的人谋胜于鬼谋的精神中去寻找，自然会得到正确的答案。

纵观六十四卦上下经全部象辞及其演变，无一处一时不在表现义理，包括占（断）辞在内，亦复如是。周易占辞是义理推演的结果，有的是依法则而推出的结论，如《师》初六爻辞中的占辞"凶"是依据"师出以律，"的军事法则推出的必然论断。有的则是依据规律而作出的诫语。如《泰》九三之"艰贞无咎，勿恤其孚，于食有福"，是依据"无平不陂，无往不复"的事物动动规律而作出的告诫。《同人》六二之占辞"吝"（羞辱），是表现"同人于宗"的偏狭行为将会造成的恶果，也是警告之辞。如此等等，贯通全经。其占辞中的结论也吧，诫语也吧，都是来自天人之道的经验教训，来自依照规律的推论，没有一个单纯来自占卜。即使是揲蓍求卦而作出的占断，也都以天人之道的义理为推算的前提。周易有"自天佑之"的占辞，但没有"自占告之"的占辞。

从卦名看，也是如此。纯阳卦之所以名《乾》，纯阴卦之所以名《坤》，水雷象之所以名《屯》，山水象之所以名《蒙》，水天象之所以名《需》，天水象之所以名《讼》，地水象之所以名《师》，等等等等，六十四个卦名皆含理性的象义，而不含非理性的占卜之义。

综上所述，可作出如下论断：周易虽有占筮的外貌可用于占筮，但它理性思维的母体绝不是诉之于占卜的鬼神，它的躯体（象）和精神（义）乃是理性的产物。在辞、变、象、占四个圣人之道中，前三者属于人谋，是它的主体；后者属于鬼谋，居于人谋之后，是人谋所控制的成分。鬼谋不是周易赖以建立的主体，倘若以鬼谋为主体，则周易全部象与辞及其所蕴涵的全部义理都将成为多余的废话。

占术粗疏

江湖术士为了炫奇猎钱，故意把周易的占卜说得神乎其神。一般人不深知周易，也茫然以为周易的占卜灵验如神，实际上并非如此。如果抛开义理不论，单就占卜技术来说，无论在测事的信息框架上，在信息关系的分析上，或测验的概率上，周易的古占术和在此基础上发展起来的高级占术（如"火珠林"）相比，便显现出幼稚而粗劣的状态。

首先，关于揲蓍占卦的方法，据《周礼·春官》记载，有九种之多。所谓"巫更"、"巫咸"、"巫式"、"巫目"、"巫易"、"巫比"、"巫祠"、"巫参"、"巫环"等，早已失传，《系辞》所介绍的只是残余的一种。这种筮法过于烦琐、笨拙。舞弄四十九根蓍草，揲蓍求卦，经四营十八变才能成卦。其间，还要作出准确的记录，潜心诚意，又费事又费时间，应用起来，很不方便。如果说，殷之灼龟观兆而卜过于繁杂，周之以蓍代龟，易繁为简，是占卜行为发展的必然趋势，那么，再往前发展下去，

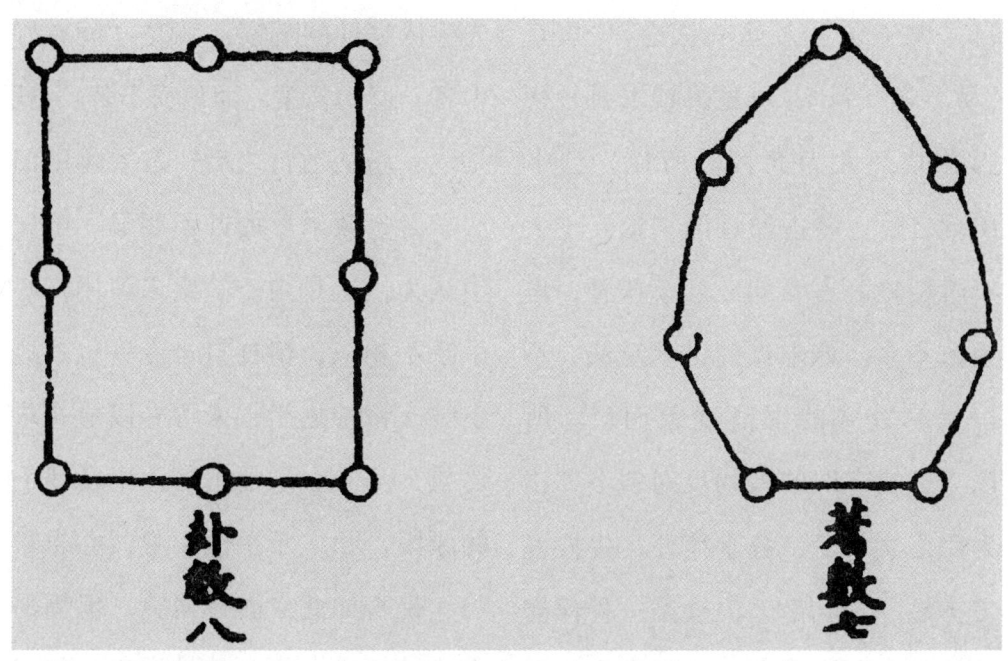

蓍卦之德图，出自元·张理《大易象数钩深图》。蓍，即蓍草，周代后取代龟甲用来占卜的工具

伴随其在民间的普及，占术求卦方法的进一步简化，是必不可免的。卜书《火珠林》便是一个典型例证。

《火珠林》一书，见于《宋史·艺文志》与《文献通考·经籍志》，是继汉代焦延寿《易林》、晋代郭璞《洞林》之后，大约于唐代出现的又一著名卜书。撰者托名麻衣道人，究竟何许人，不可考。其书以汉代京房《易》学为基础，在八宫卦中纳入干支、五行、六亲等等，以生克冲合等关系为中心，进行占测。其中虽也保留了周易六十四卦的框架（卦序改变），但占法与内容则迥乎不同。

在求卦方法上，《火珠林》抛弃了《易》占的蓍草，改用铜钱。以一钱代四十九根蓍草之四营，掷三钱得一爻之象，减十八为六，节省时间三分之二。不但省时省事，而且心志易于专贯不懈。方法简便，而与揲蓍求卦的数理，并无差异。唐人江南曲有云："众中不敢分明语，暗掷金钱卜远人。"（引自《说〈易〉会通·总论》"焦京〈易〉学"章），可见掷钱求卦较摆弄蓍草，大为简便。所以，钱卜出现之后，蓍占便逐渐消退。士大夫阶层之好古者偶或恋于揲蓍，也为数不多。如朱熹的讲求筮法，不过是学究式的书斋现象而已。所以，虽然守旧的人物反对钱卜"以为后之卖卜者，务求简便，失揲蓍之本意"（同上），但这是一种保守的偏见。因为，正如杭辛斋先生所说："……揲蓍……殊非易易，及易之以钱，……庶心志不纷，精神易贯，而阴阳变化仍有合于大衍之数，而得《乾》元统天之义。是以，后世习用不废。"（《学易笔谈》卷二《火珠林》）就是说，以钱币之向背代替蓍草之奇偶，其阴阳变化仍合乎"大衍之数五十，其用四十有九"（《系辞上》九章）的数理，方法简易灵便，而功能依然如故。杭先生这一观点是正确的，周易之揲蓍求卦，在占术上确是烦琐而笨拙的，改用钱币，应当说是一种进步。杭先生依据他的观察，又说："间有好古者，遵用蓍策，而效反不著。"就是说，新法通行之后，有人再用旧法求卦，效果反而并不明显。杭先生认为，这是由于"素未习用，心手既不相应，精神自难专一也。故卜筮实精神之学，未可专以形式求之焉"（同上）。他把蓍占不及钱卜的原因，归之于手法不熟，心志难一。是否如此，尚待研究。但周易占法的烦琐不便、笨拙滞后，却于此昭然可见。

观事绎卦

在占卜的命卜、求卦、定卦、绎卦和断卦的五个环节中，绎卦是起决定作用的中心环节。在这个环节上，周易的占卜也表现出一种粗陋的早期状态。关于周易揲蓍求卦的方法，孔子在《系辞》中作了较为详细的介绍。但定卦之后如何绎卦，即如何占算，却付之阙如。《说卦》虽有所涉及，但也是零零星星，语焉不详。后人对周易绎卦的具体方法，只能从《左传》《国语》的筮例中，窥其大略。这两部文献只讲述了十六个筮例，涉及的绎卦法残缺不全，所以周易原来如何在求卦定卦后联系命卦之事对卦象及其文辞进行分析推绎，以为断卦之需一点，后人只是略知一二，并不知其全貌。朱熹等学者所拟制的周易筮法，不过是依据《左传》《国语》筮例的片断资料，加上自己的推理所作的东西而已，距离原状，差异恐怕很大。

如前所述，依文献的记载来看，周易的筮法有超出占卜而以德理占断者，如穆姜、南蒯之筮占。还有联系事况而引用卦理作出推断者，如《左传》宣公十二年晋国知庄子引《师》初六"师出以律，否藏，凶"，推断彘子违反军纪必败之类。这类东西虽与周易相关，但不属于真正占卜的性质，不在《易》占的范畴之内。在探讨周易绎卦方法时，可以置之勿论。此外，还有一种几乎全据观察情势作出占断，而只以占卦为参考的，实质上也不算本格的占卜，在这里也可以另作别论。例如《易雅》作者赵汝楳所说的占筮：

"夫儒者命占之要，本于圣人，其法有五：曰身，曰位，曰时，曰事，曰占。故善占者，既得卦矣，必察其人之素履，与居位当否，遭时之险夷，又考所筮之邪正，以定占之吉凶。"大意是说，周易之占卜，不是仅仅按卦断事，而是得卦之后，要考察问卜者的身份、品行（素履）、地位、时势、问题等客观情况，然后参考卦情，占断吉凶。作者又举出《左传》所记卫国大夫孔成子为立君而筮、南蒯将叛而筮、晋文公筮有晋国等三例以为证明。兹先引其首例，以见一斑。

"姑以卫孔成子所筮论之"（《左传·昭公七年》）。

"孟絷与元皆嬖人婤姶之子，则身也（身份）。孟长，元次，则位也（地位）。襄公死，社稷无主，则时也（时势）。筮享卫国（筮问谁应享有卫国），则事也（占卜的问题）。筮元得《屯》，筮孟得《屯》之《比》，则占也（占卦）。"

"夫继体为君，将主社稷，临祭祀，奉民人，事鬼神，从会朝，而孟不良能（而）行，成子虽不筮可也。疑而两筮之，皆得'元亨。'倘史朝以'元'为长，昧非人之义，而吉孟之占，是使跛辟为君，而蓍失其所以灵矣。"（括号内语系笔者所加）

这段话首先指出《易》筮的五个要素。前四个为卦外的有关事宜，只有末一个是所占的卦。继而论述说，卫襄公长子孟絷和次子元，在襄公死后哪一个继位为君成了问题。孟絷虽是长子，但足有残疾（所谓"非人之义"即指此而言），难以主持国政。这本是明显的道理，无需占筮。但孔成子疑而不决，遂两度占问，以求决疑。结果首卦得《屯》，卦辞为"元亨，"另一卦得《屯》之《比》，卦辞亦为"元亨"。孔成子释"元"为长，释"亨"为

"享"（牵强附会），以为依卦辞应为"长子享国"之义，便征求史朝的意见。史朝则认为卦辞"元亨"是说次子元享有卫国。并解释说，孟絷是个跛子，不可谓"长"。跛子不能主宰国政，应立元为君。史朝意见是正确的，倘若史朝把卦辞的"元"解为"长"不管残疾难以主政之理，以孟絷之占为吉占，那便是使跛子为君违反情理，周易的占筮也便丧失"灵验"的根据了。

总而言之，这段话的要点可归结为二：一是依据具体情况而论，应该如何不言自明无须问卜。二是必须符合情理，否则无效。归根结底等于说事态事理决定前途的吉凶，占筮须服从之，始有效验。

为了深入阐明此理，作者又进一步引用《左传·闵公元年》毕万筮问在晋国为官前途如何的史例，与孔成子筮问立卫国君的史例对比，做了如下论述：

"孔成子筮立孟，得《屯》之《比》，毕万筮仕，亦得《屯》之

《比》，……非卦同而占异也。立君与仕事之重轻已殊，孟絷毕万之身与位、时又殊，虽使百千万人同得此卦，其占乌乎可同！"

大意是，孔成子为立君而筮，毕万为做官而筮，二人都得《屯》之《比》卦。但国君嗣位较之个人为官，轻重悬殊。问卦者的身份地位、时机又完全不同，所以，即使百千万人同得此卦，其吉凶的占断焉能雷同？！

这一段对比的申述，把《易》占服从事理之五点情由，表达得非常清楚。

但是，从根本性质来说，占卜是以特定的法术独立地对事情的前景做出预测的行为。它的本义是"视兆以知吉凶"，不是视事以推吉凶。如果它以事情的情况如何为转移，完全以义理为准而断吉凶，那就等于以非占为占，造成占卜的自我否定。因此，文献虽有《易》占的此种实例，表现出它的超凡的特点，但严格地说，却不能算作真正

的筮法而纳入《易》占的方法论范畴。在探讨《易》占的绎卦方法时，这类以非占为占的筮法应予排除。

占法大略

下面，对《易》筮本身的占法试作探察。

凡是占卜，其占算方法都要以其信息结构为基础。《易》筮的信息结构是由六十四卦三百八十四爻

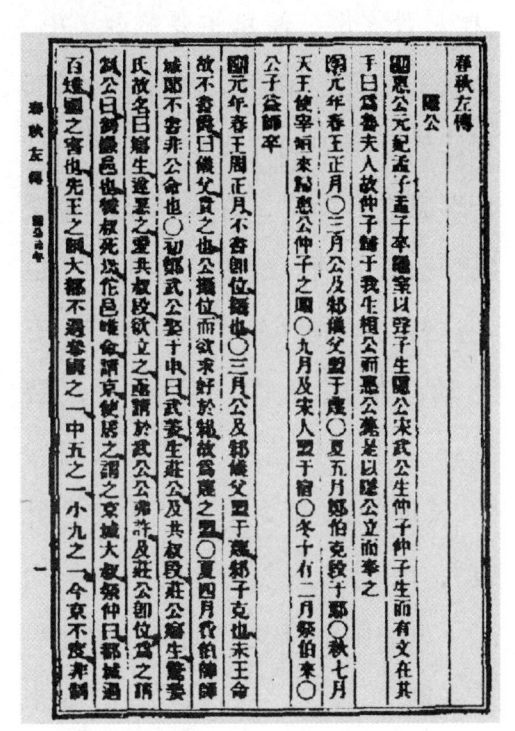

《春秋左传》书影，《左传》中有大量古人利用《周易》占卜的记载

的数、辞（含卦名）所形成的网络。对求得的卦象、爻象、爻数及其文辞的象征意义和内涵意义，按一定规则，联系所占问题进行分析，以为占断吉凶创造条件，是占算的主要方法。《左传》《国语》所传十六个筮例的占法，就是这样的。分类言之，概况如下：

（一）只绎文辞，不及象数

前举《左传·昭公七年》卫大夫孔成子筮问立君，得《屯》之《比》卦之例，便是主要截取《屯》卦卦辞"元亨利贞。勿用有攸往，利建侯"当中的"元亨"二字，结合事态进行绎算，并未涉及卦象爻象爻数等方面。前举南蒯筮例，也是这样。筮得《坤》之《比》，五爻动，由阴变阳，依筮法，要占绎《坤》卦动爻爻辞，以断吉凶。《坤》六五爻辞为"黄裳，元吉"，南蒯以为大吉，便是据辞而断。惠伯则细绎爻辞涵义，对比事态，断为不吉。从占法的角度来说，这两例都是只占爻辞，不占象数（其依德理占断，是另一问题。

此处单就占法而言）。

这种占法是最简单的，也可谓最原始的。仿佛后代寺庙流行的神签，从签桶中摇出竹签之后，只要看竹签上现成的签语，就凭以预断吉凶祸福，不必作任何占算与推绎。周易固有的系统筮法，已经失传，详情不得而知。但据上述筮例来看，可以推想，揲蓍起卦之后，只绎文辞涵义便据而占断，大约是春秋时代以前《易》占常用的最基本的绎卦方法。无妨说，它的简略性表现出它在占卜术发展史上早期的未成熟性质。

（二）只绎卦象，不及文辞

例一：《国语·周语》

晋成公客居于周。晋国赵穿弑晋灵公，迎成公返国继位。周国单襄公在病中对儿子顷公说：

"成公之归也，吾闻晋人之筮也，遇《乾》之《否》。曰：'配而不终，君三出焉。……'"

意思是，关于成公返国继位一节，听说晋人为之占筮，得了《乾》之《否》卦（《乾》卦下三爻皆动，阳变为阴，成《否》卦）。《乾》为本卦，《否》为之卦，合称《乾》之《否》（凡言"某卦之某卦"，义皆仿此）。其占断是，配天为君，不能有终，成公继位后，将有三次离晋奔周。

这个占断完全来自对卦象（包括爻数）的分析。本卦是《乾》，据《说卦》关于筮法的介绍，《乾》是天和君的象征。《乾》卦纯阳，其上卦为天，下卦为君，合起来看，表现出国君配天之象。今《乾》卦下三爻动，变阳为阴，成《坤》地，全卦遂变为《乾》之《否》（《乾》→《否》）。而《说卦》讲，《坤》卦为地，为臣；《乾》变《坤》，表现出君变臣之象。同时，三爻皆变，于数为三。这一卦象爻数之变，意味着成公返国为君，与天相配，不能维持到底。将要三度离晋奔周，舍君为臣。这是只据本卦与之卦的卦象之变和爻数之变推绎占算而测定吉凶，并不涉及卦名卦辞和爻辞。

例二：《左传·庄公二十二年》

"陈厉公……生敬仲。其少也，周史有以周易见陈侯者，陈侯使筮之，遇《观》之《否》。曰：'是谓观国之光，利用宾于王。'此其代陈有国乎？！不在此，其在异国，非此其身，在其子孙。光远而自他有耀者也。《坤》，土也。《巽》，风也。《乾》，天也。风为天于土上，山也。有山之材，而照之以天光，于是乎居土上。故曰：'观国之光，利用宾于王。'庭实旅百，奉之以玉帛，天地之美具焉，故曰：'利用宾于王。'犹有观焉，故曰：'其在后乎。'风行而著于土，故曰：'其在异国乎。'若在异国，必姜姓也。姜，大岳之后也。山岳则配天，物莫能两大。陈衰，此其昌乎。"

这段史实的大意是说，陈厉公生子敬仲，幼小时，周王朝史官以精于周易而晋见。厉公叫他占卦以卜幼儿前途。揲蓍求卦后，遇到了《观》卦，六四爻动，变为《否》卦，是谓《观》之《否》。史官绎卦说：《观》卦六四爻辞为"观国之光，利用宾于王"。这句爻辞显示，将来敬仲的后代代替陈国在异国执政，但不在本国，也不在敬仲一代，而在敬仲的子孙身上。观国之光的光辉，是从远方照耀而来。为什么这样占断？因为《观》卦由《巽》《坤》组成，而《坤》象为土，《巽》象为风，六四爻由阴变阳，则《巽》变为《乾》，成《否》卦。《乾》象为天，《巽》变为《乾》，是风变成天。下面是《坤》土，是土上的风变为土上的天，土上之高天，有山岳之象。同时，《否》卦二、三、四爻为《艮》也呈现山象。整个卦象既有山岳的资材，又有天光的照耀，如此而居于大地之上。有此种景象，所以说，"观国之光，利用宾于王"。《乾》象君，《坤》象臣，《乾》下有《否》卦，有大臣朝见国君为国君宾客之象。诸侯朝见天子，奉献礼物，有金玉（《乾》为金玉）布帛（《坤》为布帛）等贵重物品，堆满于门庭，是天地和谐、君臣相得的美好形象。再从本卦《观》来看，观有瞻望未来之义，它表示这种"观"国之光，利用宾于王的美好景象，恐怕是后代子孙才能享有。为什么要在异国得志呢？因为卦象显示，风（《巽》）流动起来之后始着于土地（《坤》）上，是指远方而言。若是远方异国，一定是姜姓的后裔。因为姜姓是大岳的后代，而《观》卦的三、四、五爻和《否》卦的二、三、四爻都是《艮》的山岳之象。山岳高大，与天相配，气势昌盛，宏运无匹。但事物的发展有其定律：不能两全其美（两大）。所以，敬仲之后既能得国于异地，则陈国相对必将衰弱下去。

以上是周史对《观》之《否》卦的绎释与占断。总起来看，有如下几个要点：

1. 联系陈国及他国情势，结合本卦与之卦进行绎算；

2. 依据本卦《观》卦卦名及动爻爻辞进行绎算；

3. 以本卦动爻爻辞为中心，对卦变的象义和之卦的象义进行绎算，而以之卦的象义为重点；

4. 从之卦《否》卦的结构中找

出类似汉人所谓"互体"之象（《艮》），以扩展绎算的范围；

5. 以上述四点为基础，加以推绎引申，作出占断。

穿凿而汗漫

这一占例的绎算方法，在古代文献的遗存中，比较起来，是相当具体而完整的一个。除了对卦名爻辞卦象的分析较为深入之外，类似互体的绎算法（《左传》杜预注云："自二至四有《艮》象，《艮》为山"）。在古文献中极为罕见。后代学者，据此占例证明春秋筮法中已有互体之用，不为无因。有人认为，此占例中的互体《艮》，取自之卦《否》，以之卦之象为准，似是舍本卦而取象于之卦，有背于《易》占绎象皆兼顾本之二卦之常法，不足为准。但仔细观察，此筮例中不仅之卦《否》的内部结构中涵有《艮》之山象，其本卦《观》亦复如此。当时纵然尚无汉人所谓互体之称，却已有互体之实，这是不容否认的事实。如果说此占例的绎算法为互体的伊始，也许未为不可。

《左传》《国语》所载周易十六个筮例，其占法大体如上二例所示，不外乎联系所卜事情对卦名卦辞爻辞、爻数卦象包括互体，进行分析推绎，借以作出吉凶的占断，如此而已。情况很明显，周易占法受到本身形式与内容的限制，只能在六十四卦的框架内，运用象、辞、数等所提供的象征性的空泛信息，结合事态，进行绎算，而缺少具体的时空要素、严格的条件和细密的规则。所以占算过程表现出散漫性和随意性乃至想象性；而为了占断吉凶，又不可避免地产生牵强附会、生搬硬套、七零八碎、勉强拼凑等弊病。细看古文献所记筮例，无一不是如此。前举各例，可为明证。前述《左传·昭公二年》南蒯筮遇《坤》之《比》，六五爻辞本为"黄裳，元吉"，黄裳为喻示善美的辞象，元吉为表明辞象性质的占辞，亦即大吉之意。但惠伯在占算时，却把元吉二字分开，单讲元字，说"元，善之长也"，这种打碎原文，任意解释的占法（所谓"别解"），和周易《坤》五爻辞的原意，完全不合。《左传·昭公七年》孔成子筮问卫国立君，遇《屯》之《比》一例中，孔成子和史朝二人在占算时，为了应合立君的筮问需要，都从《屯》卦辞"元亨利贞，勿用有攸往，利建侯"三句中随己意截取"元亨"二字，任意加以绎算。更有甚者，为了联系贞问事态，作出占断，还进一步随心所欲地把"元亨"的亨字，窜改为享字，以便把卦辞"元亨"（大通）解释成"元（人名）享有卫国"或"长子（元）享有卫国"。如此，以断章截句、窜改文字之法，进行占算，既背离周易卦辞的本义，也失去了占术应有的一定之规，使占法与占断因人而异，无法控制，以致丧失占卜本身"定性"这一本质属性，成为类似一种缺少规则的不完备的占测游戏活动。至于《左传·庄公二十二年》周史为陈厉公小儿前途所作的占筮，情况也大体近似。围绕《观》六四爻象之变及其爻辞乃至《否》象所作的分析和推绎，表现出一定的情理和逻辑性，也合乎周易卦象的占算理论，但仅据《观》名的观瞻意义，就推绎出得国在后代，仅据风之流动于他地而推绎出得志在异国，实属随意"上纲"，恣意衍申，不讲情理，不着边际。尤其最后，竟而硬把《否》所含《艮》象和大岳后裔的姜姓凑到一起，据以推定异国必为姜姓之后，更令人痛感这完全是牵强附会，生拉硬扯。本来占卜虽属于通神的巫术范畴，但较高的占法也有一定的逻辑性，否则不成其为数术。但此种筮例的占算，却脱离了占卜数术的逻辑性，凭想象随意云云，以满足问筮的需求。从这些占筮的史料中，无论怎么探索，也找不出所谓先圣文王所撰这部占书在占绎法上有什么高明之处，也不会从如此粗陋散漫的占术中感到它会有什么较高的应验性。这一点，即使力主周易本是文王为教民占筮而作的占书的朱熹，也有同感。他不无感慨地说："……此书（指周易——笔者）本为卜筮而作，其言皆依象数以断吉凶。今其法已不传。诸儒之言象数者例皆穿凿附会。言义理者，又太汗漫。"（《朱子大全》卷六十《答刘君房》）他认为周易本来是文王在伏羲所画八卦基础上所撰的占筮之书，原有高明的筮法，依象数以断吉凶。但其法早已失传，后人只好凭臆想而自创占法，推绎象数，以为占断，但都表现为牵强附会，不合情理。他这种感觉是正确的。但是他把上述古文献所记周易筮例占法（包括汉儒象数派筮例占法）恣意穿凿之弊，归罪于旧法失传，却未免失之苟简。如上所述，周易的信息框架，由象、数、名、辞等成分构成，占算时只能在此框架范围内联系事态，对这些成分进行分析、占算，别无他途。即使文王再生，恐怕也只能

如此。况且，《左传》《国语》所记史官率皆专业的占卜大师，对旧法不能一无所知，对《易》筮的占算技术，无疑是精通的。他们对象数名辞的绎释之所以如上述各例那么牵强附会，恐怕就不能归罪于方法本身，而要从产生方法的信息框架的局限中去寻找所谓"例皆穿凿附会"的客观原因了。故此，从根本上说，言象数皆穿凿附会之责，不仅在言象数者，也在象数本身。另外，朱熹所说"言义理者又太汗漫"（宽泛），是对的，因为义理属于规律之列，其应用的宽泛性是正常现象，不可避免。但仔细看看，这个"汗漫"实不止于义理（表现为文辞），象数方面何尝不如此？！由于象数、文辞宽阔、空泛，故而其占法也便难免汗漫，可以任凭占师随意附会，广泛引申：由卦辞的元字，附会到人名的元字，又由元字之"长"义附会为长子（左传·昭公七年孔成子筮例）；由《观》字的远望之义而

恣意引申，占断为后代之事，抓住互体山岳之象而发挥想象，硬与大岳后裔姜姓扯到一起（左传·昭公二十七年周史筮例），等等，古文献所记筮例，无一不是如此。由此可以想象，除非运用这种引申附会的占算方法，否则便无法将象数名辞同贞问的事情具体联结。简单空泛的象数名辞和复杂万端的事物之间的矛盾，应该说是古占法穿凿附会之弊的根本原因所在。这样看来，所谓"太汗漫"，就不仅适用于义理，也适用于占法。也可以说，由于周易的信息内容汗漫，占法也只好汗漫，而汗漫的占法遂不能不表现为牵强附会，生拉硬套。如此看来，所谓早已失传的周易各种筮法，在好古的诸儒心目中，似乎神秘而高不可及，实际上恐怕也脱不出此种占法的早期历史的粗陋性。这一点，在专门探索过周易古占法的朱熹的言论中，也透露出一点消息。

朱熹在《易象说》中谈到周易来源时，认为原来取象的缘由，在大卜之官那里，一定有具体的说法，现在已不可考，姑付之阙如。如今，只能"直据辞中之象，以求象中之意，使足以为训戒而决吉凶"（《朱子大全》卷六七）。就是说，古代取象的筮法已经失传之后，占卦时就只能绎取辞象的涵义，使它充分发挥出道德训诫的作用，从而占断吉凶。朱熹所倡导的这种绎象以为德占的占法，并非他的创新，而是古已有之。本文上述《左传》《国语》所记的许多筮例，基本上都是采取这种占法。而正是由于这种占法过于汗漫，以致在"使足以为训戒"的推绎过程中，不可避免地陷于穿凿附会。上述惠伯从"黄裳，元吉"的辞象中撷取元字，另作阐释，硬造"训戒"，就是一个典型的例证。

拟古占法

朱熹认定周易原为卜筮之书。所以除撰写《周易本义》，从卜筮角度对周易经文作解之外，并据古文献对古占法作了系统的探索。探索的结果并不合乎理想，但对人们认识春秋以前周易的古占法，却很有帮助。

据统计，《左传》《国语》所记筮例，全卦不含爻变的计有《屯》《泰》《蛊》三例。全卦只含一个变爻的计有《坤》之《比》、《屯》之《比》（二次）、《泰》之《需》、《大有》之《睽》、《大有》之《乾》、《观》之《否》、《明夷》之《谦》、《困》之《大过》、《归妹》之《睽》等十一例。全卦含三个变爻的计有《国语》的《乾》之《否》和《屯》之《豫》二例，全卦含五个变爻的只有《左传》《艮》之《随》一例。涉及变爻的情况为：初爻变（《屯》之《比》、《明夷》之《谦》），第三爻变（《大有》之《睽》、《困》之《大过》），第四爻变（《观》之《否》），第五爻变（《大有》之《乾》、《泰》之《需》、《坤》之《比》），上六爻变（《归妹》之《睽》），初二、三爻共变（《乾》之《否》），三、四、五爻共变（《屯》之《豫》），初、三、四、五、上爻共变（《艮》之《随》）等。其中第二爻之变、二爻共变、六爻皆变的占例，不见经传。情况如何，不得而知。当然不是几百年间没有这种占例，只是不见之于文献而已。

为了弥补这一历史缺憾，后人曾经在探索古文所记占法的基础上，拟制出成套的《易》占条例。朱熹《易学启蒙》中的"变占"法，就是其中之一。具体内容大致如下。

①六爻皆不变，则以本卦卦辞为占。绎象时，以内卦之象为主，代表己方。以外卦之象为客，代表对方。

②一爻变，则以本卦变爻的爻辞为占。

③二爻变，则以本卦二变爻的爻辞为占，以在上的爻为主。

④三爻变，则看本卦及之卦的卦辞，而以本卦为主，之卦为客。三爻变的卦能有二十种不同的可能性：前十种初爻不变，为主；后十种初爻变，为客。

⑤四爻变，则以之卦二不变爻为占，以在下的爻为主。

⑥五爻变，则以之卦的不变爻为占。

⑦六爻变，《乾》以《用九》辞为占，《坤》以《用六》辞为占，其他卦以之卦的卦辞为占。

朱熹仿古拟制的这套周易占法，有的符合古筮例，如：六爻不变占本卦卦辞一条，前述孔成子贞问立君筮例遇《屯》卦，即以卦辞"元亨"等为占。一爻变，则以本卦变爻之辞为占一条，部分地也与古占法相符。如前述周史贞问陈完前途的筮例《观》之《否》，即以本卦《观》的第四爻"观国之光，利用宾于王"之辞为占，等等。但另一方面，也有一些条款的占法，于古无据。如二爻变、六爻变的占例，不见于先秦古籍，朱氏所拟占法，想必出自循理推测，是耶非耶，无从察考。但其所拟占法，与古筮例占法根本精神相背之弊，不在于拟制不当，或凭空拟制；而在于主要讲辞占，几乎不讲象占。按古例，

《左传》《国语》所记十六筮例中，《乾》之《否》与《大有》之《乾》二例，纯以本卦及之卦之象为占，不涉及文辞。《屯》之《比》（毕万筮仕于晋）《屯》之《豫》《泰》《大有》之《睽》《大有》之《乾》《蛊》（卜徒父筮伐晋。其辞不见于周易，但其占法可为参考）《观》之《否》《明夷》之《谦》《困》之《大过》《归妹》之《睽》等十例，则象占与辞占并举。而纯用辞占，不用象占的，则有《坤》之《比》《屯》之《比》（孔成子筮例）《泰》之《需》《艮》之《随》以及非周易的《复》等五例。其中多数筮例，运用象占。重要的占卦之文《说卦》，讲的也都是关于象占的事情。可见，以象为主体的周易，其占法之应用象占是顺理成章的趋势。若从"书不尽言，言不尽意。……圣人立象以尽意"（《系辞上》十二章）和"言者，明象者也"（王弼《明象》）这一观点来看，则象为辞本，辞由象生，在占法（乃至推理）当中，象

的思考或推绎应占有主要地位，是不言自明的道理。比如，不谙《乾》象纯阳刚健之义，则无从理解"元亨，利贞"卦辞的本义。不谙初阳在下，静养待时的象义，便不能认清《乾》卦初爻辞"潜龙，勿用"的深层涵义。不了解《坤》象的纯阴顺健的涵义，便不会明白为什么卦辞"元亨，利贞"中加上"牝马"之词，不懂得阴阳消长的《易》象演变，也就只能对初六爻辞"履霜，坚冰至"断章截句地从字面上作出类似一般规律的空泛理解，而不能从中感到怵然警惕。如此等等，这是众所周知的《易》学基本原理，无须赘述。名家如朱氏者，当然知之甚深。但令人费解的是，他却抛开卦爻象本身的取象作用和象征作用，而"直据辞中之象，以求象中之意……以决吉凶"（引文见上）。专从文辞下工夫绎取象义，这和程颐专注《易》辞，认为"推辞考卦，可以知变，象与占在其中矣"（《易传》序）的偏见，多少有些类似。朱氏仿古拟制的七条占法，基本上都是以辞为占，对象占则并无具体的明显要求。这种偏颇之弊的产生，也许和他据辞求象的主张具有不可分割的联系。在这一点上，不仅朱熹如此，同是宋人所著《周易古占》所述的占法，大体与朱著类似，也是以辞占为主，无须赘举。

爻象之占

同时，也许正由于以辞为主，从辞中追索象意的缘故，朱熹所拟的仿古占法，就没有涉及爻象的绎算问题。这应该说也是一个缺憾，然则，古文献所记占法中，在卦象和卦辞爻辞之外，有没有涉及爻象的呢？当然是有的。最明显的就是《说卦》对卦体结构所作的分析，所谓"立天之道曰阴与阳，立地之道曰柔与刚，立人之道曰仁与义。兼三才而两之，故《易》六画而成卦。分阴分阳，迭用柔刚，故《易》六位而成章。"这段话一方面可视为关于卦体结构的象数分析，另一方面，这一分析显然也与占法从古占法的残流中有所汲取，亦未可知。这一点，在《系辞下》中表现得尤为显著，其中有专章对爻象的功与位等作了具体的论述。如说"二与四同功而异位，其善不同。二多誉，四多惧，近也。柔之为道，不利于远者，其要无咎，其用柔中也。三与五同功而异位，三多凶，五多功，贵贱之等也，其柔危，其刚胜邪！"（《系辞下》九章）这段话，综合论述卦中二与四、三与五这四个中间之爻的地位和功能。大意是说，二爻和四爻同是偶数、阴性，同具柔顺的功能，但分居上下卦，地位不同，其所象征的是非得失也便不同。二爻处下居中，多获美誉，四爻处上居下，多受惊惧。因为阴柔之性不利于向远，二近处下卦，四远居上卦，以致如此。阴性的要点是慎求无咎，其功用是柔顺而中和。三爻和五爻都是奇数、阳性，功能相同，但所处地位不同。三爻多凶险，五爻多有功，是由于三爻在下卦之上，属于臣位，五爻在上卦之中，属于君位，贵贱的等

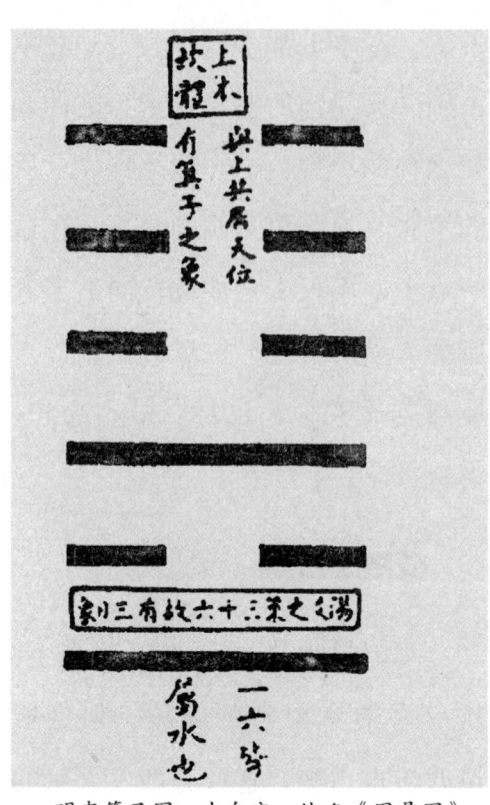

明夷箕子图，出自宋·佚名《周易图》，此图对明夷卦的卦理进行了描绘

密切相关。从《说卦》讲八卦的方位和取象的细目等处来看，显然这一分析方法必然会应用于占卦的绎算。也许，这种把六爻分为天地人三位的方法，不是源于后人（如孔子）对《易》体的开发，而是古占法的遗存，果然如此，则孔子在《象》辞中对卦象（大象）爻象（小象）所作的评论，就自称"述而不作"的孔子来说，恐怕也未必完全出自独创，也许在一定程度上

级不同之故。三、五都是阳位，柔爻居之，便有危难，刚爻居之，便可胜任，大体是这样的。

上述孔子对《易》卦二、三、四、五爻的分析，大体揭示出六十四卦这方面的通则。爻的阴阳、地位、功用及其相互关系（乘、承、比、应等）属于爻象的范畴。孔子的这些话，就是针对爻象而言。这里应该指出的是，这些话并不是仅从哲学上对爻象所作的客观分析，而是与占法紧密相连的象数分析。就是说，从道理上看，周易的象占不能只针对卦象，而不管爻象。孔子所述的这些中爻爻象的性质、功能、地位和关系之类，在占法中不可避免地自然会有所涉及。其不见于文献，是另一问题，在实际的占筮中，一定会有所流传。也许孔子这些话，是以上代所流传的爻象占法为基础而作出的分析。倘若离开占法而空谈爻象的功、位问题，则孔子所谓"占事知来"便成为空话。孔子处于春秋时代，同后代人相比，无论如何距古较近，汲取古占法遗存比较容易，他的话对后人探究古占法来说，应该成为宝贵的矿藏。

与此同时，我们无妨再返回来对古文献重行探索，看看其筮例中有无爻象的占法。《左传》《国语》的十六个筮例（包括非《周易》筮例）的占法中，在卦象卦辞爻辞的占绎之外，并没有表现出关于爻象（功、位、比、承、应等）的具体分析。不过，细心地考察一下，亦可发现其占法的运作中，含有类似的成分。例如：

《左传·昭公五年》记载，鲁国庄叔于次子穆子初生时筮问其命运，遇到《明夷》之《谦》卦。卜官依据《明夷》的卦象来解释其初爻之变的爻辞。他说："明夷，日也。"意思是，《明夷》卦象由上坤（地）下离（日）构成，是日在地下，将要出来之象。同时，他又按日分十时、人分十等的说法，把人与日时配合，认为"王"相当于"日中"（日在中天），"公"相当于

"食日"(早餐时),"卿"相当于"旦日"(日出时)。《明夷》之《谦》是初爻动变,相当于日初出之象,虽显光芒却未明朗,正是黎明的景象。所以他说:"《明夷》之《谦》,明而未融,其当旦乎!"以周易的卦体来说,初爻象征事始,上爻象征事终。自初至上,象征事物从始到终的过程。这种观点,在爻象中属于"位"的范畴。无论是引《易》卦论事也好,或以《易》卦占事也好,按理说,这种绎释方法是事有必至而不可避免的。鲁国卜官对《明夷》之《谦》的初爻的绎释,实质上就是从"位"的观点出发而作出的。虽然不像孔子《系辞》所说的那么明确、具体,但骨子里属于爻象的占法,则是毫无疑问的。

又如《国语·晋语》所记董因为重耳返国筮得的《泰》卦,虽无爻变,且仅以卦辞作解,所谓"是谓天地配,'亨,小往大来',今及之矣"云云,但其中的"小"指阴,"大"指阳(周易通例),意为阴往于外而阳来至内,卦爻的阳阴演变形成天地相交的《泰》象。后人据此推演,认为《泰》由《归妹》演变而成。《归妹》六三爻(阴)前往九四位,九四(阳)爻来到六三位,遂成《泰》卦。就是说,爻象地位阴阳的演变,形成了《泰》卦。这种蕴涵于周易卦辞内部的爻象理论,当然和周易古占法之间存在着密不可分的有机联系,——虽然,它是深藏于周易哲理和占筮底部的少数遗存的古筮例中,并没有明显的表现。

总而言之,后人对周易古占法的研究,大体上不超出上述圈子。有的《易》学家认为,占法的一些条规,在《左传》《国语》或有征,或无征。有征者,以其征知之;无征者,以有征者推知之,当无大谬。这个观点是对的,以今索古,恐怕只能如此。朱熹所拟制的古占法条例,大体上符合这一做法,故而对周易古占法的研究,有一定贡献。但他对古文献的探索,有的地方还不够深入、全面。如上述《左传》《国语》筮例所透露的关于爻象占法的消息,以及《系辞》《说卦》关于爻象"功""位"等的论述,就没有发掘和汲取。尤其把卦爻之变的占辞几乎局限在爻辞的范围内,对象的占法有所忽略,更是明显的缺欠。

总结上文,可以作出如下结论:周易古占法(不含求卦筮法,德占除外)包含象占、辞占两大项,其卦变爻变的象占辞占具有简单的准则。但占法的运用十分灵活,"不可为典要,唯变所适"(《系辞下》八章)。可唯辞占,可唯象占,可辞象并占。占断亦可依情、依理或依事,并无定则,难免因人而异。故而周易古占法实为一种灵活有余,规则不足,简陋而粗疏的早期占法。

依据这个结论推想,便会明白,在周易"辞、变、象、占"四大项之中,何以占法未能伴随经文传诸后世,发扬光大,反而失其传承,以至衰落下去的原因所在。

与《火珠林》占法的对比

这一点,如果以后代发展的占术与周易试作比较,便会看得更为清楚。下面,仅以《火珠林》为例,试作探讨。

《火珠林》占术是汉代象数《易》温床上滋生的周易古占法的一个变种。它仍以六十四卦的框架为体,在六爻中插入纳甲法,配以干支五行、六兽、六亲等成分,增添占算的时空信息,使占算的人事信息具体化,基本上废除象占辞占,代之以五行生克冲合为主的占算方法。它虽披着周易象体的外衣,骨子里却与周易占法完全不同。

这里,仅以《观》之《否》卦为例,略作对比。以见双方占术的不同和优劣。

甲:周易筮例

《左传·庄公二十二年》陈厉公占儿命运筮例:《观》之《否》卦占法:

(一)占卦变:本卦《观》捯四六爻动,阴变阳,成之卦

《否》䷋。

（二）占本卦六四变爻爻辞"观国之光，利用宾于王。"

（三）占本卦之卦卦象，以为六四变爻辞的证明。

（四）占本卦卦名《观》，以推断未来。

总之，大体上是联系所卜事情，对卦象、卦名、爻辞进行分析，从而作出占断。详见上文，不再赘。

乙:《火球林》占例

辰月庚午日，占会试，得《观》之《否》卦。

卯 巳 未化午　卯 巳 未
·　·　×　　　::　::　::
财 官 父世　　财 官 父应

断曰：未土持世，化出日辰午火世官星生才，鼎甲在掌。果中探花。

（引自清人王洪绪著《卜筮正宗》第九章《十八问答占验》）

占法：

（一）以三枚铜钱抛掷六次，背为阳，字为阴，三阳画〇，三阴画×，表示动爻。其余则以"—"标阳，以"--"标阴，与周易阴阳象同，如此得卦。

（二）"世"为己身，"应"为客体。

（三）以月日地支所属五行之生克冲合为主，据所问之事，从父母、兄弟、妻子、官鬼、子孙中选定"用神"，然后联系"世""应"进行占算。

（三）问功名以父母爻为用神。本例父母爻未土持世（功名在身），未土动，变为午火，火生土，与未土相合；而日辰又当午火，生合未土，用神父母爻，有生无克。同时，午火属原神，为官鬼（官星）而生合用神。

（四）据此，占断为功名在手，大吉大利。

依据上述情况，将两种筮例的占法对比一下，即可清楚地看出，《火球林》的源头虽是周易，也继承了六四卦的卦象，但伴随气象历法等的学术发展。和占术自身的发展，它已经以纳甲、爻辰、五行等新的成分，对周易的占法作了脱胎换骨的改造。周易占法的象占辞占之类已完全消逝,难觅踪影。针对具体人事信息所作的五行生克冲合的占算,成为占法的核心。而如前文所述,以钱卜代揲蓍,也大大减少了起卦的麻烦。

对比的结果,可以得出这样几点结论:

(一)配合卦内六爻的占卜信息(干支、六亲、世应、五行等)远较周易的象与辞具体、细微、清楚,便于占算。

(二)占算的法规远较周易严密。如用神的确定,干支五行的生克冲合、占断的依据等,都有章可循,有法可依。周易的象占辞占那种法无定则的粗疏性和随意性等弊病,已一扫无余。

(三)这一对比,虽然仅仅依据两个占例,但"一叶落而知天下秋",由此反映出来的情况足以表现出,就占卜术来说,周易的占法,虽具有鼻祖的地位,但同后代继而发展起来的占术(如《火球林》之类)比较看来,却显现出一种早期的幼稚状态。除了德占、理占有其珍贵的义理特色外,其占卜法术之平庸低劣,是无可讳言的。正如周易的义理内涵伴随历史的进展而日益发扬光大是理所必然的趋势一样,作为周易寓理外壳的占筮形式,伴随历史的进展而日益衰落,从它依附的义理上脱落下来,退出占卜的舞台,而为其他成熟的占术所代替,也是事有必至的合理后果。

占验的概率

最后,顺便说一下,在所谓"占验"的问题上,周易的占卜与火球林比较,似乎也略逊一筹。杭辛斋先生于此颇有感触。上文说过,在论述火球林以钱易蓍的优越性时,他曾指出:"间有好古者,遵用蓍策,而效反不著。"他说的是揲蓍求卦,效果反而不如钱卜。所谓效果,当然是指占验而言。杭先生的感觉,自然是来自占卜的实践,绝不是产生于凭空臆想。笔者也曾以试验角度专门作过探索,也产生了这种感觉,即:火球林的占验概率似乎远远超过了周易。这也许缘于含糊的占法逊于精细的占术之故吧，究竟何故，有待于今后专题探讨。

然而从另一方面来说，从上述两种占例的对比中，人们又可以发现另一差异，那就是：同是《观》之《否》卦，不仅占法各异，内涵也根本不同。周易的《观》之《否》卦除了占术方面不及火球林之外，在象与辞的内容及其依乎情理而不依乎定命的推绎方法上，却以其渊奥的义理和灵活的辩证思维而较之火球林大为优越。在这方面，无妨说，周易等于天上的月亮，而火球林等于地上的乌龟，两者之间存在着龟月之差。——火球林的内涵肤浅可怜，无非是遵神谕起卦，依规则占断，从占卜到占卜，谈不到什么辞、变、象、占，更谈不到什么天人之道，如斯而已。

综述语及儒家占筮观

比重轻微

周易涵有四大圣人之道，占是其中之一。就这一点来说，占的成分在周易中也许可以视为占有四分之一的比重。同辞、变、象的总体对比，占的分量显然很轻。如果再作具体细分，如上文所述，把《易》占分为筮占与"理占"两种，那么，纯粹的卜筮之占，在周易中所占有的比重就更轻微了。众所周知，比重的大小、分量的多少，必然左右性质的确定。故而筮占的比重大小，对周易是否为筮书来说，具有决定性的作用。——当然，这是就周易的本质而言，不是指它的表述面貌和功用形式。

固然，孔子所谓《易》有辞、变、象、占四个圣人之道，是从学《易》的角度讲的，意指周易具有四种宝贵内涵，可供学者汲取。在这个意义上，从占有的分量比重上观察，包括揲蓍求卦的方法在内，其纯属占卜性质的东西，也并不多，说它约占四分之一的比重，也未为不可。这一点，如若和其他占卜书对比，就显得十分清楚。仍以火珠林为例，全书六十四章从头到尾是讲占法，什么"六亲根源"、"世应相克"、"占身命"、"占运限"、"占婚姻",等等,甚至涉及"占谒贵""占博戏(赌博)"之类,没有一章越出占卜范畴。类似周易象变所反映出的天人之道的义理,一处也没有。即使单就占术的层面来看,除了钱占求卦法和周易的揲蓍求卦法并无实质的差异外,其他内容实有天壤之别。根本的分歧在于周易之占依理依德,火珠林之占(包括其他占书)则依神依规。故而周易之占含有筮占与理占的两重性,即使筮占的占断,亦不得背理背德。而火珠林之占只是单纯的占卜,只讲占断吉凶祸福而不计其他。由此简单地对比可以得出结论说,纯粹的占卜成分在火珠林之类的占书中所占的分量几乎是百分之百。而相比之下,周易之占当中,纯占卜成分则相当微薄,说它占有四分之一的比重,恐怕还需包括所谓"不占之占"的理占在内!——虽然周易本身采取了《连山》、《归藏》等筮书同样的以蓍草求卦、以卦爻占筮,并以吉凶悔吝等占辞表示占断,具有占筮的功能,但其占法占辞和功能,必须以天道(阴阳)、人道(义理)的运行为基础,基本上是它涵纳并推显天人之道的形式。但它并非某些人所说的外在形式,而是周易内容的表现形式。外在形式可以改变而无伤其内容,内容的表

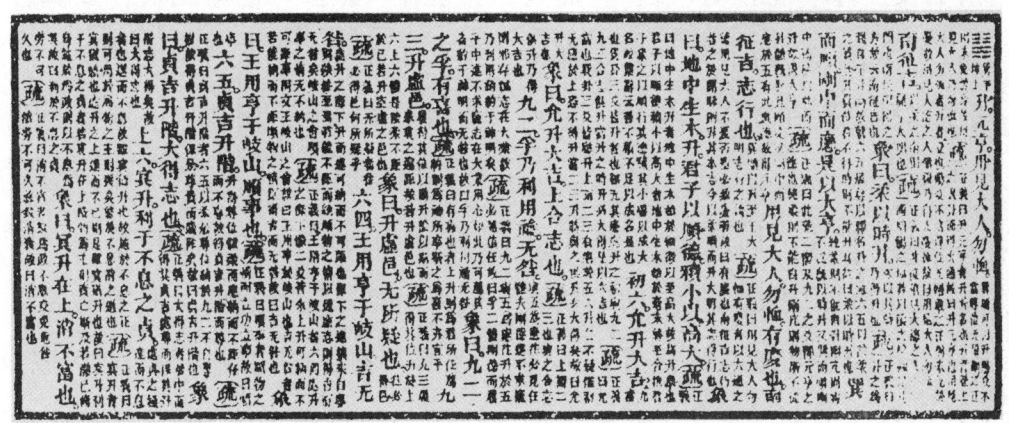

《十三经疏注》中所载的《周易正义》书影

现形式则不可改变，变了即伤及内容。揲蓍法应属于周易的外在形式，换成钱卜法并不伤及内容，从哲学的角度看，没有揲蓍，并不影响周易的独立性，甚至用梦占法也可。如三国时晋将邓艾梦坐山石处有流水，即得《水山蹇》卦。占是周易辞、变、象等内容的组织形式，也是它的双重功能——教化与占卜的内容之一。周易的筮法和占法，表现出它的卜测功能。所以说，"占"既是周易的寓义形式，也是它卜筮功能的内容。而总体来看，它可以说是周易的形式。就它和"辞、变、象"的关系来分析，应该说，前者是它赖以存在和运行的基础。没有"辞、变、象"就没有"占"，而失去占（筮占），"辞、变、象"却依然可以独立存在，作为哲理，更利于发扬光大。

如上所述，周易的筮法和占法，在占卜术中是属于早期的初级方法，粗疏性与随意性之外，再加上德占理占的制约，其占验概率的先天不足，非常明显。故此，在周易"辞、变、象、占"四大项中，占的价值与效能，显然低于前三项。孔子把它放在最后面，也许不为无因。——当然，这主要是指占之中的筮占而言。

人文主义

综合上述加以思考，便会自然而然地体会到，为什么孔子在《系辞》及其他赞《易》文章中，除简明介绍筮法和对占筮略作空洞的颂扬外，并未涉及任何占验的事例，却把大部分笔墨用于阐述义理的原因所在。同时，也可以深入懂得为什么孔子只依《恒》卦义理进行"理占"，强调'不占而已矣'，而不作"筮占"的原因所在。倘若当真如某些卜史所认定的那样，或者如《左传》引用筮例所浮夸的那样，周易的占筮具有测事如神的灵验，孔子也许不会对它持这种"敬鬼神而远之"的态度。据帛书周易《系辞·要》的记载，关于学《易》问题，子贡曾问孔子："夫子亦信其筮乎？"孔子的回答是："我观其德义耳！吾与史巫同途而殊归。"无论帛书周易所记是真是伪，这段对话却很有客观价值：它表明，周易的占筮早在春秋时代在人们的思想中已失去了足以令人相信的灵验功能。在孔门弟子和孔子的思想中。恐怕也是如此。孔子潜心学《易》主要是观察其中的德义，不是学习其中的筮占，与史巫（专职的卜官）的学《易》目的不同。史巫为占筮而学，孔子为德义而学，同走学《易》的道路而走向不同的归宿。"同途而殊归"这句话，具有双重内涵。一层显示，周易大路中含有歧途，一为义理之途，一为占筮之途。亦即周易本身具有深厚的两重性，其功用也如此，既可用于义理教化，又可用于占卜吉凶。另一层表明，孔子为什么在讲解周易时处处以德义为重而无迷信占卜的迹象。

不仅孔子，古代的有识之士对周易的占卜也多持类似的态度。

继承孔子的学说，把儒家的人文主义占筮观表达得最清楚的，无过于战国时代的儒学大师荀子。在这方面，他表述了三个观点，很耐人玩味。一是类似前文所述周易《革》卦九五爻辞"未占有孚"的思想，所谓"以贤易不肖，不待卜而后知吉；以治伐乱，不待战而后知克"（《荀子·大略》）云云，给占筮的应用划出了界限。二是所谓"善为《易》者不占"（同上），类似孔子所说的"不占而已矣"的思想，亦即精于《易》理者无须筮卜即可占测未来，而尤其是第三个观点，意义最深。他说：

"雩而雨，何也？曰：无何也，犹不雩而雨也。日月食而救之，天旱而雩，卜筮然后决大事，非以为得求也，以文之也。故君子以为文，而百姓以为神。以为文则吉，以为神则凶也。"（《荀子·天论》）

在这段话里，荀子把执政者的卜筮活动同求雨的仪式和拯救日月食的举动等同样看待，认为那并不是为了获得效益，不过是顺乎人情的一种文治饰仪而已。因此，求雨而下雨，和不求雨而下雨，结果是一回事。君子把这些活动看作文治饰仪，百姓则把它看成乞求神助。前一种看法吉利，后一种看法凶险。这样，荀子把卜筮说成一种空虚的文治饰仪，就是对卜筮效验的否定。这一点，他较之孔子的含糊态度，明朗得多。但他也和孔子及古代其他多数易学家那样，虽不承认卜筮的灵验，却也不反对卜筮，无论汉儒、晋儒、宋明儒乃至清儒，大多如此。其中甚至出现断言周易为卜书，教导占卜，并相信占卜灵验的学者朱熹那样的人物。这在科学不发达的古代乃至近代，作为一种社会风气，有其历史和文化的局限性，无须克责。明清之际的思想家顾炎武就是其中一个代表人物，他在《日知录集释·三易》中谈到卜筮问题时，曾引用《尚书》的古训以及孔子的见解来说明卜筮与人谋的结合。他说：

"《洪范》曰：谋及乃心，谋及卿士，谋及庶人，谋及卜筮。孔子之赞《易》也，亦曰人谋鬼谋。……故尽人之明而不能决，然后谋之鬼焉。故古人之于人事也，信而有功；于鬼也，严而不渎。"

这段话不仅代表顾炎武的卜筮观，也代表几乎所有儒家学者的卜筮观。——虽然不迷信卜筮的效验，不以神意与宿命的观点看待卜筮，认为人谋重于鬼谋；但同时也不反对卜筮，不否定鬼谋的功用；只是主张人鬼并用，而以人为主而已。这和孔子《系辞》中所表达的卜筮观，本质上如出一辙。但《系辞》的占筮观表达的并不明朗，顾炎武则继承之，而把它说得清清楚楚。无妨说，他这一观点是孔门占筮观的延续。

人鬼并用

另外，顾炎武又依古训，反对教导民众以占卜预测未来。他的说法是：

"《易》以前民用也，非以人前知也。求前知，非圣人之道也。是以《少仪》之训曰：'勿测未至。'"

他认为，周易的功能是"前民用"，即引导民众有所作为之前用其中所含道理观变知几，制定趋吉避凶的正确计划。周易的功能并非"前知"，不是教导民众通过占筮预知来事。求取前知，不是圣人之道。

顾氏这一见解，用今天的目光来看，当然是合理的，正确的。但就他本身所持的儒家占筮观来看，却不能不说是内含悖论：既同意人鬼并用以谋事，又说不要用鬼以前知，显然是自语相违。不过，进一步再联系以孔子为祖的儒家门风的天人观想一想，就会明白个中三昧。儒家并非据已知推未知的唯物学派，对已知与未知往往持两可态度。前文所述孔子所谓"祭如在，祭神如神在""敬鬼神而远之"云云，就是这种两可态度的表现。故此，孔子才一面同意人鬼并用的古训，认为周易有"神以知来"的占验功能，又反对怪、力、乱、神和"素隐行怪"（《中庸》）。荀子一方面强调"善于《易》者不占"，认为"慎终如始，终始如一，夫是之为'大吉'"（《荀子·议兵篇》），从修养上对占辞作出解释，而他方面

又对占筮的"文之"功能予以肯定，也是模棱两可的态度。张载态度也不例外。一边强调"观变玩占"之占，非"占筮之谓"，而是观乎事变，"谋必知来"的占。一边又认为，"人于龟策无情之物，不知其将如何，惟是自然莫或使之然者，阴阳不测之类也。己方虚心以乡之，卦成于爻以占之，其辞如何，取以为占。圣人则又于阴阳不测处以为占，或于梦寐，或于人事卜之。然圣人于卜筮亦鲜，盖其为疑少故也。"（《横渠易说·系辞上》第十章"以卜筮者尚其占"注）

这段话主要是说，大自然的阴阳不测之处，通过筮具表现出来，成为卦辞，圣人据以为占，以决疑问。而圣人之所以很少占卦，大约是因为疑问很少的缘故。这表示，张载不仅相信占筮有决疑的功能，而且把圣人（如孔子）"不占而已矣"的原因说成缺少疑问。这样，对占筮的肯定便和他另一处所谓周易是"一法律之书，使人知所向避，《易》之义也"以及"占非卜筮之

谓"等对占筮的态度之间，产生了不和。尤其是硬把圣人少占卦的缘由说成少疑问，也与事实大谬。文王囚于羑里，孔子厄于陈蔡，说明圣人并非料事如神，疑问很少；也说明即使精于《易》占，也不可能事事获得"前知"的效验。卜筮专家，也不例外。前汉之京房、三国之于吉、晋之郭璞、明之刘基等，皆一流占卜大师，但却善于占他，而昧于占己，殒身丧命，却未能前知。可见，占卜虽不无预测作用，但并非决疑手段。谓之有决疑功能，显然是一种夸大，而且连夸大者自身也并不相信。前文所引《礼记·少仪》所谓"勿测未至"和"义则可问，志则否"，都说明古人早已从经验中认识到，卜筮并不能有问必答、有疑必决，它未必有前知的灵验，无条件地信它，会陷入凶险。在这方面，宋代的义理派易学大师程颐，也和祖师爷孔子一样，看重从德理讲周易而不讲占筮。但他也一方面认定"即事尽天理便是《易》也"（《遗书》卷二），另一方面又断言"古之卜筮，将以决疑也。"（《遗书》卷二十五）。仍认为占筮有决疑之效，而予以肯定，如此等等，形成了孔子以来儒家两可占筮观的传统特色。

来自《易》蕴

值得特别注意的是，儒家这种人鬼并用而以人为主的人文主义占筮观，并非孔子为首的儒家学者所创造，而是周易自身的思想在儒家学者观点上的集中反映。就是说，儒家的义理占筮观和人鬼并用的占筮观，不是从外部加到周易身上的一种看法，而是上述《易》占内在的人鬼两重性和德理为根的本性，在儒家易学思想中如实反映而构成的这样一种人文主义占筮观。因此，朱熹等后儒把伏羲、文王所撰的周易视为只是个卜筮书，"到孔子方始说从义理"云云，不但颠倒主次，把义理为主说成占筮为主，而且把孔子的易学思想同周易的固有思想割裂开来，纯属谬论。清儒皮锡瑞说得好："伏羲画卦，虽有占而无文，而亦寓有义理在内。……其（孔子）所发明者，实即羲、文（伏羲、文王）之义理，而非别有义理，亦非羲、文并无义理，至孔子始言义理也"（《经学通论》）。诚如皮氏所言，孔子所发挥的易学思想，实即周易的内在思想，并非别有独创。

可见，从《易》占的传统来看，以义理为主的理占思想和筮占思想（占的两重性），并非始于孔子的人文主义《易》占观。如前所述，孔子之前的春秋时代，仅据《左传》记载，即在筮占之外出现不少依据义理所作的理占事例，实质上这是周易内在法则对事态的具体应用。同时，穆姜、南蒯之"非德勿占"，所谓"忠信之事则可"，"《易》不可占险"云云，实际上是周易义理本质在占筮上的必然表现。简言之，如周易经文总说"贞（正）吉"，从不说"不贞吉"；总说"利贞"，从不说"利不贞"；总表示顺理则得而吉，逆理则失而凶；失之而悔，悔则自凶而趋于吉；得之而骄，骄则易于吝，吝则渐趋于凶。如此等等，周易通篇皆以中贞悔吝的道德义理劝人向善，以为趋吉避凶之道，主旨在于道德教化，这是周易内涵的本质。如此本质表现于社会教化，则为洁、静、精、微的风习，表现于占筮，则为以义理为本，循理而占，非德勿占，以吉凶导人而为善，利于"前用"，而不利于"前知"（占术粗疏，占验率低），与其他占卜之"以休咎导人而为不善"（《金史·方伎传》），"计其命之穷通，校其身之达否而已矣"（程颐《遗书》）者，根本不同，这是理所必然的。由此观之，周易的筮占，唯有依赖其辞、变、象所蕴含的义理，始有存在的价值。在周易的四个圣人之道中，它的实际地位是最低的。

归纳上文，可作出如下总结：

（一）周易辞、变、象、占四大项中，前三者属于人谋，后者则一分为二，其中的理占（不揲蓍之占）属于人谋，筮占（揲蓍之占）属于鬼谋。

（二）人谋鬼谋之间存在相辅相成的关系。鬼谋要以人谋为占算占断的基础，人谋可借鬼谋的方式运行，或以鬼谋为参考，或以为某种意义的辅助（如神道设教）。另一方面，人谋鬼谋之间，也存在相反的关系。人谋（理性的必然）的发扬必削弱鬼谋（非理性的偶然）的应用；表现为精于《易》道者，"谋必知来（张载关于《系辞》辞、变、象、占"注释），亦即智者的理占，胜于庸人的筮占。同时，鬼谋的肆虐，亦必冲淡人谋。象数派之重视筮占，逐渐遁入小术曲学，甚至流于怪异祆祥，丧失人谋，即其显例。而另一方面义理派之重视人谋，使《易》理发扬光大，跻身哲学之林而雄视万方。相比之下，鬼谋却以其粗疏无力而逐渐消退，终为其他占卜所取代。周易之人谋为本，人谋胜于鬼谋的本质，于兹可见。

（三）周易鬼谋的占法简单而粗疏，灵活有余而严密不足，往往因人而异，凭联想占算，难求明确。直接原因有二：一是不受神命的管制，而受德理的制约，以致流于两可的教诫，难成为决疑的占断。二是象辞等信息结构简陋空泛，模糊多歧。而根本原因则在于，周易筮占在占卜史上的早期幼稚性，决定它不可能像后代某些占术那样，占算的信息较多，规则较细密，且以神意命定为前提，必有明确的占断。

总而言之，如上所述，孔子为首的儒家人文主义占筮观，是周易本身内在占筮思想的正确反映。在孔子所说的周易"辞、变、象、占"四个圣人之道中，形式上占似乎占主体地位，实际上它从属于前三者，处于次要地位。虽然周易以它的存在表现占筮的功能，但并非独立自足、井然有序的占筮功能，而是以德理戒律为转移的粗疏含糊的占筮功能。德理为内容，占筮为形式。为德理内容服务，是周易筮占的本性。既然筮占是寓理出理的形式，不占主要地位，故而它不能代表周易的本质。周易的本质只能由占主要地位的辞、变、象等哲理内容所决定,周易之为哲理书的根由,即在于此。

李氏悖论

依据上述理由,本文对《易》本占书的说法以及夸大筮占作用的观点均不能苟同。清儒李光地是易学大师,造诣很深。但他却委曲婉转地反对孔子重视德理的易学思想,维护朱熹《易》本为占书的观点。他先说:

"夫孔子尝言《易》矣,曰:'和顺于道德而理于义,穷理尽性以至于命。'则谓《易》言理,是也。然本画卦系辞之初,则主于卜筮以明民,非如他书直阐其理,直述其事者也。"

意思是,孔子以义理性命解《易》,以《易》为说理之书,是对的。但画卦系辞成书之初,作书的主要目的在于以卜筮启发民智,与其他说理叙事的书不同。李光地就以这样一点所谓"以卜筮明民"的古语为依据,简单地判定周易为筮书。并且认为,孔子从中讲理虽然正确,但不影响周易本来的卜筮性质。接着,在这个论点的支配下,他完全赞同朱熹的观点,认为朱熹对周易"深探其本,作《本义》一编,专归卜筮"。并对朱说遭受批评鸣不平,说迄今人们不同意朱说,恐怕它缩小周易的用途和道理,而使周易流于方伎术数,这种批评是错误的。他辩解说:"殊不知《易》之用,以卜筮而益周。《易》之道,以卜筮而益妙。而凡经之象数辞义,皆以卜筮观之而后可通,初非小技末术之比也。"(以上引文,均来自《易经指南·通政篇》)

李光地的上述观点表明,他对周易当中理与占的作用、地位及其相互关系,认识模糊。以致对周易的本质判断错误。

首先,他对周易著作的目的认识不清。正如前引皮锡瑞所云,伏羲画卦和文王系辞,本有义理,并非孔子所加。周易内容充满隐忧与训诫,为教化而作,毫无疑问。所谓"卜筮以明民",不过是借用卜筮的形式与手段以达到教化民众的目的而已。卜筮以明民的实质乃是借卜筮而以理明民。理为本，筮为法。说"主于卜筮"云云，显然是主次颠倒，本末易置。

其次，如前所述，周易的用途不仅是卜筮。不经卜筮，单以经文，便可独立发挥解疑、指南、理占等哲理和逻辑的功用。所谓"主于卜筮"云云，乃是一偏之见。

再次，说"《易》之用以卜筮而益周"，等于说周易原有自己的用途，有了卜筮后周易用途便越发完全。这个卜筮之外的用途是什么，李光地没明说。这个命题的涵义，应该是周易本来的用途是德理教化，有了卜筮的手段以后，这一用途愈加发扬光大，周易的用途也因增加卜筮而益加完备。这和李光地前面所说的周易原来"主于卜筮"的观点，显然出现分歧。"主于卜筮"是说周易本来的内容和用途主要在于卜筮，"因卜筮而益周"是说周易的内容和功能因使用卜筮而更加全面。两说意思不同，难以并存。李光地究竟指哪个而言，表达不清。

还有"《易》之道以卜筮而益妙"云云，从文义来看，当然是说周易的道理本来很玄妙，加上卜筮之后，显得更玄妙。依此观之，李光地的观点是承认《易》道为《易》的本义，卜筮乃是显道之最佳手段，如此而已。这样一来，他这个观点就和自己认定周易原为占书的观点（也是朱熹的观点），背道而驰了。

最令人不能首肯的是他所谓"凡经之象数辞义，皆以卜筮观之而后可通"。如前所述，辞、象、变所表现的《易》理，是《易》占赖以存在与绎算的基础。无筮占，《易》理自在更易于发扬；无《易》理，则筮占无法生存成为末技的空壳。不是象数辞义以卜筮观之而后可通，而是卜筮凭象数辞义解之而后成用。《左传》《国语》所载《易》筮十四例，皆凭象、辞之义与变以为占，舍象辞则无以为占便是确证。

综上所述，可以说，李光地赞同朱熹之说，以周易为占书的理由，是从反面证明了周易是寓理于占的哲学书。

结　论

周易究竟是一部什么性质的书？周易本性到底是什么？这一问题，本文以孔子所说的辞、变、象、占四大项为中心，作了如上论述。作为结论，其要义是，辞、变、象、占的综合表现是周易内容、形式与功用的统一。"辞、变"蕴涵并表达哲理、伦理、论理（逻辑思维），统称义理，简称理。"占"是借筮卜或推论而据理测事的方法，也是理的表现形式与运行形式。大体说，伏羲画卦及其后演为六十四卦，以卦象寓理，又以筮法据理决疑。文王、周公系辞表达象义，借占以决疑，主于以德理教化。占须循德理，非德理无占。德理可无占，占不可无德理。道理如此，史实亦复如此。周易之成为儒家六经（《易》《诗》《书》《春秋》《礼》《乐》）之首，并非出自孔子以德理对周易占性硬行改造，而是蕴于占形的《易》理本性为孔子所发掘、发扬，亦即

《易》理在孔子认识中得到了深刻反映与升华。孔子见过殷商筮书《归藏》，但只说它是"《坤》《乾》"，并未深究。见周易后，则深入探究，爱不释手，并以《文言》《系辞》等诸多文章，予以翼赞。原因大约在于《归藏》为一般占书，无理可发，而周易则寓理于占，有理可阐。故此，朱熹所谓"《易》只是个卜筮之书""到孔子方始说从义理"云云，是将卜筮面貌的哲理书与纯属筮书的《归藏》之类，混为一谈，不能令人信服。

《易》有理占二用。理属人谋，其利可必；占属鬼谋，其效未必。前主后从，前贵后轻，往古如此，后世为烈。《易》派多支，而独无占筮；《易》道广阔，唯占法堕落。占筮原非周易之主体主用，非其本义，观此则心明眼亮，疑团尽释矣。

千言万语一句话：

事物的主要内容决定其本性。周易的主要内容是理不是占，故其本性是哲理书而非占卜书。

第十六篇　周易思维论概

《易》之失，鬼乎　卦乎

孔子在评说周易的教化效能时说："洁静精微，《易》教也。"（《礼记·经解》）。把周易"辞、变、象、占"四大圣人之道的社会教化所形成的风气，概括为思想纯正（洁）、心境平和（静）、虑事精细（精）和洞察机微（详见前文）。单就这一方面来看，孔子的评论显然是针对周易总体所反映的阴阳之道的规律性与逻辑性的正面教化功能而言。但依周易的阴阳之道来看，任何事物都有正反两面。所以，孔子在盛赞周易的正面教化效能的同时，又警诫说："《易》之失，贼。"揭露出周易教化对社会的负面影响。贼者，害也。意为周易在社会教化中的缺点是，学得不对头，便会使思想受到侵害，变得不阴不阳，阴诈诡谲。后来，晋代哲学书《淮南子》也效仿孔子，一方面说："清明条达，《易》之义也。"另方面又说："《易》之失，鬼。"对周易褒长而揭短。它虽不言《易》教而言《易》义，但大意近似孔子的评论。当然，"清明条达"的褒扬，不及"洁静精微"深刻；但用鬼字揭短，却成为贼字的好注脚。所谓"鬼"指何而言，《淮南子》在另一处自作注解说："《易》之失也，卦。"（以上《淮南子·泰族训》）就是说，周易的缺点在占卦。占卦属于鬼谋，是周易的一种功能。学《易》不深而迷于占卦，则易于陷入鬼诈，自欺欺人。《淮南子》对周易短处的评语，能使后人对孔子所谓"贼"的含意，有进一步的理解。

辩证思维的滥用

但是，本文却认为单以《淮南子》的鬼字来解释孔子的贼字，并不充分，也不深刻。把《易》之失评之为贼，除指占卜的鬼谋之害以外，一定有更深的含意。这一点，古文献上尚未见到答案。本文的看法是，它与周易思维方式的特殊性有一定的关系，其中辩证思维的灵活性大约是主要原因。在中国，乃至全世界，周易可谓空前绝后、举世无双的奇书。奇的表现不但在于图像蕴理、辞象喻理，以象数思维，而以占卜为貌；还表现在，它以辩证的思维方法把内容与形式组成一个有机的整体，亦即表现在它是一个以活活泼泼的图像与辞象表现天人之理的辩证思维的范畴体系。同古希腊人的零零星星的辩证思维的命题相比较，周易的辩证思维展开于六十四卦三百八十四爻的象数义理结构当中，更为丰富、深刻而有系统。《老子》的辩证思维虽较周易在表叙上显得更富于哲理的概括性和深刻性，但它的撰写晚于周易，其基本思想虽非源于周易，但其辩证思维受到周易的影响却没有疑问，两者之间有脉络可寻。最显著的表现是《老子》所讲的"万物负阴而抱阳，冲气以为和"（四二章），显然来自周易的阴阳观。《老子》当中一以贯之的万物相反相成的思想，如"有无相生，难易相成，长短相较，高下相倾"（二章），"祸兮，福之所倚；福兮，祸之所伏"（五八章）等等，和周易八卦乾与坤、坎与离、兑与艮、巽与震的相反相成，在思维方法的辩证性上是如出一辙。《老子》反复强调的"自伐者无功"（二二章、二四章）和《周易》唯一全吉的《谦》卦之间，"物或损之而益，或益之而损"（四二章）和周易《损》《益》二卦之间，"物壮则老，是谓不道"（三十章）和周易《乾》卦上九"亢龙有悔"之间，以及双方其他一些命题之间，有着共同的思想性和辩证性，如此等等。从传承关系来说，周易无疑是中国历史上最早问世而继由老子发扬的辩证思维的滥觞。

辩证思维和普通思维不同。普通思维是所谓形式思维，黑格尔称之为悟性思维。其特质为确定性，亦即抽象的同一性，其公式为A是A。而辩证思维的特质则为灵活性，亦即对立的同一性，其公式为A是A与非A。形式思维是表达抽象概念的初级思维，而辩证思维则是表达具体概念的高级思维。高级思维必须以初级思维为基础，双方合作，便呈现出思维的确定性与灵活性的统一，周易的基本思维便是这样。它既以象数文辞表达确定的天人法则，又以"变动不居"的灵活性否定其为"典要"。"不可为典要"而"唯变所适"的灵活性，正是周易辩证思维的显著特性。这一点，如若把周易同《墨子》对照一下，便可看得更清楚。精通形式逻辑的墨子，其文章的思维特点正是确定有余而灵活不足。以《墨子》的思维方式，绝不能把周易渊奥精微的内涵表达完美，必须在形式思维的基础上，以辩证思维为主，运用多种思维方法，才能做到。

狡猾的辩证法

但是，如同任何事物一样，辩证思维的灵活性有其"得"，也有其"失"。正确运用，便于深入把握和表现复杂事物的深层本质。而运用不当，则易于流入狡诈的辩术。所谓不当，就是不顾事实而耍弄概念的灵活性，借以骗人，折中主义和诡辩就是其具体表现。列宁说过："概念的全面的、普遍的灵活性，达到了对立面统一的灵活性。……这种灵活性如果加以主观的应用＝折中主义与诡辩。"（《列宁全集》第33卷第112页）折中主义是把相反的东西加以调和，模棱两可，混淆是非。诡辩主要是违反逻辑规则，强词夺理，貌似正论而颠倒是非。两者都脱离实际和原则，以私意滥用概念——弃其确定性而玩弄其灵活性，使灵活性失去基础，坠入骗术。而不明真相的人却会觉得这类论调头头是道，玄妙精微。就周易来讲，所谓《易》教之失（副作用），一定程度上大约是说会使一些心术不正的人，利用周易辩证思维"变动不居"的灵活性，通过论理或占卜，以折中主义或诡辩术进行欺骗。或者，会使学《易》不深不透、未能把握《易》道本质的人,以神妙莫测的心理从形式上滥用周易思维的辩证法,造成恶果。正因为辩证法会产生这样的副作用,所以列宁在《哲学笔记》里曾经提过"狡猾的辩证法"这样的说法。在现实生活中人们讥笑那些玩弄辩证法以惑人耳目的勾当,谓之"变戏法",也类似这个意思。

王昭素的阿谀诡辩

下面的事例,可使人对此有所体会:

(一)按《易》例,五爻是君位,至为尊贵,《乾》卦五爻辞象为"飞龙在天,利见大人"。问题是,占者如为君王,占得此爻,当然可释为龙运亨通,得志腾飞,利于俯见天下贤人(大人),或释为利于天下人仰望德尊,或释为利于表现大人之美德。有几种意蕴,可供灵活发挥。但占者若非君王,并非大德之人,只是引车卖浆者流的平民,甚至是行将就木的老者,则所谓"飞龙""大人"云云,应作何解?换言之,占者的身份若限于龙和大人之象,则《易》教将局限于"天庭"而背民用之旨。反之,只有龙与大人的象义并无身份限制而仅具德义要求,《易》教始可畅行于天下。如承认周易主旨是以卜筮之形行教化之实,则必以后一说为正解。孔子讲周易的功能时,反复强调其利于天下,为民所用,一面承认其"既有典常",又强调其"不可为典要"(《系辞下》八章);只有这样,才符合周易的主旨,也符合周易辩证思维的灵活性。来知德在《乾》卦初爻的注释中,于此有所发挥。他说:

"《易》不似别经,不可为典要。如占得潜龙之象,在天子则当传位,在公卿则当退休,在士子则当静修,在贤人则当隐逸,在商贾则当待价,在战阵则当左次,在女子则当愆期,万事万物,莫不皆然。若不知象,一爻止一事,则三百八十四爻止作得三百八十四事矣,何以弥纶天地?"(《易经集注》)

来氏这段话把孔子所谓周易"既有典常"又"不可为典要"的辩证思维的对立统一性，通过辞象的抽象性、多义性和灵活性，作了具体的阐述与发挥，说得非常明白、确切，对人们深入理解《易》象的辩证真谛，很有启发意义，可视为继承孔说而对《易》道的正确发明。也可以说，这是孔、来二氏先后发掘周易的辩证性而先后作出的辩证学说。

依据这一辩证学说来看，《乾》九五的龙象和大人之象，应该是既可指君王、圣贤，也可指平民。或者说，其直接象义是专指前者，而普遍象义则是兼指双方。但自古迄今，众多《易》家却都认为它是专指君王、圣贤，占者若非如此，虽占得此爻此象，也无应验。甚至强调龙象普遍意义的来氏，于此也产生了自语相违。他在解释《乾》九五爻时说："九五刚健中正，以圣人之德，居天子之位，而下应九二，故其象如此。占者若无九五之德，必不应利见之占矣。"（同上）这样，他又自违前言，把龙象和大人象局限于君王，甚至把无君王德位的占者排出于占验门外。这种矛盾该如何理解呢？恐怕不能说来氏思维混乱，不合逻辑，也许九五龙象的政治禁区迫使他只好作如是言，也未可知。

但倘若不是不得已而为之，而是以为如此才合乎龙象大人象的本义，才符合《易》占的要求，也才符合"既有典常"又"不可为典要"的灵活的思维方法，那便陷于违反逻辑的诡辩了。因为，既然说龙与大人（涵于象中）的概念可泛指各种各样的人，同时又说仅指某种特殊的人，这便构成自语相违。不是在确定性（典常）的基础上运用概念的灵活性（不可典要），而是暗中抛弃概念的确定性，随意玩弄其灵活性，表现为"A是非A"，模棱两可，令人难以捉摸，无所适从。表面上，好像阐发出周易辩证思维"不可为典要""唯变所适"的优越性，实质上不过是"唯辩所适"

的诡言而已。现实生活中经常出现的"此一时也,彼一时也"的论调,倘无"典常"(原则)可依,也便属于这一类滥用辩证法而略带"贼味"的诈术。

(二)《朱子语类》记载,宋太祖和大臣王昭素谈过《乾》卦九五爻"飞龙""大人"之象与占者的关系。对皇帝的垂询,王昭素答说:"若臣等占得此卦,陛下是飞龙,臣等是利见大人。"朱熹赞扬王说,认为:"此说得最好,《易》之所以用不穷也。"意思是,王说的高明在于它揭示出周易应用的无穷无尽。但王说与朱评都是违反逻辑规则和周易思维法则的诡论。

抛开政治关系,单从思维角度来看,王说是抛开正常思维的确定性,滥用周易辩证思维的灵活性,脱离占法的常规,把占者与爻象分割开,以皇帝占得此卦,代替"臣等占得此卦,"——偷换命题,将周易思维的辩证性,暗变成随意性,这是貌似恭谨而实为诡诈的阿谀之辞。朱说则赞扬诡辩,把旨在教化而利民用的周易,说成无原则无典常而以私意随便解释和应用的漫无边际的"空架子,"表面上似乎在颂扬周易,实际上是在贬低周易。假若依照王朱之说。按身份解释占辞,则《乾》卦九五"飞龙""大人"等辞象,势必为皇帝所专有,从而失去其普遍的应用价值,缩小成为单一的枯槁而毫无生气的辞象。这既违反周易为民决疑的主旨,使广大的《易》道囿于狭小的牢笼,无"以通天下之志""决天下之疑",也把"不可为典要"的周易生动活泼的辩证思维,降低为一般占书那样表现神定命定的形式思维。

本来依占法的原理,占辞应答复占问,占者应为占辞所指对象,不应有身份限制。来知德所说潜龙之龙既可指天子、公卿、士子,也可指商人、女子乃至"万事万物",这一点是说得对的。《易》道广大,以天下为己任,自应如此。倘依王说,周易辞象所指依占者身份而定,九五飞龙专指帝王,则初九潜龙、上九亢龙，应指何而言？如皆指帝王，则九三之"君子"又何所指？"六龙时位"，又应如何理解？如《乾》九五爻象为帝王专象，一切臣民占得此爻都如王说，只能仰望皇帝，则周易又如何"以通天下之志，以定天下之业，以断天下之疑"？假若赵匡胤在陈桥兵变之前占得此卦此爻，"飞龙""大人"又当指谁？依王说，只能指周世宗这个即将退位的小儿，而不能指占卦的赵匡胤。这种对《乾》九五辞象的定型占断，与广阔灵活的周易的辩证思维，完全相背。

还有一点，需要补充说明：以龙象为帝王的特称，并非周易的本义。因为先秦时代的龙，尚未上升到帝座的尊位。王昭素之以龙为帝，是秦汉后的事情，与周初所兴的周易《乾》卦九五之龙象，并无直接关系。由此可见，王说并不是认真讲解周易，不过是一种故意玩弄概念的灵活性，不惜违反逻辑，以取悦于上的自欺欺人的诡词而已。朱熹的赞誉，也有同样意味。可惜，他所感叹的"《易》之所以用不穷也，"应该取掉其中的"不"字，因为这实质上等于说"《易》之所以用穷也。"

《左传》的玩弄概念

（三）《左传》的占例中也可见到滥用概念灵活性进行占释的情形。前述昭公十三年子服惠伯解释《坤》六五"黄裳，元吉"，所谓"黄，中之色也裳，下之饰也。元，善之长也"云云，把元吉（大吉）分开，随己意单讲元字。昭公七年，关于卫君继位问题，史朝将《屯》象"元亨"二字硬说成"元亨"（元为人名），任意改字以为占释；庄公二十二年周史占测陈完前途，据《观》之《否》中的艮（山）象，臆断陈完之后将得志于大岳后裔姜姓的异国（详见前文占例），如此等等，都是利用周易辩证思维的灵活性，随意发挥，以圆其说。实质上也属于违反正常逻辑的诡论。有人为此辩解说："《易》者意也，圣人各以其意遇之也。"王夫之则对此加以反驳,说:"圣人有其意,则后之为术数异端者,亦有其意矣。私意行,则小智登,小智登,则小言起……则滥淫于妄,而诬至道以邪辞。亦曰'意至则《易》存,意不禁则《易》无方'。"(《周易外传·系辞》)王氏此言,是针对滥用《易》道以为杂七杂八的异端末数说的,但对于耍弄周易辩证思维的灵活性以为诡论者,也是适用的。如上所述,倘若故执周易变动不居之一端,而舍其常理常规,那就不可避免地"滥淫于妄"而沦为邪辞。王氏所谓"意至则《易》存"(研《易》的思想深入则《易》理巍然而立),意不禁则《易》无方(研《易》的思想如无界限,则《易》理失去原则),这可谓学《易》用《易》的必要准则。

通过上述实例的分析,可以体会到,孔子以及《淮南子》等对周易社会效能得与失的两手分析,是有根据、有道理的。同时,对孔子所说的"《易》之失,贼!"的贼字以及"洁静清微而不贼,则深于《易》者也"的涵义,会有所领悟。对此,后代的《易》学家也有解说。孔颖达只说"《易》之于人,正则获吉,邪则获凶"(《周易正义》),而未讲其原因所在。郑玄则说:"《易》精微爱恶相攻,远近相取,不能容人,近于伤害。"(《礼记·经解》注)意为周易的思维非常精细微妙,爱与恶,远与近,相反相成,互相转化。如果恶意运用,反正都是理,近乎以舌战伤人。郑说是抓住了要害,但表达不清。实质上《易》之所以失于贼,重要原因在于,它以鬼谋(占筮)的方式,在常规思维的基础上运用对立统一为本的辩证思维的灵活性,表现义理,进行占筮,而用之于世。这样,如用之得正,合乎《易》道,则产生洁、静、精、微的善果;如用之不正,则产生害人害己的恶果,正如智慧用之于正途为聪明,用之于邪路则为狡猾,是一个道理。

周易辩证思维，虽表现为千变万化，但其基本思想却是中贞之道。正如程颐所说："《易》，变易也随时变易以从道也。"变易以从"道"，是《易》变的正路；变易以从私，则是《易》变的邪路。可以想象，学《易》用《易》之后变得不阴不阳、油腔滑调、反正是理，以"黠慧"唬骗人的作风，不正是一副贼头贼脑的狡猾相么！在这方面，当代易学大师南怀瑾先生似乎也有同感。他在《易理系传别讲》第九章中论述周易阴柔的功能对立身行事如何有用之后，立即叮嘱说："这里我要告诉大家，用阴柔如没有学对，就会就成阴险了。"在谈到学《易》后把握时空关系而灵活应变的重要性时，他又补充说："……所以，学了《易经》，也是蛮滑头的。"确实如此，倘若学了易经，未能取得洁静精微的成果，反而变得又阴险又滑头，那不恰恰是失之于"贼"么！？

佛家《易》学也如是说

这个问题，在佛家的《方山易》学中也有所涉及。《方山易》四十三代传人本光法师在阐释《系辞》"穷神知化，德之盛也"句意时，曾说："学《易》者因卦象爻象所系之辞……而有所感，借以观辨人事，明其神明莫测之用。深于《易》教者，亦不可以此萦怀自心，炫惑于人，当知崇礼卑之德而审悟之，此即学《易》者之盛德也。学《方山易》者勉之哉！"（《禅与易·周易禅观顿悟指要》）

本光法师所说的"明其神明莫测之用"，即指周易阴阳不测的妙用，也即指周易辩证思维的运用之妙高深莫测而言，此即《易》教之"得"。而学了周易玄妙的辩证思维之后，却"萦怀自心，炫惑于人"，即成为《易》教之"失"。佛家《易》学也是从济世教化的角度，对《易》教的得失两面，提出了审悟与警诫，基本精神和孔子的说法并无二致。

《易》象非符号

周易的象，包括数，是寓理表意的基本手段，也是最大特点，其体与用的层面是这样，从思想的层面来看，也是这样。[1] 从阴（--）阳（—）二象问世，八卦乃至六十四卦图像出现，以至卦名卦辞爻辞等辞象的系就，周易形成了一个"弥纶天地之道"的巨大范畴体系，用于义理教化与占卜决疑。其过程中的思维运动，处处离不开象。古今中外的所有书籍，只有周易的思维是这样。所以说，象也是周易思维的最大特点。

具体地说。无妨作如下合理的设想：

不管画卦的先祖是否是伏羲，卦象的产生，是源于画卦者以其创造性的思维对客观事物进行概括与模拟，大约是没有疑义的。故此孔子所谓"仰以观于天文，俯以察于地理"，"近取诸身，远取诸物，于是始作八卦"，应是信得过的说法。既然如此，那么在观察和创造的过程中画卦者的头脑必然要经过感知、认识、模仿、抽象、概括、演绎等一系列必要的思维活动，才能深入"天下之赜而拟诸形容，象其物宜"，画出卦象，"以通神明之德，以类万物之情"。就是说，用什么形象才能把宇宙造化的功能和万物的情态及其义理，蕴涵并表现得当，画卦者势必大伤脑筋。作为《易》体基因的阴阳二象的产生，便是典型的实例。关于这个问题，学术界有种种说法：天地说、占具说、结绳说、生殖器说、明暗说，等等，已见前述。哪个说法接近正确，姑置不论，总而言之能把宇宙人间万事万物及其千变万化的共性在头脑中概括为阴阳两端而以"-- —"二

---

[1] 象为主体，数则随之。如阳象"—"为奇，阴象"⚋"为偶。《震》《坎》《艮》象皆为五画，为奇为阳为男。《巽》《离》《兑》皆四画，为偶为阴为女。阳爻用九，阴爻用六。三爻卦、六爻卦，等等，皆以象为主，象数一如，凡言象，则数亦在内。

象为存蓄与表现之器，化繁杂为简单，化具体为抽象，并创造出如此轻灵简便、深涵义理而成为表现万象（六十四卦体系）基因的图像，确非一蹴而就的易事，非经过广泛的观察与深思熟虑，不能蒇事。阳阴（——--）二象之发展为太阳、少阴、少阳、太阴，太阳之发展为《乾》《兑》，少阴之发展为《离》《震》，太阴之发展为《艮》《坤》，成为《易》体基础的八卦；乃至八卦之推演为六十四卦，构成三百八十四爻的巨大思想范畴体系，其思想运动的复杂艰巨，可想而知。

这里有一问题，必须郑重指出：有些人由于德国哲人莱布尼茨的二元（0、1）数理与阴阳（--——）二象数理相同，就认为周易属于数理逻辑或符号逻辑，这是一种形式主义的一偏之见，不符合实际。

莱氏的二元算数符号和周易的阴阳二象，单从二元算数的数理来看，固然相同，但其本质却根本不同。"0、1"仅是表现事物量的侧面的数字符号，并不蕴涵也不能表现事物内在的其他道理，而"--——"则不然。它是一对蕴涵哲学概念的图像，能表现宇宙万有的运动规律，事物量的侧面的规律，在一定范围内也可以表现。在这里，符号和图像是不同的：符号不具有本身以外的涵义，它是用以代表任何事物的空洞的外在形式。而周易的图像则不然，阴（--）阳（——）二像不仅自身分别涵有黑暗、光明、柔顺、刚强、背面、正面等具体意义，而且涵有相反相成、互相转化的普遍意义。不仅涵有意义，而且涵有褒贬的感情色彩，如阴常指邪恶、混浊，阳常指善良、清洁等等。一阴一阳虽是小小的图象，却蕴涵并体现着宇宙的奥秘：对立面统一的法则。宇宙人间的一切所有事物，形而上的或形而下的，具体的或抽象的，都囊括在它的运动范围之内。宇宙的空间与时间，万物的生与死、动与静、有与无，历史的兴衰，国运的起伏，世事的难与易、得与失、进与退、是与非、善与恶，等等，等等，任何事物都离不开"--—"二象所标志的一阴一阳之道。正如孔子所说，它是"范围天地之化而不过，曲成万物而不遗"（《系辞上》四章）。其哲理本性与巨大功能，远非"0、1"的二位算数所可伦比于万一。"0、1"的二位算法，连开方的几何级数都表达不了，更谈不到对立统一的哲理。

如果将阴阳二象所构成的卦象同"0、1"二符号所构成的图象对比一下，便会更清晰地看出双方的差异。

甲组［夬 姤］　乙组［111 000］

甲组为象，乙组为数。假若把甲组的"—"和"䷀"分别视为乙组的"1"和"0"，当然可以作出双方都是表示算数符号的结论。但就实际的内涵与功能全面看来，双方根本不同。甲组的象，不仅有数学意义，而且有"天地人"的全面意义，乙组则只有数学意义，并无其他含义。具体说，夬由三个阳象组成，这夬，不仅是1加2再进位为3的数学上的3，而是一生二、二生三、三生万物的"三"，是象征宇宙生生不已的万物始基的"三"。三阳表示纯阳之性、纯刚之质、健动之体，乾乾不已，恰是天的象征。故而后来系辞者名之为《乾》（天）。《乾》这种造化之主的涵义，并非系辞者的杜撰、而是"—"（阳）象所禀赋的内在基因展开而构成三象后，油然而生的涵义。同理，姤象也是由基因袴象三叠而形成的，是纯阴之性、柔和之质，健顺之体，贞固不已。它配合《乾》阳，生成万物，恰似大地的性质与功能。所以后来系辞者据此象义而名之曰《坤》，以为地之象征。并且，夬（乾）姤（坤）互相交合，生出锜（震）趍（坎）犨（艮）俁（巽）憿（离）矰（兑）六象，分别象征天、地、雷、水、山、风、火、泽等八卦之象，继而又演成六十四卦象，以示阴阳之道所造成的天地万有的情态及其变化。姤夬两者，作为图象虽很简单，内涵与功能却如此深厚。相对地，0与1却只有抽象的数量意义与二进位的计数功能，其本质的差异与内涵及功能深浅的不同，明显无疑。

弄清了上述问题之后，回过头来再从思维层面观察《易》象的产生、性质及其演进成为完整的范畴体系的过程，就会看得更为清楚。